国家社科基金重点课题：防范和化解地方政府隐性债务风险治理体系优化研究（19AJL005）
河北省人社厅资助项目：地方政府隐性债务风险评级与预警防控体系研究
河北金融学院学术著作出版基金资助项目
河北省金融创新与风险管理研究中心资助项目
河北省科技金融协同创新中心项目

中国地方政府投融资平台转型发展研究

2020

地方政府专项债券视角下的城投转型

胡恒松　刘　浩　王宪明　贺圣标◎著

RESEARCH ON THE TRANSFORMATION AND DEVELOPMENT OF
CHINESE LOCAL GOVERNMENT INVESTMENT AND
FINANCING PLATFORMS 2020
—URBAN INVESTMENT TRANSFORMATION FORM THE
PERSPECTIVE OF LOCAL GOVERNMENT SPECIAL BONDS

经济管理出版社
ECONOMY & MANAGEMENT PUBLISHING HOUSE

图书在版编目（CIP）数据

中国地方政府投融资平台转型发展研究：地方政府专项债券视角下的城投转型.2020/胡恒松等著.—北京：经济管理出版社，2020.11(2020.11重印)
ISBN 978 - 7 - 5096 - 7546 - 5

Ⅰ.①中… Ⅱ.①胡… Ⅲ.①地方政府—投融资体制—研究—中国—2020 Ⅳ.①F832.7

中国版本图书馆 CIP 数据核字(2020)第 213243 号

组稿编辑：申桂萍
责任编辑：赵天宇　赵亚荣　梁植睿　杜　菲
责任印制：黄章平
责任校对：董杉珊

出版发行：经济管理出版社
　　　　　（北京市海淀区北蜂窝 8 号中雅大厦 A 座 11 层　100038）
网　　　址：www. E - mp. com. cn
电　　　话：(010) 51915602
印　　　刷：唐山昊达印刷有限公司
经　　　销：新华书店
开　　　本：720mm×1000mm/16
印　　　张：20. 5
字　　　数：386 千字
版　　　次：2020 年 11 月第 1 版　　2020 年 11 月第 2 次印刷
书　　　号：ISBN 978 - 7 - 5096 - 7546 - 5
定　　　价：88. 00 元

编委会

专家寄语

　　债券作为地方政府重要融资手段，发挥着稳定经济发展的重要作用；专项债券则让积极的财政政策更加有力有效，规范并加快发行和使用进度对稳投资、扩内需、补短板，加快构建以国内大循环为主体、国内国际双循环相互促进的新发展格局，有着重要意义。在新形势、新挑战、新机遇的背景下，地方政府投融资平台亟须找出自身问题，抓机会、促转型。本书从地方政府专项债券的视角出发，继续对地方政府投融资平台在当前阶段面临的问题提出针对性建议，值得读者深入思考。

周宏春

国务院发展研究中心研究员

国务院特殊津贴专家

　　地方政府融资平台是财政体制和投融资体制的产物，是地方政府在政策约束下的重要融资模式创新。但是，在平台对我国区域经济发展起到重要支撑作用的同时，也积累了较重的债务包袱。在地方投融资平台未来发展中，改革转型和债务化解必须相辅相成。本书基于理论、评价、案例三个视角，对地方政府融资平台发展进行了系统性的研究，特别是通过案例对城投转型进行了详细介绍，相信对平台探索自身的转型发展之道会有所启示。

满翔宇

河北省资产管理有限公司董事长

　　新冠肺炎疫情肆虐不但冲击了我国的金融体系，对实体经济也造成了一定的负面影响。国家适时提出"财政政策要更加积极有为""积极的财政政策要大力提质增效"等要求加强逆周期调节，其中专项债券便是重要手段之一。在此过程中，专项债券的募集资金直达基层，用于项目建设，有效地疏通现金流，对地方政府融资平台的债务压力起到了一定的缓解作用。今年本书立足专项债券视角，精准地把握了政策重点，并将理论与案例相结合，为城投转型的进一步思考"抛砖引玉"，值得一读。

凌少金

廊坊市投资控股集团有限公司董事长

在目前宏观经济面临下行压力的关键时期，实力强劲的地方政府投融资平台对于整体经济的拉动作用不言而喻。而自《国务院关于加强地方政府性债务管理的意见》的出台及新《预算法》的正式实施，地方政府债券正式成为地方政府举债的唯一合法途径，城投平台与地方政府信用被逐渐割裂，"城投信仰"被逐渐削弱，昔日拉动地方经济发展的投融资平台面临全面整顿、清理及规范，地方平台亟须通过增强外部融资能力"活下去"，进而谋求转型发展。在此背景下，本书作者利用理论结合实际情况，重点分析了平台公司的转型案例并做了全面而翔实的研究。在分析平台转型发展过程的基础上提出了具有建设性的建议，对平台公司提高国有资本的运营效率、金融服务体系建设以及深化国有企业改革具有一定的参考价值。

郑树森

曹妃甸国控投资有限公司董事长

地方政府投融资平台是我国地方政府投融资的主要工具，在地方经济建设中发挥金融杠杆的作用。但随着地方政府融资规模的迅速扩张，其所存在的问题也逐渐暴露。近年来，为防范地方隐性债务风险，首先，中央出台了一系列文件明确要求剥离地方政府投融资平台的政府融资职能，且不得新增政府债务；其次，新《预算法》规定了地方政府融资的主要方式为发行地方政府债券，全面收紧的融资政策迫使地方政府投融资平台进行市场化转型。该书从理论、评价、转型三个视角分析地方融资平台转型之路，将理论与实际案例结合，值得各级政府、相关机构和专业人士一读。

底伟

泸州市高新投资集团有限公司董事长

城投公司作为地方政府性投融资主体，自创建以来便承担着市场化融资职能，在助力区域城镇化建设、拉动地方经济增长等方面做出了积极贡献。随着相关政策法规相继实施，城投公司按要求进一步剥离政府信用背书，逐步厘清企业债务与政府债务的界限。在疏堵结合的监管逻辑下，政府债券成为市政基础设施项目建设的重要资金来源，城投公司的角色逐步向项目管理方、运营方倾斜。未来，城投公司应做到防风险与谋发展并重，主动求变，积极进行市场化转型。一方面，城投公司要继续保持以服务区域发展战略为出发点，并由市政基础设施的投资者向市政综合运营服务商的角色转变；另一方面，要积极探索新的业务模式和融资模式，整合区域内优质国有经营性资产，开展与自身资源相关的经营性业务，在盘活存量资产、化解存量债务的同时，逐步提高自身的经营实力和核心竞争力。本书以理论结合实践、以案例解读政策，汇集众多优秀城投公司之所长，对城投公司的转型发展具有宝贵的参考价值。

李冬凯

天津津南城市建设投资有限公司总经理

地方政府投融资平台作为区域建设和经济发展的主力军，在过去一段时间内，为我国城镇化建设及产业发展做出了突出贡献。在"防范化解地方债务风险，深化供给侧结构性改革"的背景下，平台公司要规划好"稳资金、化债务、图发展"的战略蓝图，进一步面向未来、推动市场化转型，从而实现可持续发展。本书作者深耕地方政府投融资平台发展及转型领域，并将理论结合实际，对平台公司的转型案例做了全面而翔实的研究。本书包含较为全面的地方政府投融资平台转型过程中遇到的实际问题及相应的解决方法，对平台公司管理者制定转型发展规划、深化国有企业改革具有一定的参考价值。

吕玉炜

乌鲁木齐高新投资发展集团有限公司党委书记、董事长

序　一

地方政府投融资平台出身于地方政府的襁褓中，是地方政府在政策约束条件下重要的融资模式创新，曾以"半政半企"的特殊身份承担着基础设施项目投融资主体和地方政府融资工具的功能，推动着我国经济发展与城镇化进程。

2014年以来，为规范政府融资行为和深化投融资体制改革，中共中央、国务院相继出台了一系列政策，我国地方政府融资呈现出新的格局。在规范地方政府融资，防范财政风险，实现财政和经济可持续的地方政府债务新规下，以地方政府融资平台支撑的传统政府投融资模式亟须重构。在政府方面，要建立以政府债券为主体的地方政府举债融资机制；在政府投融资平台方面，继续推动实质转型发展，构建自身市场化融资能力，提升市场生存能力和发展能力，逐步形成政府和平台公司、财政资金与社会资本的对接与平衡，构建政府融资新格局。

在中央政府严控地方政府隐性债务、加强对地方政府的财政约束背景下，利用资本市场发行债务融资工具成为地方平台公司的重要融资渠道，主体信用评级是影响债务融资工具发行价格的重要因素。在政策约束下，平台公司信用评级不能与政府信用挂钩，地方政府对平台公司的信用输送链慢慢被切断，平台公司必须重视自身信用体系建设，从加强自身发展能力、争取政府支持、整合第三方优质信用等内外部信用资源着手，打造一个自我循环、良性发展、不断提高的信用体系，全方位提升自身的再融资能力，提升市场生存能力和发展能力。

针对主体信用评级，评级机构主要采用"三因子"模型，包括地方经济财政实力、平台自身运营能力和财务水平三个方面，设置不同权重，最终得到评级结果。

地方政府投融资平台实施强企信用战略，对于这三因子，区域因素是平台公司自身无法改变的，其努力的方向只能在自身运营能力和财务水平上下功夫。可从以下几个方面着手推进转型发展：一是整合资源，打造大平台。对区域内国有企业、国有资产资源进行整合重组，将优质资产、重要资源注入拟重点打造的具备优良发展前景的平台公司中，成为当地主平台，提升城投在当地平台中的重要性。二是抓住政策机遇，加码新基建。进入 2020 年，新基建多次被高层点名。地方政府投融资平台作为基建投资的重要主体，应抓住政策机遇，推动业务结构的重构，创新经营模式，提升收入质量，为开展新基建建设和运营夯实资金保障。三是强化企业管理，完善体制机制。平台公司应该按照现代企业制度的要求，搭建有效制衡的法人治理结构，着力构建灵活、高效的市场化经营机制；配套制定市场化的薪酬管理制度并实施，建立健全与企业性质和市场机制相适应、与经营业绩相挂钩的绩效考核指标体系和薪酬分配体系。逐步弱化投融资平台的政府信用，强化公司信用。

胡恒松博士等的"城投转型发展研究"系列著作是行业内全面、权威、颇具深度的研究书籍，首创性地构建了一个较为科学、完整的地方政府投融资平台评价体系，综合研究和分析地方政府投融资平台转型发展状况和运行质量。该评价体系涵盖公司业绩、社会责任、市场化转型多个因子，和评级机构信用评价关注的三因子有异曲同工之处。《中国地方政府投融资平台转型发展研究 2020——地方政府专项债券视角下的城投转型》一书是作者深厚的理论功底和多年实践经验相结合的产物。著作将热点问题与重要问题结合讨论，基于地方政府专项债券的视角，探索地方政府专项债与平台融资的融合点，分析地方政府专项债券与地方政府投融资平台转型发展的内在逻辑关系，探析地方政府专项债券对地方政府投融资平台转型发展的支持路径，具有重要的理论价值和现实意义。

闫衍
中诚信国际信用评级有限责任公司董事长
中国人民大学经济研究所联席副所长
2020 年 9 月

序 二

地方政府专项债券从 2015 年开始发行至今，一直在地方政府投融资活动中扮演着重要角色，今年发行速度大幅提升，为维护经济稳定和支撑固定资产投资起到了明显作用，为重点项目建设提供了重要资金支持，也为更好防范化解地方政府债务风险创造了条件。2020 年 3 月 27 日，中共中央政治局会议指出，"积极的财政政策要更加积极有为，稳健的货币政策要更加灵活适度，适当提高财政赤字率，发行特别国债，增加地方政府专项债券规模"，财政新"三驾马车"——地方政府专项债券、特别国债、财政赤字率横空出世，其中地方政府专项债券最受关注。目前，专项债券已成为当前应对经济下行，促投资、稳增长、补短板、保就业的重要宏观调控手段。与之相伴的是专项债券管理机制的不断完善。

2019 年 6 月，中办、国办印发了《关于做好地方政府专项债券发行及项目配套融资工作的通知》，允许将专项债券作为符合条件的重大项目资本金，有效解决了部分项目资本金来源问题，提高了专项债券资金的使用效率。此外，专项债券项目范围不断扩大，与国家重点领域、重大项目及民生短板紧密结合，对新基建、老旧小区改造等领域大力支持，一定时期内遏制了在土地储备、房地产相关领域的投资，无疑强化了专项债券政策和资金的指向性、精准性和有效性。在债务风险方面，保证专项债券在防范系统性金融风险的框架下运行，合规的债券发行、透明的项目信息披露、合理的还本付息现金流测算成为应对隐性债务风险的突破口，同时，专项债券强调"资金跟着项目走""资金与项目期限匹配"，有效降低了闲置现金管理成本及风险，也通过久期匹配降低了期限错配风险。

地方政府投融资平台作为地方政府投融资的重要主体，可以对专项债券项目进行承接，专项债券资金可以在一定程度上缓解平台公司项目建设压力，对地方政府债务的化解也有一定帮助。那么，地方政府投融资平台应该如何把握专项债券呢？今后的转型发展路径又有哪些新的突破口呢？

《中国地方政府投融资平台转型发展研究 2020——地方政府专项债券视角下

的城投转型》一书立足专项债券，对专项债券所带来的新机遇、新挑战进行剖析，并以地方政府投融资平台转型为核心，分为理论、评价、案例三个部分，通过构建评价指标体系，对省、地级市、区县三级政府投融资平台转型效果进行科学评价。最后以案例方式对目前转型成功的平台进行深入研究，总结发展经验。相信本书可以为广大平台公司提供有价值的参考。

中国财政科学研究院金融研究中心主任

赵全厚

2020 年 10 月

序　三

2020 年，新型冠状病毒肺炎疫情的肆虐对全球经济和社会稳定造成了不利影响，我国政府积极应对，采取了严密的措施，疫情防控取得了显著成效。随着国内疫情逐渐平稳，经济复苏开始成为主题。3 月 4 日，中共中央政治局常务委员会会议指出，要加大公共卫生服务、应急物资保障领域投入，加快 5G 网络、数据中心等新型基础设施建设（以下简称新基建）进度。4 月，国家发展改革委首次明确了新基建的三个方面的内容：信息基础设施、融合基础设施、创新基础设施。疫情过后，经济面临总需求不足，尤其是外需逐步恶化，在企业复工复产达产的关键时刻，中央出台财政金融政策，引领扩大内需，刺激消费投资，推进经济稳步复苏，新基建成为焕发经济活力的强心针，符合经济社会中长期的发展趋势。新基建不但有助于保增长、保就业，还能优化产业结构，推进创新创业，促进新产业、新领域发展，提升竞争力。新基建带来了新风口，中央和财政部门对其支持力度的加大，为地方政府投融资平台转型带来了难得的机遇。

地方政府投融资平台作为城市建设及产业市场化融资的"主渠道"、基础设施投资建设运营的"主力军"、城市综合运营的"服务商"，有必要把握新基建的政策机遇，寻找业务突破口，结合自身优势积极参与项目建设。平台公司可以在做好铁路、公路、市政、水务等老基建项目的同时，积极探索大数据、物联网、人工智能、智慧停车场等新基建领域范畴。在此过程中，首先，平台公司应清晰认识自身情况，精准选择项目，实现社会效益和自身经济效益的最大化；其次，项目操作过程不新增政府债务，把控债务风险；最后，根据市场化标准严格规范相关程序，避免法律风险。

《中国地方政府投融资平台转型发展研究 2020——地方政府专项债券视角下的城投转型》是胡恒松博士团队"投融资平台转型发展系列书籍"的又一力作，书中从专项债券的视角对新形势、新机遇下的地方政府投融资平台的发展方向做了探讨，延续了往年通过构建评价指标体系，对省、地级市、区县三级政府投融资平台转型效果开展科学评价。可贵的是，书中十个案例作为转型发展的高质量样本，为其他市场主体提供了可参考的范本。这些都值得各级政府、有关机构人士深度阅读。

董少鹏

证券日报社副总编辑

2020 年 9 月

前　言

　　20 世纪 90 年代以来，分税制改革、旧《预算法》、《担保法》和《贷款通则》等措施在一定程度上限制了我国地方政府融资职能，地方政府投融资平台应运而生并逐渐成为地方政府融资的重要主体。在一定时期内，地方政府投融资平台为地方经济发展和城市基础设施建设做出了重要贡献。但与此同时，地方政府及平台公司融资规模急剧攀升，偿债压力不断加大，相应的金融风险不断增加。此外，受制于设立背景等多重因素，地方政府投融资平台治理风险、运作风险、投资风险、财务风险等问题逐渐暴露，其对城市的贡献及发展的可持续性开始受到社会各界质疑。在此背景下，地方政府投融资平台转型迫在眉睫。

　　《国务院关于加强地方政府性债务管理的意见》（国发〔2014〕43 号，以下简称 43 号文）实施以来，党中央、国务院及有关部门通过债务管控、融资监管、国企改革等方面多管齐下，持续探索平台公司转型路径，但其中困难重重。第一，地方债务负担较重，显性债务存量大，隐性债务化解难；第二，转型定位不明确，长期为政府服务导致缺乏了长期的发展目标，市场化能力弱，何去何从成为难点；第三，治理结构不完善，行政色彩较重，法人治理结构缺失；第四，人才储备不充分，专业能力不强，整体素质有待提升；第五，资本运作不规范，在融资红线处徘徊；第六，资产整合有风险，手续不齐全，现金流不稳定；第七，国资混改难推进，企业体制机制没有从根本上做出改变。此外，由于平台公司所在地区发展水平存在差异，平台自身组织结构也有较大不同，导致转型效果也不尽相同。

　　我国地方政府债券自 2009 年发行以来，发展迅速。特别是 2015 年"自发自还"改革的全面实施，使地方政府债券有了跨越式发展，当年发行规模达 3.84 万亿元，超过了国债与政策性金融债。2017 年末，地方政府债券余额为 14.74 万亿元，跃升为我国债券市场第一大品种。其中，专项债券作为我国重要的积极财政政策创新工具不断被强化。不同于一般债券，专项债券有着明确的使用范围和偿债保障体系，并遵循"资金跟着项目走"的原则，保障重大项目、高质量项目有效获得建设资金。2020 年确定拟安排地方政府专项债券 3.75 万亿元，将持续为经济发展提质增效。

本书基于理论、评价、案例三个视角，对地方政府投融资平台转型和地方政府专项债券的应用进行了系统性研究。理论篇在充分把握地方政府投融资平台转型发展现状、发展阶段和发展政策环境的基础上，对地方政府投融资平台转型发展提出了切实可行的建议。评价篇通过科学构建平台转型发展评价指标体系，分析了省、市、县三级地方政府投融资平台转型发展情况并进行评价。案例篇则根据不同的转型思路，对当前转型较为成功的投融资平台进行深度研究，分析转型发展过程，总结经验。

本书为"中国地方政府投融资平台转型发展系列研究"的新成果，相较之前著作，本书的创新之处体现在三个方面：第一，引入地方政府专项债券概念，贴近当前政策与热点，并创新地将其与地方政府投融资平台相结合，助力平台转型；第二，优化评价篇案例选取，结合疫情防控、专项债券品种、专项债作资本金、雄安新区等概念综合分析，可读性强；第三，转型案例选取更为多样，可操作性强，便于平台公司借鉴。

目　录

【评价篇】

【案例篇】

【理论篇】

第一章　我国地方政府投融资发展概述

改革开放 40 多年来，我国整体经济形势发生了根本性变化，建立了中国特色社会主义市场经济架构，正从经济大国走向经济强国。地方政府是中国经济的重要参与者，地方政府融资问题是中国经济发展的重要课题，地方政府投融资正向法制化、正规化方向发展。地方政府投融资体制改革发展与我国地方政府的财权和事权密不可分，同时受到其他激励因素的影响。中华人民共和国成立以来，我国财政体制的变化总体上可分为统收统支制、包干制、分税制三个主要阶段，财政体制改革直接影响着地方政府投融资体制改革。

1994 ~ 2020 年，从地方政府投融资平台横空出世到地方政府专项债券规模的迅速扩张，新《预算法》、《政府投资条例》等文件开启了我国地方政府投融资体制的新篇章，地方政府投融资体系逐渐走向成熟，2020 年我国地方政府专项债券新增发行规模达到 3.75 万亿元。我国地方政府的投融资机制与地方政府经济社会发展激励因素息息相关，而我国地方政府的主要激励因素是行政分权、财政分权的结果，更是我国政治经济体制改革的结果。

第一节　地方政府融资相关理论

一、财政分权理论

财政分权理论产生于 20 世纪 50 年代，指中央政府赋予地方政府在债务安排、预算执行、税收管理上一定的自主权，财政分权理论的核心来自蒂布特（Tiebout）、马斯格雷夫（Musgrave）、奥茨（Oates）等学者的分权思想，20 世纪 80 年代以后随着财政体制改革的进程在我国得到快速发展。中央政府和地方政府在宏观调控、再次分配、公共产品供给等方面发挥的作用各不相同，中央政府在宏观调控、再次分配等方面比地方政府更具有优势，地方政府在公共产品供给信息获取方面比中央政府更具优势，分权有助于中央政府和地方政府作用的充分发挥，减少信息流失，促使政府作出更优决策。

根据学术理论研究成果，通常将财政分权理论的发展分为两个阶段：

第一阶段，西方国家是财政分权理论的发源地，重要代表学者有蒂布特、马斯格雷夫、奥茨等，该阶段财政分权理论以公共产品理论为基础，以新古典经济学理论为基本分析框架，从经济学视角讨论不同政府级次间的职能配置及相应的财政工具分配问题。经过大量理论论证及实证分析，理论界基本上得到了一个推动财政改革的重要结论：资源配置效率的提升在很大程度上得益于政府间的适度分权。

蒂布特1956年首创"地方支出"概念，该概念的提出标志着财政分权理论真正诞生。一方面，蒂布特认为，倘若任意个体均可以在多个地方政府辖区间自由移动，将会产生类市场化效应，有效解决公共产品供给效率的问题。居民在不同辖区间的迁移体现了对不同公共产品的偏好，假定所有人具有迁移的完全自由，那么每个理性的个体毫无疑问都将"用脚投票"，为了使自身所享受的税收效益及公共服务达到最优，竭尽所能对比全国范围内各个竞争地方政府辖区内的公共服务情况。基于这类强有力的类市场化动机，每个人最终将会获得与其偏好相符的公共服务水平。当然，社会福利的最大化也将在各地方政府互相竞争、相互借鉴的过程中得以实现。另一方面，蒂布特发现，地方政府的竞争机制在居民流动的过程中会逐步建立起来，地方性公共物品的提供效率大大提高。相比而言，中央政府统一提供公共服务因无法做到因地制宜，显得缺乏效率。1957年，乔治·斯蒂格勒（Stigler）创造性地提出"两条原则"，系统性、全局性地阐述了地方政府存在的必要性，并大力提倡中央、地方分权管理体制机制。一方面，地方政府基于对自身地区的了解，可以更好地克服信息不对称风险，对居民公共服务的效用与需求把握更加精准；另一方面，为了实现有效性的资源配置、公平性的财富分配、高效性的决策分配，公共服务类别及规模需要自下而上实行投票表决制，由地方政府层级掌控较大决策和执行的权利。

关于政府财政职能的划分，马斯格雷夫认为，应该根据公共产品的受益范围划分事权和财权，分级财政管理十分必要，赋予较低层次的行政部门更多决策的权利，可以一定程度上减少中央政府决策的极端性。瓦勒斯·奥茨于1972年提出了著名的奥茨分权定理，他从经济学角度提出中央政府和地方政府在提供同质性物品或服务的单位成本方面具有差异性。根据理论分析，地方政府分散供应公共产品比中央政府集中供应更具有效率，中央政府在资源配置上效率不如地方政府，中央政府为地方提供统一性、同质性的公共产品达不到帕累托最优。

传统财政分权理论对财政体制机制改革产生深远影响，但仍存在缺陷与不足。第一，从政府模型的假定来看，仁慈而高效的专制政府这一假定值得商榷；第二，传统财政分权理论忽略了联邦体制结构本身所具有的宪法意义，仅仅给出一般性的规范框架，其用意在于安排不同级次政府的职能配置，执行这些职能配套的财政工具，但并未对具体过程做出详尽交代；第三，传统财政分权理论在实际问题的解决中，亦存在诸如收益外部性、决策效率损失等盲区。

　　第二阶段，基于我国 20 世纪 90 年代的分税制改革，国内学者开始逐渐将研究视角转移到该领域，代表学者有钱颖一、Weingast 等。第二阶段理论的建立与发展，与合约理论的发展紧密相关，并创造性地将问题分析框架融合信息经济学，进一步大胆突破政府"黑箱"的假定。该阶段分权理论的研究学者普遍认为，该理论之所以提高资源配置效率，很大程度上得益于各层级地方政府获得的经济绩效与正面激励。与此同时，学者们对分权理论的作用机理进行了详细剖析，认为财政分权会通过三个层面促进经济增长。首先，地方政府会秉承"因地制宜，因城施策"的原则，打造极富地方偏好的公共产品与服务；其次，立足地方政府竞争，更加注重公共治理体制机制等长效机制建设，大力推动符合地区经济禀赋的技术创新发展；最后，一定程度上促进地方政府向独立利益主体发展，促进各个辖区之间的要素自由、高效流动。

　　Qian 和 Roland（1999）研究发现，财政分权可以有效缓解地方国企预算软约束的问题，进而提高地方企业市场化运营效率，促进地方经济可持续增长。高培勇（2001）、贾康（2000）等从我国经济调整的背景出发，认为财政分权改革可以为之后的全面整体改革"铺路搭桥"，通过财政增量分配的地方放权，为传统经济体制的改革打开空间。一言以蔽之，多数学者认为我国 20 世纪 80 年代的分权制改革是推动市场化改革、缩小中央干预的重要突破口。

　　当然，针对财政分权的优势也有许多不同的观点与质疑。结合我国实际情况，一方面，有学者提出地方政府的信息优势并不显著，官员的选拔晋升制度决定了中央完全有能力派遣对地方经济与民情足够了解的官员，或允许不同级别官员参与决策讨论，进而财政集中与财政分权的区别不大。另一方面，财政分权也会产生一系列弊端。严冀和陆铭（2003）指出，分权会导致地方保护主义的增加，从长远来看可能对两级财政的健康发展产生损害。杨海生等（2008）不认同财政分权带来的地方政府"攀比式"竞争，地方经济增长的绩效考核及政绩考核体制，尤其对地方生态环境治理危害极大，顾此失彼。因此，财政分权是否会促进区域经济的可持续发展有待论证。

　　综上所述，第二代财政分权和公共品供给理论着力探讨分权机制的构建，专门针对政府官员（财政分权实施的微观主体）的行为进行深入的研究，其核心观点是好的政府结构带来好的市场效率。但是，该阶段理论因存在一些弊端也受到质疑。第一，政府间竞争无力消除公共品的低效率供给，由于地方政府出现寻租行为不可避免，分权对经济亦有负面作用；第二，当缺乏合理的协调机制时，财政分权所带来的政府间竞争可能会导致公共支出在结构上出现系统性偏差，造成地方公共品供给不足或超量供给。

财政分权的程度问题是地方政府财政关系的核心，其理论内容主要涉及划分地方政府税收和支出的权责范围。总之，学术界普遍的观点还是认可地方政府举债进行投资将拉动当地经济的发展，提高公共物品的供给水平，提高资源配置效率。同时，也可以掌握更准确、及时的信息，掌握资金的利用效率，提高决策的科学性。中央会对地方政府及地方行政事业单位给予一定的财权，包括税收方面的自主权、债务规模的放宽及扩大。同时，会将一部分支出责任由中央交付给地方，将更多的基础设施建设及公共服务的供给责任委托给地方政府，为民众提供更好的服务供给，中央和地方政府为改善民生共同携手不断努力奋斗。

财政分权理论兴起于西方发达国家，目前被大多数国家践行，取得了不错的效果。对于我国而言，1994 年我国实施了分税制改革，财权上移，事权下移，形成了中央和地方财权和事权严重不匹配的格局。我国地方政府融资平台自此开始了不断探索的过程，中央掌握着对财政的支配权，可以根据经济形势的变化和财政的需要对财政分配关系做出相应调整，地方政府只能无条件地接受。虽然我国的财政收入分开了，但财政支出和相应的政治分权却界限相对模糊、责权不明。因此，我国的财政体制改革处于一种矛盾的状态，这涉及国家权力结构的改造问题，需要通过宪政层面的重构来实现。从地方与中央政府的关系出发，分权理论的核心是地方政府的财政自主权，拓宽地方预算管理权限也是应有之义。对于我国的分税制改革，中央削弱了地方政府的财力，将更多的财力集中于自己手中，而地方政府却承担了更多的公共行政事务支出责任。

旧《预算法》中明确规定地方政府不得进行债务融资，即中央减少了地方政府的税收收入，又明令禁止了地方政府的融资渠道，但同时又给了地方政府更多的支出责任。这就迫使地方政府寻求突破口，希望能解决日益增长的投资需求，扩大用于支持地方经济发展的融资规模。地方政府融资平台由此应运而生，这是其产生和存在的原因及必要性。地方政府丰富的信用资源恰好成为了地方政府当时融资渠道狭窄，亟须成立地方政府融资平台的必要土壤。地方政府丰富的信用资源一直未得到完全开发，而我国作为社会主义国家，实行的是全民所有制，全部资产归全民所有，而地方政府实际上是地方国有资产的实际控制人，也就是说，地方政府拥有的土地、矿产等固定资产可以作为信用担保，地方政府融资平台可以借此东风破解融资困境，同时还避免了《预算法》的约束。

综上，我们可以得出如下启示：第一，不能过于简单地理解财政分权，财政分权包含的内容很多，影响其效率的因素也很多，在具体进行研究时，应充分考虑条件的约束；第二，对于财政分权研究的指标设计应具备灵活性，不同国家、不同地区、不同时间段的国情、经济发展水平各不相同，在实证研究的指标设计上要力求科学；第三，财政分权与区域经济增长之间应是相互影响的，在研究财政分权对经济增长的作用时，也要考虑经济增长对财政分权的反作用；第四，财政分权应有一个度的限制，不能简单地理解财政分权程度越高越好或越低越好，应力求通过规范和实证研究找出衡量不同国情、不同意识形态下的最优分权标准。

二、公共选择理论

公共选择理论是一门介于经济学和政治学的交叉学科，是一套由现代经济学发展出的复杂、严格的分析体系。公共选择理论不仅涉及西方经济学，更是现代行政学和政治学的重要研究内容，又称新政治经济学或政治学的经济学。公共选择是指提供什么样的公共物品、怎样提供和分配公共物品及设立相应匹配规则的行为与过程，以实现社会效用的最大化。

公共选择理论的研究对象主要是公共物品的提供者，政府是公共物品的主要提供者。公共选择理论在政治决策过程中的基本思想是：任何个人都必然有理性、自私的一面，当他们作为评价、行动及选择的独立单元时，从自身效益最大化出发影响决策制定、执行不可避免，政府官员不能例外。詹姆斯·布坎南（Buchanan）指出，凯恩斯主义下的扩张型财政政策，大部分财政支出最终落入了政府官员的"私囊"。换言之，任何福利政策的制定，最初大概率都是基于政府官员自身的既得利益，而非出于社会公共福利愿望。

（一）地方官员晋升激励理论

长久以来，各地方政府"唯 GDP 论"的现象时有发生，原因主要是地方政府官员晋升机制决定了其在任内必然会加大所在地区的投资。近年来逐渐发展完善的地方官员晋升考核制度和激励机制使地方政府官员都会关注与追求他们任内的短期政绩。追求短期政绩往往会导致地方预算约束被突破，具体表现为政府官员通过大力发展任期内"政绩工程"，并以此作为自己晋升的"业绩"；二是政府在上下级之间传递信息时，由于信息的不对称，导致基层官员往往通过资源密集型工程来表现自己的政绩，如公共交通基础设施建设。我们看到不同地方政府官员之间通过不断竞争，使地方预算约束被不断地突破。从积极的一面来看，地方政府间不间断的相互竞争可以促进地方经济发展。但从消极的角度看，地方政府间不断地进行比较，以提出新的发展目标、新的发展项目，导致在这种持续不断的扩张下不断突破已有的预算约束。这就是地方官员晋升激励理论。

（二）项目区分理论

项目区分理论是公共选择理论的特殊领域应用，主要引申于基础设施建设领域。该理论将地方政府城投平台分为三类：第一类平台承担公益性项目；第二类平台则承担非公益性项目，这类公司所负责的项目本身有一定的经营收入，但不足以弥补投资成本，需要政府政策的支持；第三类平台承担非公益性项目建设运营，这类公司的偿债来源主要是自身的收益。地方政府平台的融资活动主要投向关系国计民生的公共基础设施建设项目，根据融资来源和项目预期现金流特点，可以将城市基建项目分为公益性、经营性和准经营性项目。准经营性项目有一定的收费机制，但是收入不足以弥补投入资本，需要政府给予一定的政策支持才能保证该类项目顺利运营。根据项目性质分类准则，平台公司的具体分类如表1-1所示。

表1-1 地方政府投融资平台类型

类型	使用行业	管理方式	主要资金来源
经营性项目	铁路、高速公路、港口、供水	市场化操作	商业银行贷款、资本市场
准经营性项目	地铁建设、污水处理等	公私合作，也需要市场化运作	财政补贴、商业银行贷款等
公益性项目	城市绿化、市政道路、公园等	政府主导，市场操作	财政资金、BT、市政债券等

地方政府投融资平台作为政府与市场的有效联结，其进行的投融资行为兼具财政"无偿拨付"和金融"有偿借贷"的两面性。一方面，项目建设会引入部分政府补贴资金支持，投资建设项目的非营利性及地方政府对某些风险的"硬担保性"体现了财政"无偿性"特征；另一方面，项目的部分资金使用是有偿的，需要依赖未来经营收入逐步偿还。总体来看，地方政府投融资平台是财政与金融、宏观与微观、行政性与市场性、"看得见的手"与"看不见的手"的巧妙结合体。

当然，该理论也存在一部分质疑的声音。杨开晖（1994）大胆质疑过分提倡公共选择理论市场机制优越性的观点，认为虽然该理论的确有益于理解政府行为标准，但政府决策和公共服务彻底市场化，势必将追逐私利公开化，进而合理化。

三、公共产品理论

地方政府所融资金投向主要是城市基础设施建设和公益性项目，这些产品在经济学上属于公共产品或者准公共产品。对公共产品现象的探讨至少可以追溯到1739 年英国哲学家大卫·休谟在《人性论》一书中对"公用产品"的关注。此后，亚当·斯密在 1776 年出版的《国富论》中第一次赋予了政府供给公共产品的职能，并将其限定在国防、法律与秩序的范围。后来，经济学家逐渐将公共产品的名单进一步扩大至稳定化、管制、收入再分配（Cooper，1977）甚至国家主义（Breton，1964），以及用以降低包括度量衡、语言和货币在内的交易成本的标准（Kindleberger，1986）。但真正将"公共产品"理论化的第一人则是 Paul Samuelson。他首次提出并解决了部分公共产品理论的核心问题，认为公共产品是这样一种商品，任何人对该商品的消费不会影响他人对其消费与否。Buchanan（1965）随后在萨缪尔森的理论基础上，再次提出了"准公共产品"的概念，他认为只要是由某种集体组织或社会团体共同做出决定，并提供给集体中成员使用以满足某种需求的产品就是公共产品。1973 年，Sandom 创造性地将消费技术引入该理论研究，此后公共产品决策、供给效率保障机制成为该理论主要研究方向，主要包括两个方面：第一，依据布坎南代表的"公共选择学派"的民主投票模式，对非市场化公共产品供给决策提供帮助；第二，根据克拉克、格罗夫斯等学者的观点，设立附带个人激励机制的计划程序，以明确获取个体真实公共产品偏好。

非排他性和非竞争性是公共产品的两大特征。前者是指产品消费行为无法阻碍他人对该产品的消费。正如 1954 年萨缪尔森给公共产品的定义，即"每个人对这种产品的消费，并不能减少他人也消费该产品"，在这里有两个原因：第一，公共产品是公共消费的，将某人排除在消费之外，或者技术上不可能，或者成本太高；第二，即使有人不愿意消费公共产品，他也不可能或者不容易避开对该产品的消费。后者是指单位消费者增加的边际成本为零，公共产品的供给往往是面向大众的，产品消费或主动或被动，总之不必依赖价格竞争，增加单位消费不会影响其他消费者利益，也基本不会造成新增社会成本。这里的边际成本为零可做以下理解：第一，不增加社会生产总成本，即增加一个人消费，不需要另外投入资源；第二，不影响他人消费效用，即在增加一个人消费的前提下，不会对他人消费该产品获得的满足程度产生影响，或者说不会带来拥挤成本。

对于公共物品的供给来说，一方面，"搭便车"现象、不完全竞争市场、信息不对称等因素极大地限制了市场供给效率，政府行为作为市场失灵的有效补充手段不可或缺。另一方面，也不能过分依赖政府在公共物品上的供给，沈满洪和谢慧明（2009）的研究表明，从长期均衡角度出发，市场竞争下的公共物品质量优于完全垄断下的供给质量，可以取政府供给、私人供给、自愿供给三种形式各自之优势，积极利用联合供给方式。同时，公共物品的供给需要政府削减交易成本及资金支持，通过合理的成本分担实现供给。布坎南、科斯则认为，应充分重视政府部门的意图和决策，解决公共物品供给的有效途径取决于政府和私人间的合作，规模、边际收益扩大，人们合作的意愿也会加强。自愿供给是自发组织的过程，是个人基于个人精神利益、个人物质利益和个人经济利益做出的自主管理的行为。

"免费搭车者"的存在，使单纯依赖市场不能实现公共产品的高效供给（Pindyck and Rubinfeld，1995）。因此，只有通过政府行为介入市场，才能解决免费"搭便车"问题，从而改变公共产品或准公共产品的供给不足问题。吴琼（2010）认为，公共物品所衍生出来的外部效应和市场失灵问题应该由政府部门采取措施。基于公共物品的收益群体，其成本本应要求社会成员根据各自收益份额共同负担，但独立个体均倾向于隐瞒自身从公共消费中得到的真实收益。同时，公共物品无法分割交易，这就导致"搭便车"行为。孙雯指出，准公共物品的提供方式和提供主体随着环境的变化而变化，政府提供产品的低效和高成本引起公众对政府角色的审视，并且，政府过分投融资会对私人部门产生"挤出效应"。公共产品大致可分为两类，即集非竞争性和非排他性于一身的纯公共产品、集不完全排他性和不完全竞争性的准公共产品。纯公共产品只能依赖政府部门供给，如国防、基础教育等民生重大领域，在公共产品中占比相对较低。准公共产品介于私人产品及纯公共产品之间，如公园、公路、牧区、森林等，典型特征为消费外部性，具体可以表现为两个方面：第一，消费竞争性，即准公共产品的消费是建立在减少他人消费数量、损害他人消费质量的前提下的，产品使用伴随一定程度的"过度使用""拥挤效应"问题；第二，消费中排斥性，即只有按价付款的人才能享受该产品，如有线电视频道、高速公路等。准公共物品在现实中大量存在，主要是由地方政府建设投资的城市公用设施，大多属于准公共物品。公共产品按照受益的范围进行定义，普遍包括由大到小的三个层次类别：全国性公共产品、区域性公共产品及地方性公共产品。全国性公共产品是全国范围的居民都能受益的公共产品，国防、法律制度等就属于全国性公共产品。区域性公共产品可让区域内居民受益，如各个区域环境治理工程等。而地方性公共产品范围较窄，是能让一个地方居民受益的公共产品，如某市的路灯、道路。城市基础设施建设往往立足于地方差异化需求，受益范围有限，因而归类于地方性公共产品居多，而地方性公共产品的特点恰恰是地方政府存在的理论依据之一。

地方政府融资平台公司的重要职责之一就是为建设城市基础设施而去融资，这种行为就是公共产品融资。城市基础设施项目按照未来现金流情况，主要可分为可收费项目及不可收费项目两类，地方政府主要投资不可收费项目，其融资渠道主要为公共债权、借款及税收收入；同时，可收费项目主要是由政府或从事公共事业的平台公司来投资，它们的融资渠道主要来源于借款、财政划拨、公司股东等。因此，基础设施建设的融资渠道主要取决于其功能和服务特性。

从公共产品理论出发，我们可以从公共产品资产属性的角度重新审视政府债务。从需求方面出发，审视政府债务的成因：政府作为公共主体，举借债务用于大量的政府公共投资是为了满足人民日益增长的生产、生活、生态方面的现实需求。政府作为举借人，将融资的资金用于公益性设施，化解公共风险，应对公共危机。但政府对公益设施的大量直接投资并不是为了获取公共设施本身，政府作为公众权力的代理人，接受作为权力本源的社会公众委托，凭借公共权力取得债务资金，提供公共产品和服务，社会公众才是公益性设施的最终受益人，是政府债务的债权债务关系中的最终债务人。地方政府债务定义为社会公众债务，政府作为代理人看中的是公益设施背后可以为社会公众提供公共服务的潜力。公益性设施既可以看作地方政府债务的资产形态，又可以将纳入政府预算的公共基础设施建设视作由实物形态转为资本形态的过程。重新定义债务支出的边界，将资本化的债务支出纳入政府资产负债表的核算中，政府举借的债务通过基础设施资产折旧定价等方式进行市场化配置，政府还本付息的债务金额通过政府基础设施资产的折旧摊销实现价格配置。这一理论基础为政府化解债务，尤其是解决隐性债务难以计量的难题提供了思路，政府将资产形态的基础设施通过引进社会资本的方式经营，其取得的收益对应的就是对政府资产价格的补偿。政府通过有偿方式转让基础设施使用权，收回政府举借的债务资金，化解政府债务风险。政府无论使用一般债务、专项债务还是PPP等新型融资方式筹集债务资金，其资产端对应的都是基础设施，资本性基础设施的融资和负债一一对应，可以全部编制到一本预算中，这就为权责发生制下的资本预算提供了理论依据。

政府干预与政府参与是两个完全不同的概念，从而政府在供应准公共物品和纯公共物品时，应当采用不同的供应手段。当政府供应纯公共物品时，常采用两种供应方式：一是由政府直接提供，二是由政府监管他人提供。而其中，政府直接供应的方式十分容易导致纯公共物品或准公共物品在市场中被政府垄断。公共物品的有效供应要求社会成员根据自己的公益物品的利益承担相应的费用。但是，人们倾向于从公共消费中隐藏自己的实际利益，导致公共物品供应有效性的测算变得非常困难时，由于公共物品不能分割销售，会出现经济和社会参与者的免费"搭便车"行为，导致公共投资无法有效回收，叠加公共、准公共产品的"市场失灵"，缺乏准确定价和缺乏追求利润最大化的民营企业参与者将加剧政府成为一个垄断的市场供应商，要求政府部门通过各种手段纠正外部效应，克服市场失灵的现象。

中国社会对于公共物品的需求量很大，而市场化程度不高的政府多年来饱受公共物品供不应求的问题纠缠，难以得到有效解决。我国要想实现快速发展，登上更高平台，实现传统政府改革，市场经济转轨，那么在供应经济物品的过程中，能够直接或者间接地引入民间社会资本，充分利用市场化经营的作用就十分重要了。

四、地方政府竞争理论

地方政府竞争是国家内部不同地方政府为提供公共物品、吸引投资、吸引技术等生产要素而在投资环境、法律制度、政府效率等方面开展的跨区域竞争。政府竞争理论在西方经济学研究中早已存在，亚当·斯密通过分析要素可移动性对制度竞争的影响开启了经济学意义上政府竞争研究的先河。继亚当·斯密以后，包括维克塞尔、林达尔、蒂布特等经济学家相继从公共物品的角度对政府的竞争进行了研究，取得丰硕成果，最早真正意义上的"政府竞争"概念来自于 Albert Breton 的《竞争性政府：一个关于政治和公共财政的经济理论》一书。

"地方政府竞争"概念在国内的首次提出是《公有制宏观经济理论大纲》一文，张曙光和樊纲（1990）以"兄弟竞争"的形象化表述对两层级政府间的横向、纵向竞争进行了详细剖析。钱颖一（1993）首次在中国地方政府竞争研究领域引入西方"财政联邦主义"的概念，他认为一旦我国中央愿意将财政权力让渡给地方，我国地方政府竞争即与西方财政联邦主义有异曲同工之处。在此基础上，张维迎和栗树和（1998）尤其肯定了财政分权对于中国民营企业发展的重大意义，他们认为财政分权有利于国有企业民营化，推动产权明晰化，但也从成本—收益权衡下的负面影响角度提出了些许担忧，该种担忧在后期主要从两个方面进行研究阐述。一方面，地方政府规模会伴随财政收入的扩大而膨胀，该种激励下是否会导致地方政府想方设法增加本地居民和农民的税收负担；另一方面，以钱海刚（2009）为代表的学者认为，地方政府竞争的恶性发展往往由于地方政府的预算外收入，且地方政府支出的规模效应递减可能性增大。

从地方政府竞争与政府官员的角度来分析，周黎安（2004）形象地将官员利益纷争与地方政府竞争的关系定义为零和博弈。在此环境下，地方政府竞争本质演化成了不同政府官员之间的个体竞争关系，引导地方公共服务与产品供给匹配性的因素不再是市场化的需求。从地方政府竞争与区域经济发展的角度来看，舒庆（1994）、陈瑞莲（2004）等创造性地以"行政区经济""行政区行政"阐述区域经济发展所受到的束缚，即地方政府竞争可能导致经济规划、行政治理均以省级政府为核心，形成一种闭合、有界、分割的区域发展格局。

同时，立足于我国不同省份和区域经济发展结构、程度的不同，周业安（2003）、任维德（2005）等的研究表明，地方政府间的竞争大概率会是一把

"双刃剑"，随着地方体制机制的完善、科学技术的创新，部分政策扶植力度大、经济发展优势明显的区域将会借此东风实现区域快速发展，但一些中西部的落后地区，资本、人力、资源等一系列要素可能加速流出到发达区域，导致区域发展"强者恒强，弱者愈弱"的格局。在此背景下，地方政府的区域性保护措施会进一步隔离区域合作与沟通，造成高额交易成本下的区域性贸易保护、投资保护，不利于我国整体经济的协调发展。

地方政府竞争理论其实适用于各个国家，它是指一个国家不同地区、不同省份、不同行政区域，为了向公众和百姓提供更好的基础设施和更加完备的公共服务所展开的竞争。竞争领域和范围包括自然资源、人才资源、中央政府的税收优惠与税收返还等。政府作为代人民行使权力的职能部门，是党和国家意志的践行者。地方政府作为地方的公仆，为公众提供最好、最满意的公共服务是其必须完成的主要任务，是体现政府价值的核心所在，也是地方官员在任期间的政绩考核标准之一。

我国地方政府竞争现状呈现出较为明显的特征。首先，资源流动的开放性是地方政府竞争最重要的一点。资本本身是可以自由流动的，资本凭借其自身的流动性会流向其获取收益更高的地方，地方政府和地方行政区域为了吸引资本流入，发展本地区的基础设施和公共服务，就必须保持政府对资源和资本的开放性，这样才能更好地促进地区发展，这也对区域发展有着很大的意义。其次，地方政府竞争最重要的点在于，谁能拿到中央的最优惠政策。我国作为一党专政、多党合作的社会主义国家，有着不同于其他国家的特殊性，因为中央政府掌握着所有制度建立、资源分配的权力，对于地方政府而言，最重要、最令它们感兴趣的是政策、资源、税收等方面的优惠权，这几样是最关乎地区发展和提高经济增速的因素，区域经济能否获得更快、更好发展的良好机遇，取决于地方政府是否能顺利得到特殊权利、优惠利率等一系列中央扶持。最后，地方政府竞争具有双重后果，地方政府竞争对于地区发展乃至整个国家的经济推动都有着重要的作用，特别是对于我国这种发展中国家，幅员辽阔、人口众多，中央政府不能面面俱到，很多权利和义务都要交给地方政府，所以地方政府的作用显得更加突出，但地方政府很容易因为过度或者无序的竞争导致资源浪费和重复建设等负面效应。

第二节　我国地方政府传统投融资模式演变

我国地方政府投融资模式的演进伴随着财政体制不断改革而体现出不同的特

征。中华人民共和国成立以来，财政体制经历了从统收统支到分级包干，再到分税制改革后的一系列发展与完善阶段。在这一过程中，地方政府投融资模式出现了政府与企业、地方政府与中央政府投融资的分离，以及向地方政府投融资平台的转移与政府投融资的回归。

一、财政投入为主、银行信贷为辅（1949～1993 年）

中华人民共和国成立初期到分税制改革前夕，我国地方政府投融资采取的基本模式为财政投入为主、银行信贷为辅。根据财政体制的改革，这一时期又可细分为两个阶段。

（一）财政体制"统收统支"阶段

中华人民共和国成立初期直至改革开放前夕，我国实行的都是计划经济体制，相应地，财政管理也相对集中在中央，中央政府全面控制经济的各个方面，而地方政府缺乏自主权，投融资实质上是由中央政府统一决策、统一拨款、统一管理。这一阶段的财政和银行也被喻为"连裆裤"关系，即财政和银行是国家分配资金的两条渠道，二者相辅相成。

在这一阶段，地方政府投融资经历了中华人民共和国成立初期、"一五"时期和两次国民经济调整时期。中华人民共和国成立之初，为巩固国家政权，迅速恢复国民经济，维持社会安定，国家采取一系列措施，建立和加强对国民经济的管理。随着形势的变化，财政体制多次调整，1951～1960 年实行统一领导、分级财政的分类分成体制，1961～1965 年则将财政管理权收归中央、大区和省，1966～1976 年又频繁调整财政体制。尽管在调整中地方政府财权和事权都有所扩大，但财政资金总体规模有限，且财权与事权不匹配，地方政府财政收支不挂钩，十分被动，难以发挥地域特色，因地制宜发展经济，同时缺少通过投融资带动地区发展的积极性。

这一时期地方政府的资金来源主要依赖于财政投入，但以地方公债为主的地方政府投融资也零星出现。中华人民共和国成立后的地方公债初次发行于东北，东北地区经历了漫长的战争时期，百废待兴，而建设资金缺乏成为制约发展的关键。在统收统支的制度下，中央财政的支出事项很多，对于地方经济社会发展的资金支持力度较弱，实现东北振兴的政策目标需要解决建设资金问题，经中央人民政府政务院批准，东北生产建设折实公债于 1950 年发行。公债的发行推动了东北经济的复兴。

1951～1960 年，财政体制逐渐调整为集中统一和分级管理相结合，然而"大跃进"时期经济发展秩序紊乱，财政体制的正常运行受到了影响。财权虽然得到下放，但各地区间财力不平衡、地方财政发展不充分，造成地方经济建设与整个国家经济建设的协调性受到影响。为此，1958 年 9 月国务院颁布了《关于进一步改进财政管理体制和改进银行信贷管理体制的几项规定》，同年 6 月通过了《中华人民共和国地方经济建设公债条例》，促进了部分地区地方公债的发行。在当时，发行地方公债的省份包括黑龙江、福建、江西、安徽等。

但是在 1958 ~ 1960 年，"大跃进"抢占历史舞台的背景下，地方公债存在发行规模过大、期限过长、强行摊派和利用效率低等问题，甚至还有地区和县为了筹集资金进行建设，发行了类似地方公债的债券，造成了债券市场的混乱。为了规范市场秩序，自此相当长的一段时间内，国家停止了各种经济建设债券的发行工作，地方政府投融资仍以财政投入为主要来源。

（二）改革开放以来的探索阶段

1978 年改革开放至 1993 年分税制改革前夕，高度集中的"统收统支"财政体制被打破，财政上实行的是划分收支、分级包干的体制，地方政府开始探索多种投融资方式。在此阶段，在财政投入之外，银行信贷成为主要的辅助融资手段，土地财政初露苗头，地方政府债券发行受到限制，然而国债发行却逐渐恢复。

1978 年党的十一届三中全会后，我国开始了全面的改革开放和经济体制改革，由计划经济体制向社会主义市场经济体制转轨，随着中央政府全盘掌控下的投融资体制弊端日趋凸显，财政体制也进行了一系列改革与探索。1986 年投资体制改革开始，基本建设投资正式实行"拨改贷"，地方建设项目投融资渠道不断拓宽。

在举债融资方面，1979 年，8 个县区首次举借政府有偿债务，开启了各地陆续举债的大门。随后，很多地方政府开始发行地方债券和企业债券，用以筹措资金。这些债券在一定程度上促进了地方改革的深化和生产的进步，却带来更多问题。为了制止不规范的举债行为，1994 年旧《预算法》颁布，此后地方政府债券这一融资工具被"雪藏"，直至 2009 年重出江湖。

地方政府债券黯然离场，相比之下，国债却回归了政府融资的舞台。财政包干制度打破了中央集权的投融资体制，使地方政府投融资自我意识觉醒，因此中央政府的投融资能力受到了一定抑制，中央和地方财政收入出现失衡。1981 ~ 1990 年，国债通过行政摊派的方式发行。

二、土地财政为主，财政投入、银行信贷为辅（1994 ~ 2007 年）

1994 年后，分税制改革开始实行，社会主义市场经济体制确立，地方政府投融资有了更大发展动力和空间，土地财政和土地融资得到较大规模发展。分税制改革后的财政体制，不断调整中央与地方在财政收入领域的分配方式，公共财政要求下的财政体制逐渐建立，我国财政的汲取能力大大增强，基础设施建设得到保障。

但是，分税制改革影响了地方政府的财政收入。分税制实施后，财权上移至中央政府，事权不断向地方政府下放，所有税收政策的制定权与举债权都集中在中央，地方无权开设新税种，也无权举债，地方政府财政收支矛盾开始变得突出。而城市化建设要求地方政府加大对基础设施的投资力度，对于融资的迫切要求倒逼地方政府寻求新的融资模式。而社会主义市场经济体制改变了资源配置结构，为地方政府投入经济活动，在市场中获取资金资源提供了充足的空间。

1994年国家在宏观调控上实行适度从紧的财政政策，旧《预算法》明文规定地方政府不得列赤字。出于财政支出的压力，地方政府积极探索新的投融资模式，在这一阶段，政策偏差导致现有的政府融资手段无法满足地方发展日益增长的资金需求，因而一些过渡性的、非规范的融资方式纷纷出现。有的地方政府会采用向所属国有企业借款，动用预算外资金的盈余，或者采取拖欠有些支出项目的做法等。在这一阶段，"金融三乱"问题突出，即一些地方、部门、企事业单位和个人乱集资、乱批设金融机构、乱办金融业务，根源在于当时金融体制改革落后于需求，地方政府融资体制亟须监督和创新。

在地方政府改革融资方式的同时，中央也积极增加财政实力。1997年银行间市场开启国债质押式回购，2004年推出买断式回购，2005年开始远期交易试点，国债在这一阶段飞速发展。

回到地方政府的土地财政，1998年在亚洲金融危机的冲击下，国家开始实施积极的财政政策。随着商品房改革的兴起，各地区开始以土地批租为着手点，大规模挖掘土地资源性资金。同时，住房制度改革使房地产建设的收益下放至地方政府和企业。政府对土地进行基础设施建设，除社会效益外，也带来土地的级差收益即经济效益，这部分经济效益就需要回归地方政府，并继续投资于地方建设。在2004年应用的稳健财政政策和2008年新一轮积极调控下，土地财政持续被应用。

在土地财政之外，地方政府也开始采取各种变通的办法筹集建设资金，以平衡财政收支。发行准地方公债、发展地方政府融资平台、中央政府转贷地方、土地融资等成为地方政府变通融资的主要方法。准地方公债利用那些和本地政府有密切关系的企业发行，并将募集来的资金用于地方基础设施建设等。它是我国禁止发行地方公债的过渡性金融产品，是中国特有的债券融资方式。这种融资方式在上海、济南、长沙等一些城市和地区得到了不同程度的运用。国债转贷地方这种融资方式在1998～2000年表现得尤为突出。1998年、1999年、2000年转贷比率分别为50%、45%和33%。1998年中央整顿金融"三乱"，金融渠道弥补财政支出缺口被堵塞后,工程款拖欠、民工工资拖欠、政策性亏损挂账及社会养老、医疗、失业保险拖欠债等也成为地方政府变相融资的一种方式。2004 年,随着宏观经济形势发生变化,积极财政政策逐步转向稳健。地方政府投融资平台、项目信托融资、产权交易融资、准市政债券等在这一时期得到了发展。

三、打包信贷为主,财政投入、土地财政为辅(2008～2014 年)

2008 年底,受国际金融危机的波及,4 万亿元的经济刺激计划出台。受制于土地资源的有限性及之前出台的包括限制土地"农转非"、从严审批建设用地等一系列调控政策,土地财政无法满足大规模的基础设施建设和刺激产业发展的需要,"打包信贷"逐渐兴起。在这一阶段,监管政策的缺失和地方发展的需求导致地方政府投融资平台泛滥,银行贷款大量流入平台,也带来了过高的杠杆率和风险隐患。2008 年上半年,投融资平台约为 3000 家,贷款余额约为 1.7 万亿元,到 2010 年末,省、市、县三级政府设立融资平台公司 6576 家,融资平台的政府性债务余额 49710.68 元,到 2014 年初,地方政府融资平台数量达 11000 家。

地方政府投融资平台的迅猛发展,一方面满足了地方政府基础设施建设的资金需求,推动了地方经济和社会的进步,但另一方面也存在诸多弊端。从 2009 年开始,地方政府融资平台的风险开始引起关注,地方政府投融资平台的资产负债比例较高,偿债能力严重不足,同时,部分平台公司资源利用效率差,经营状况并不理想,潜在债务风险问题突出。因此,有关地方政府融资平台债务的清理、整顿和规范工作开始纳入决策层的议事议程,国务院会议多次提出要规范地方政府融资平台,地方政府对融资平台融资方式的依赖受到极大限制。

值得一提的是,在地方政府投融资的另一个领域,地方债再次登上历史舞台,2009 年国务院同意地方发行 2000 亿元债券,由财政部代理发行,列入省级预算管理,突破了《预算法》约束,但这次中央代发地方债并不尽如人意,在中国二级市场上遭受了"零成交"和"破发"等冷遇。

第三节 新常态下我国地方政府投融资模式

从 2014 年开始,我国地方政府投融资机制出现重大变化。2014 年 8 月 31 日全国人大常委会通过《关于修改〈中华人民共和国预算法〉的决定》,2014 年 9 月 21 日国务院印发《关于加强地方政府性债务管理的意见》(国发〔2014〕43 号),2014 年 11 月 16 日国务院印发《关于创新重大领域投融资机制鼓励社会投资的指导意见》（国发〔2014〕60 号），2016 年 7 月 5 日中共中央、国务院联合印发《关于深化投融资体制改革的意见》（中发〔2016〕18 号）。2017 年 4 月 26 日财政部等六部委联合印发《关于进一步规范地方政府举债融资行为的通知》（财预〔2017〕50 号），2019 年 7 月 1 日起《政府投资条例》正式实施。随着一系列政策文件、法规的出台，我国地方政府的投融资体制包括我国税收体制、投融资体制都在发生剧烈的变化，这就要求地方政府融资体制、融资模式必须要转变。

一、地方政府债券

在新《预算法》和 43 号文实施后，地方政府只能通过发行地方政府债券的方式来举借债务，且必须在国务院批准的限额内发行。发行主体为省级政府，地（州、市）级政府仅能通过省级转贷，发行要求为仅用于公益性资本支出，不得用于经常性支出。发行类型主要分为一般债券和专项债券，地方政府专项债务已经发展成我国客观财政政策的重要手段。2019 年地方政府专项债券发行规模为 2.15 万亿元，2020 年地方政府专项债券发行规模为 3.75 万亿元，发行地方政府债券是地方政府融资的发展趋势。

二、地方政府融资平台

从实际来看，地方政府投融资平台目前仍是国内地方政府基础设施投资的重要资金来源。做大做强地方政府融资平台对欠发达地区有着很重要的现实意义，促进投融资平台转型仍是目前所面临的重大课题。第一，优质的投融资平台有利于融资平台成为地方政府在基础设施领域的人才积聚高地、经验积累载体和对接各方资源的枢纽。第二，投融资平台是参与地方基础设施建设的重要力量，它有利于作为地方政府城镇化项目融资以及以土地资源为主的各类公共资源的积聚、培育、转化和实现主体。第三，投融资平台是政府参与市场经济的一种手段，它有可以担任 PPP、产业基金等市场化项目的政府方实施主体，项目现金流不足的风险缓释主体，以及代表地方政府进行监管的执行机构。

三、政府投资引导基金

政府产业引导基金是政府出资设立的非营利性基金，政府产业基金以"政府引导、市场运作、科学决策、防范风险"的原则进行运作，以市场化方式，通过跟投、直投、引投等多种方式进入指定区域的企业或产业。政府设立产业引导基金的主要目的是招商引资，同时引导社会资金进入实体经济，提高当地企业效益以带动实体经济发展。截至目前，受到我国引导基金政策和基金发展环境的影响，我国政府产业引导基金的发展大致经历了三个主要阶段：2002 年，中关村创业引导基金的成立标志着我国引导基金的开端，我国引导基金进入探索起步阶段；2008 年，发展改革委发布的《关于创业引导基金规范设立与运作的指导意见》明确了政府引导基金的性质与宗旨、基金设立的资金来源、基金的运作原则与方式等，政府引导基金进入规范发展阶段；2016 年，发展改革委颁布的《政府出资产业投资基金暂行管理办法》对政府出资设立产业引导基金的资金募集、管理、投资规范等进行了明确的规范，我国产业引导基金进入快速发展阶段。2020 年 2 月 24 日，财政部发布《关于加强政府投资基金管理　提高财政出资效益的通知》，要求对中央和地方政府直接出资的基金加强预算约束、提高财政出资效益等，促进政府设立的引导基金在严格考核的情况下可持续发展。截至 2020 年 8 月，我国各级政府引导基金的募资规模已经超过 4 万亿元，有力地促进了各地方产业发展和产业转型。

第四节　我国地方政府投融资存在的问题

20 世纪 90 年代，旧《预算法》、《担保法》和《贷款通则》等极大地限制了地方政府的融资途径，导致地方政府在基础设施、公共服务等建设过程中捉襟见肘，其根本原因在于财政分权改革后所带来的中央与地方政府财权和事权不匹配，地方政府长期面临基建资金不足、融资渠道受限的窘境。随着地方经济建设进程的不断推进，地方政府融资规模急速扩张，其偿债压力不断增大。国发 43 号文和新《预算法》出台后，地方政府融资呈现出新的格局，地方政府独立发行债券的相关制度逐渐走向完善，对遏制地方债务扩张起到了积极作用，但也产生了一些新的问题。

第一，地方政府新增地方债务规模快速发展，致使或有债务以新的形式发生。2015 ~ 2019 年，地方政府债务的新增额度分别为 6000 亿元、1.18 万亿元、1.63 万亿元、2.12 万亿元、3.04 万亿元。从 2014 年开始，我国制造业投资和房地产投资增速均出现连续下滑，政府主导基础设施投资成为稳增长的主要支柱，在严格执行国发 43 号文要求的情况下，地方政府投资需求扩大与融资渠道受限之间的矛盾日益激化。同时，受到国际贸易冲突、新冠肺炎疫情等的影响，地方政府支出规模不断扩张，特别是地方政府专项债券规模的快速扩张导致不规范项目层出不穷，这可能导致地方政府引发新的债务问题。

第二，PPP 模式落地难，不能有效舒缓地方政府的投资压力。据统计，截至

2019 年 12 月底，财政部 PPP 中心总入库 PPP 项目 12341 个，总投资金额 17.60 万亿元，我国财政部项目 PPP 中心项目落地率为 68.03%。根据实地调研情况，签约 PPP 项目面临项目融资不畅、回报机制不合理、双方谈判不顺利等问题。PPP 项目落地难主要在于优质 PPP 项目不多、PPP 法律法规不健全、地方政府相关工作人员能力不足、咨询服务机构乱象丛生和地方政府契约精神有待加强等。

第三，地方政府融资平台承担政府性融资依然存在。在新常态下，我国宏观经济和区域经济的发展都呈现出新的特点，地方政府融资平台仍然是解决地方资金缺口的有效途径，短期来看，地方政府融资平台仍有其继续存在的必要性和合理性。但因地方政府融资平台普遍存在治理结构不健全、担保行为不规范、项目投资效率低等问题，贷款或发行债券时，债权人依然认为融资平台有政府隐性背书。转型难是城投公司发展面临的主要问题，从省级、地市级到县级所有地方平台公司都面临着转型方向的问题，城投公司转型的背后就是整个城市、整个区域投融资体制的转变。

第四，地方政府创新融资能力普遍缺乏。现阶段，地方政府主导的投资资本收益率并不高，加上对于任期的考虑，地方政府普遍缺乏较长远的预算规划，造成地方政府普遍缺乏管理地方债务的意识和机制，短视行为泛滥。同时，地方政府长期以来主要依靠土地财政、融资平台和自有财政资金进行投融资建设，对金融产品、金融市场、PPP 模式等创新融资方式缺乏长效机制。

第二章 地方政府专项债券概述

第一节 地方政府债券定义、分类及作用

一、地方政府债券定义

地方政府债券的概念区别于国债。国债主要指中央政府在国内外发行债券或向外国政府和银行借款所形成的国家债务。而地方政府债券是指由地方政府发行，以一般公共预算收入或政府性基金、专项收入作为偿债来源的政府债券，主要用于没有收益或有一定收益的公益性项目。国债代表国家信用，地方政府债券代表地方政府的信用。

地方政府债券的发行主体是 31 个省（自治区、直辖市），5 个经省级政府批准自办债券发行的计划单列市①，以及新疆生产建设兵团。地方政府债务资金只能用于公益性资本支出，不得用于经常性支出；偿债资金来源于一般公共预算收入或政府性基金、专项收入。

二、地方政府债券分类

地方政府债券按照债券性质来源划分，可分为一般债券和专项债券；按照资金用途划分，可分为新增债券、置换债券和再融资债券。其中，专项债券又可分为土地储备专项债券、地方政府收费公路专项债券、地方政府棚户区改造专项债券和其他创新品种。2020 年以来，根据积极的财政政策的要求，其他创新品种

---

① 计划单列市，全称国家社会与经济发展计划单列市，分别为大连市（1984 年 7 月 18 日）、青岛市（1986 年 10 月 15 日）、宁波市（1987 年 2 月 24 日）、厦门市（1988 年 4 月 18 日）、深圳市（1988 年 10 月 3 日）。

的种类越来越丰富。

（一）一般债券和专项债券

1. 一般债券

根据《地方政府一般债券发行管理暂行办法》（财库〔2015〕64号），地方政府一般债券是指省、自治区、直辖市政府（含经省级政府批准自办债券发行的计划单列市政府）为没有收益的公益性项目发行的、约定一定期限内主要以一般公共预算收入还本付息的政府债券。目前，一般债券的发行期限为1年、2年、3年、5年、7年、10年、15年、20年和30年[①]。

2. 专项债券

根据《地方政府专项债券发行管理暂行办法》（财库〔2015〕83号），地方政府专项债券是指省级政府（含经省级政府批准自办债券发行的计划单列市政府）为有一定收益的公益性项目发行的、约定一定期限内以公益性项目对应的政府性基金或专项收入还本付息的政府债券。目前，专项债券的发行期限为1年、2年、3年、5年、7年、10年、15年、20年和30年[②]。

综上可以看出，一般债券和专项债券主要在四个方面存在差异：

第一，财政预算归口。一般债券纳入一般公共预算，计入财政赤字；专项债券纳入政府性基金预算，不计入财政赤字。

第二，募集资金用途。一般债券是地方政府为缓解资金压力或解决临时经费不足而发行的债券；专项债券要匹配具体项目，是对应项目工程建设而发行的债券。

第三，项目收益。一般债券进入政府资金周转后，主要投向没有收益的公益性项目，投资范围较广；专项债券则须投向固定的、有一定收益的项目，不能用于其他地方，投向受国家政策的引导。

第四，偿债来源。一般债券偿债来源为一般公共预算收入，当赤字不能减少时可采取借新还旧的办法；专项债券偿债资金为项目对应的政府性基金或专项收入，当此类收入难以实现时，可先通过借新还旧周转，收入实现后即予归还。

（二）新增债券、置换债券和再融资债券

1. 新增债券

新增债券是指各省级政府为新增地方政府债务发行的地方政府债券。目前，

---

① 根据《关于做好2018年地方政府债券发行工作的意见》（财库〔2018〕61号），公开发行的一般债券，增加2年、15年、20年期限。

② 根据《关于做好2018年地方政府债券发行工作的意见》（财库〔2018〕61号），公开发行的普通专项债券，增加15年、20年期限。根据《财政部关于做好地方政府债券发行工作的意见》（财库〔2019〕23号文），应科学确定地方债券期限结构。2019年部分省份陆续推出30年期一般债券和专项债券。

我国对地方政府债务余额实行限额管理，各地新增债券规模不得超过财政部下达的本地区新增债务限额。新增债券的发行占比主要受我国政府债务率及资金整体需求的影响。从地方角度，地方政府债务负担较重、资金需求较少的地区，新增债券的发行占比通常较小。新增债券资金的用途主要是公益性资本支出。

为了加快发行节奏，提升地方政府债券的使用效率，进一步满足地方重大项目建设需要，2018 年 12 月底，十三届全国人大常委会第七次会议决定，授权国务院在 2019 年以后年度，在当年新增地方政府债务限额的 60% 以内，提前下达下一年度新增地方政府债务限额（包括一般债务限额和专项债务限额）。授权期限为 2019 年 1 月 1 日至 2022 年 12 月 31 日。由此，地方政府债券新增额度可以于"两会"前提前下达到地方，更早地发挥效用。

2. 置换债券

置换债券是指各省级政府为置换经清理甄别认定的，2014 年末以非政府债券形式存在的存量政府债务而发行的地方政府债券。置换债券用于置换债务，不增加债务余额，不纳入赤字。

为了规范地方政府融资，43 号文明确规定"对甄别后纳入预算管理的地方政府存量债务，各地区可申请发行地方政府债券置换"；新《预算法》也指出，地方政府债券成为政府融资的唯一合法途径。在此背景下，财政部会同有关部门对新《预算法》实施前、截至 2014 年末的地方政府性债务存量进行了清理甄别，对其中属于政府债务的部分，纳入限额管理和预算管理范围，允许地方逐步发行地方政府债券进行置换。225 号文[①]对时间进行了明确，"地方政府存量债务中通过银行贷款等非政府债券方式举借部分，通过三年左右的过渡期，由省级财政部门在限额内安排发行地方政府债券置换"。

置换债券的发行在我国是规范地方政府债务管理、防范化解存量政府债务风险的重要举措，是坚决打好防范化解重大风险的攻坚战的重要内容之一。

3. 再融资债券

再融资债券是指省级政府（含经省级政府批准自办债券发行的计划单列市政府）为偿还到期地方政府债券而发行的地方政府债券，即"借新还旧"债券。再融资债券的首次披露是在财政部《2018 年 4 月地方政府债券发行和债务余额情况》中，与置换债券额度合并计算。财政部明确再融资债券是用于偿还部分到期地方政府债券本金，不能直接用于项目建设，但可为地方政府缓解政府偿债压力，降低利息负担。

（三）专项债券类型及品种

2014 年，43 号文中首次提出地方政府可以发行专项债券进行融资，即"有

---

① 《财政部关于对地方政府债务实行限额管理的实施意见》（财预〔2015〕225 号）。

一定收益的公益性事业发展确需政府举借专项债务的，由地方政府通过发行专项债券融资，以对应的政府性基金或专项收入偿还"。由此，专项债券正式走上历史舞台。较一般债券来说，专项债券的类型及品种较为丰富，可分为普通专项债券和项目收益专项债券。

1. 普通专项债券

普通专项债券的说法是为了区别于项目收益专项债券，其定义即是 83 号文中所提到的地方政府专项债券。其中，在第四条中明确规定："单只专项债券应当以单项政府性基金或专项收入为偿债来源。单只专项债券可以对应单一项目发行，也可以对应多个项目集合发行。"

2. 项目收益专项债券

项目收益专项债券全称为"项目收益与融资自求平衡专项债券"，来自于2017 年 6 月发布的《关于试点发展项目收益与融资自求平衡的地方政府专项债券品种的通知》（财预〔2017〕89 号）。89 号文正式确定发展项目收益与融资自求平衡的专项债券品种，旨在建立专项债券与项目资产、收益相对应的制度，打造中国的"市政项目收益债"。在此，首次引入了"自求平衡"概念，明确指出"鼓励有条件的地方立足本地区实际，积极探索在有一定收益的公益性事业领域分类发行专项债券"，这对丰富地方政府债券品种、完善地方政府债券发行机制、提高专项债券流动性具有重大意义。

表 2 - 1 普通专项债券与项目收益专项债券区别

	普通专项债券	项目收益专项债券
资金用途	单只专项债券可以对应单一项目发行，也可以对应多个项目集合发行	单只专项债券对应以政府性基金收入项目分类的单一项目
偿债来源	项目对应的政府性基金或专项收入	项目对应的专属单一项目取得的政府性基金或专项收入，不得通过其他项目对应的收益偿还，要求项目收益与融资自求平衡
期限结构	1 年、2 年、3 年、5 年、7 年、10 年、15 年、20 年	充分结合项目建设运营周期、资金需求、项目对应的政府性基金收入和专项收入情况、债券市场需求等因素，合理确定专项债券规模
周转条款	无	因项目取得的政府性基金或专项收入暂时难以实现，不能偿还到期债券本金时，可在专项债务限额内发行相关专项债券周转偿还，项目收入实现后予以归还

3. 专项债券品种

2017 年，财政部分别联合国土资源部、交通运输部在土地储备领域与政府收费公路领域开展试点，发布了《地方政府土地储备专项债券管理办法（试行）》（财预〔2017〕62 号）、《地方政府收费公路专项债券管理办法（试行）》（财预〔2017〕97 号），率先确认了土地储备专项债券与收费公路专项债券两大品种。

2018 年 3 月，财政部联合住房和城乡建设部，发布了《试点发行地方政府棚户区改造专项债券管理办法》，棚户区改造专项债券横空出世，自此地方政府专项债券三大主力品种正式成形。据统计，2018 年全年共发行地方政府专项债券 1.95 万亿元，三大主力品种占比为 29.08%；2019 年，专项债券规模达 2.59 万亿元，三大品种占比上升至 59.69%。

2019 年 9 月 4 日，国务院召开常务会议，确定加快地方政府专项债券发行使用的措施，带动有效投资支持补短板、扩内需。其中扩大了专项债的使用范围，明确重点用于交通基础设施、能源项目、生态环保项目、民生服务、市政和产业园区基础设施五个领域。而专项债做资本金也由 33 号文中的 4 个领域项目（国家重点支持的铁路、国家高速公路和支持推进国家重大战略的地方高速公路、供电、供气项目）进一步扩大为 10 个领域项目（铁路、收费公路、干线机场、内河航电枢纽和港口、城市停车场、天然气管网和储气设施、城乡电网、水利、城镇污水垃圾处理、供水）。

2020 年 4 月 3 日，财政部国新办新闻发布会上，财政部副部长许宏才表示，地方政府专项债券在资金投向上，继续重点用于国务院常务会议确定的重大基础设施项目建设，主要包括交通基础设施、能源项目、农林水利、生态环保项目、民生服务、冷链物流设施、市政和产业园区基础设施七大领域，较 2019 年增加了农林水利、冷链物流设施两个领域。

2020 年 7 月 5 日，国务院常务会议明确了 2020 年专项债券重点支持的"两新一重"建设，即主要加强新型基础设施建设，发展新一代信息网络，拓展 5G 应用，建设数据中心，增加充电桩、换电站等设施，推广新能源汽车，激发新消费需求，助力产业升级。

专项债券使用范围扩大的过程也是专项债券类别丰富的过程，政策的层层加码有效助力了债券资金直达基层，助力重大项目建设（见图 2-1）。

三、地方政府债券的作用

地方政府债券作为市场经济和现代财政分权制度的重要组成部分，在现代经济条件下对地方经济乃至一国经济的发展起着至关重要的作用。其中，主要分为

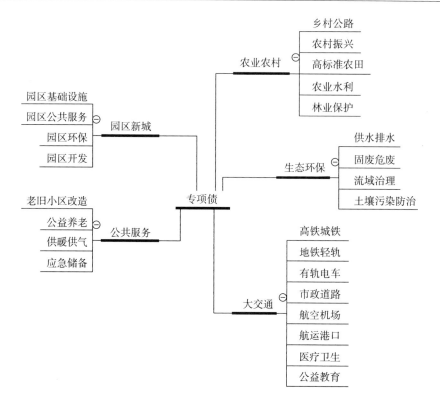

图 2 - 1　专项债券品种不断丰富

三个方面：第一，弥补地方财政赤字。地方政府可以结合自身实际，充分考虑债务承担能力发行适度规模的债券以满足财政支出的资金需求。第二，稳投资、促增长、补短板。地方政府债券可以有效缓解地方财政的支出压力，改善基建融资，助力社融企稳。第三，优化地区资源配置。地方政府债券更多地助力公益性项目，这一过程可以让资源在公共部门与私人部门之间进行更加合理的配置。具体来说，一般债券与专项债券的作用如下：

（一）一般债券的作用

地方政府一般债券由省级财政部门统一发行后，转贷各市县，纳入当地一般公共预算管理，可用于地方部门预算、民生支出与经常性支出，偿还时以一般公共预算收入作为主要偿债来源，是缓解地方财政运行困难、维持地方财政稳定的重要工具。目前，政府扩大了一般债券的投资范围，鼓励社会保险基金、住房公积金、企业年金、职业年金、保险公司等机构投资者和个人投资者在符合法律法规等相关规定的前提下投资一般债券。一般债券目前可以用于党中央、国务院和各地省委、省政府确定的重点领域项目建设，部分地区还会优先安排如乡村振兴、脱贫攻坚等重大战略。

（二）专项债券的作用

一般来讲，专项债券与一般债券最大的区别在于专项债券要匹配收益性项目发行，更严谨地说，专项债券的第一个作用便是支持有一定收益的公益性事业的项目，为项目提供资金支持。其中项目类型主要包含了土地储备专项债券、棚户区改造专项债券与收费公路专项债券三大主要类别，以及后来囊括的其他基建相关项目。此外，2015 年 3 月的《2015 年地方政府专项债券预算管理办法》明确提出，地方政府专项债券包括新增专项债和置换专项债，其中置换专项债主要用于置换地方政府存量专项债务。这表明了专项债的第二个作用，即置换地方政府存量专项债务。

第二节　地方政府债券发展历程

地方政府债券的发展与新旧《预算法》有极大关系，所以在此以新旧《预算法》为切入点，结合国家出台的政策文件，对地方政府债券发展历程进行梳理。

一、空白时期（1949～1993 年）

在中华人民共和国成立初期，国民经济处于恢复阶段，我国实行"统收统支"的预算管理体制。1953 年开始，基本转为"统一领导、分级管理"的体制，也就是由中央核定地方收支指标，全部收入分为固定收入和比例分成收入，凡收大于支的地方上解收入，凡支大于收的地方由中央进行补助。在此期间，我国共发行两种地方公债，分别为东北生产建设折实公债和地方经济建设公债。地方公债可以说是地方政府债券的前身，在一定时期内也缓解了地方上财政不足的压力。1985 年 9 月，国务院发布了《关于暂不发行地方政府债券的通知》，认为"当前经济形势中存在的主要问题是国民经济增长速度过快，固定资产投资增加过猛"，"发行地方政府债券将会扩大固定资产投资总规模，继续加大已经膨胀了的固定资产投资"。地方政府债券发行的事宜又被搁置了起来。

二、立法禁止时期（1994～2009 年）

1980 年后，我国实行"划分收支，分级包干"的体制，地方预算初步成为责、权、利相结合的相对独立的一级预算主体。但是随着经济体制改革的深化和经济的快速增长，包干体制弊端越来越明显。于是，我国开始从实际出发，借鉴西方国家的有益经验，于1994年开始实行具有中国特色的分级分税预算管理体制，也就是分税制改革。同年，《预算法》颁布，其中第二十八条规定，"除法律和国务院另有规定外，地方政府不得发行地方政府债券"。《预算法》从法律上切断了地方政府发行债券的渠道。

1998年，为了应对亚洲金融危机，国家决定实施积极财政政策以刺激经济增长。为此，财政部公布《国债转贷地方政府管理办法》，决定增发一定规模的长期建设国债，由中央政府代地方政府举债并转贷地方用于国家确定项目的建设。但由于国债转贷地方是中央发债、地方使用，不列中央赤字，因此，转贷资金既不在中央预算反映，也不在地方预算反映，只在往来科目列示，不利于监督。2006年起，中央政府转向稳健性财政政策，不再把国债资金转贷给地方政府。

三、"代发代还"时期（2009～2011年）

2009年，为应对国际金融危机，实施好国内积极的财政政策，增强地方安排配套资金和扩大政府投资的能力，应各地方政府要求，国务院同意地方发行2000亿元债券，以省（自治区、直辖市）和计划单列市为发行和偿还主体，由财政部代理发行、代办还本付息和支付发行费用。该批次债券期限3年，利息按年支付，列入省级预算管理，债券规模的分配重点考虑中西部地区。与此同时，财政部相继发行《关于做好发行2009年地方政府债券有关的通知》《财政部代理发行2009年地方政府债券发行兑付办法》《2009年地方政府债券预算管理办法》《财政部代理发行地方政府债券财政总预算会计核算办法》等制度文件，对债券的发行、使用、监督等工作做出了明确的规定。地方政府债券纳入地方财政预算管理，加强了对地方财政预算的约束，克服了国债转贷的弊端，但"代发代还"尚不能体现各地方政府的偿债能力和财政状况差异。

四、"自发代还"时期（2011～2014年）

为进一步建立规范的地方政府举债融资机制，2011年，国务院批准上海市、浙江省、广东省、深圳市试点在国务院批准的额度内自行发行债券，但仍由财政部代办还本付息。此外，对试点省（市）和计划单列市发行政府债券实行年度发行额管理，2011年度发债规模限额当年有效，不得结转下年。债券期限分为3年和5年，分别占国务院批准的发债规模的50%。2013年6月，财政部发布《2013年地方政府自行发债试点办法》，主要内容是增加山东省和江苏省为债券发行试点地，进一步推进"自发代还"模式在全国范围内的试点运用。

"自发代还"的模式为推进地方债发行改革、建立规范的地方政府举债融资机制积累了宝贵经验，但也受到了多方质疑。比如，发债主体和偿债主体不完全一致，不利于强化地方政府的偿债责任和风险控制意识，不利于建立规范合理的中央和地方政府债务管理和风险预警机制，容易埋下债务危机的祸根；发行额度应纳入地方年度财政预算，由地方人大而不是国务院批准等。

五、"自发自还"阶段（2014年至今）

"自发代还"阶段的试点发行，为地方政府债券的市场化改革打下了坚实的基础。2014年5月，财政部印发了《2014年地方政府债券自发自还试点办法》（财库〔2014〕57号），"自发自还"模式正式推出。文件中指出，自发自还是指试点地区在国务院批准的发债规模限额内，自行组织本地区政府债券发行、支付利息和偿还本金的机制。试点地区发行政府债券实行年度发行额管理，全年发行债券总量不得超过国务院批准的当年发债规模限额。2014年度发债规模限额当年有效，不得结转下年。此外，在地方政府自行还本付息、自行展开债券定价和信用评级三个方面实行重大改革。文件出台后，国家先后在北京、上海、广东、江苏、山东、深圳、江西、宁夏、浙江、青岛等省份和计划单列市进行地方政府债"自发自还"模式的试点。2014年6月23日，国内首只自发自还的地方政府债券"广东省政府债券"成功发行，共计148亿元，标志着"自发自还"的地方政府发债模式在中国的正式推行。其他省份和计划单列市"自发自还"模式的地方举债项目也紧随其后，陆续在全国推行开来。"自发自还"模式有利于消除偿债主体不清晰问题，有利于进一步强化市场约束，控制和化解地方债务风险，探索建立地方债券市场并推动其健康发展。

2014年8月31日出台并于2015年1月1日起施行的《全国人大常委会关于修改〈预算法〉的决定》第35条规定："地方各级预算按照量入为出、收支平衡的原则编制，除本法另有规定外，不列赤字。经国务院批准的省（自治区、直辖市）的预算中必需的建设投资的部分资金，可以在国务院确定的限额内，通过发行地方政府债券举借债务的方式筹措。"该条法例的修改使地方政府可以适度地进行地方自主融资。同年12月，全国人大常委会通过《预算法》（2014年修正），内容包括地方政府可以举债及举债规模必须由国务院报全国人大批准。地方政府债券的发行从法律上正式放开并进一步规范。

第三节　地方政府专项债券的新使命

2020 年以来，随着新冠肺炎疫情的不断蔓延，全球经济形势不断下行，传统的拉动经济的"三驾马车"通道受阻：全球疫情防控严重影响我国进出口贸易；一季度全国居民人均消费支出同比实际下降12.5%；而投资尚处于开始发力阶段。3 月 27 日中共中央政治局会议指出，"要抓紧研究提出积极应对的一揽子宏观政策措施，积极的财政政策要更加积极有为，稳健的货币政策要更加灵活适度，适当提高财政赤字率，发行特别国债，增加地方政府专项债券规模"，财政新"三驾马车"——地方政府专项债券、特别国债、财政赤字率横空出世，专项债券的地位无须多言。

所谓新使命，就是在当前的宏观经济大背景下，专项债券要充分发挥作用，配合落实好积极的财政政策，更好地服务国计民生，强化逆周期调节，支撑基础设施投资，稳投资、扩内需、补短板，以对冲经济下行压力。在此背景下，补充项目资本金、参与新基建、补充银行资本金、助力老旧小区改造等内容逐渐成为专项债券的"新使命"。

一、专项债券与项目资本金

为贯彻落实党中央、国务院决策部署，加大逆周期调节力度，更好地发挥地方政府专项债券的重要作用，着力加大对重点领域和薄弱环节的支持力度，中共中央办公厅、国务院办公厅于 2019 年 6 月 10 日下发了《关于做好地方政府专项债券发行及项目配套融资工作的通知》（厅字〔2019〕33 号，以下简称《通知》），正式提出专项债券可以作为符合条件的重大项目资本金。表 2 - 2 为资本金相关制度汇总。

表 2 - 2　资本金相关制度汇总

序号	时间	文件名称	文件号
1	1996.08.23	《国务院关于固定资产投资项目试行资本金制度的通知》	国发院〔1996〕35 号
2	2004.06.30	《国务院关于调整部分行业固定资产项目资本金比率的通知》	国发院〔2004〕13 号

续表

序号	时间	文件名称	文件号
3	2009.05.25	《国务院关于调整固定资产投资项目资金比率的通知》	国发院〔2009〕27号
4	2009.07.23	银监会《固定资产贷款管理暂行办法》	2009年第2号
5	2009.09.03	《中国银监会关于信托公司开展项目融资业务涉及项目资本金有关问题的通知》	银监发〔2009〕84号
6	2015.09.14	《国务院关于调整和完善固定资产投资项目资本金制度的通知》	国发〔2015〕51号
7	2017.11.17	《关于规范政府和社会资本合作（PPP）综合信息平台项目库管理的通知》	财办金〔2017〕92号
8	2017.11.27	《关于加强中央企业PPP业务风险管控的通知》	国资发财管〔2017〕192号
9	2018.03.31	《关于规范金融企业对地方政府和国有企业投融资行为有关问题的通知》	财金〔2018〕23号
10	2019.06.10	《关于做好地方政府专项债券发行及项目配套融资工作的通知》	厅字〔2019〕33号
11	2019.11.27	《国务院关于加强固定资产投资项目资本金管理的通知》	国发〔2019〕26号

（一）《通知》出台背景

我国项目资本金制度起源于1996年，推出的目的主要是提高项目投资效益和风险管理水平，有效控制投资规模。近年来，我国对资本金制度进行了多次调整和完善，这也成为了深化投资体制改革和健全风险约束机制的重要手段。党中央、国务院高度重视地方政府债务风险防范，强调在严格控制地方政府隐性债务、坚决遏制隐性债务增量、坚决不走无序举债搞建设之路的同时，鼓励依法依规通过市场化融资解决项目资金来源。在此基础上，为加强逆周期调节力度，更好地发挥地方政府专项债券的重要作用，着力加大对重点领域和薄弱环节的支持力度，政府出台《通知》，进一步对地方政府专项债券融资等问题做出要求。

（二）具体要求

《通知》提出，允许将专项债券作为符合条件的重大公益性项目资本金。对于专项债券支持、符合中央重大决策部署、具有较大示范带动效应的重大项目（主要是国家重点支持的铁路、国家高速公路和支持推进国家重大战略实施的地方高速公路、供电、供气项目），在评估项目收益偿还专项债券本息后其他经营性专项收入具备融资条件的，允许将部分专项债券资金作为一定比例的项目资本金，但不得超越项目收益实际水平过度融资。

可以看出，《通知》并不是对所有项目都放开了作项目资本金的要求，只限于国家重点支持的四大领域，并且对项目收益提出了较高的要求，即"在评估项目收益偿还专项债券本息后其他经营性专项收入具备融资条件的"，所以对于专项债券用于资本金的最大约束便在于项目的收益水平。

9月4日，国务院常务会议要求进一步落实《通知》，扩大了专项债券的使用范围，同时明确专项债可用作项目资本金范围明确为符合以下重点投向的重大基础设施领域：①铁路、轨道交通、城市停车场等交通基础设施；②城乡电网、天然气管网和储气设施等能源项目；③农林水利、城镇污水垃圾处理等生态环保项目；④职业教育和托幼、医疗、养老等民生服务；⑤冷链物流设施、水电气热等市政和产业园区基础设施。并且强调，以省为单位，专项债资金用于项目资本金的规模占该省份专项债规模的比例可达20%左右。在两天后的新闻发布会上，财政部正式提出专项债券作资本金的范围具体由现有4个领域项目（国家重点支持的铁路、国家高速公路和支持推进国家重大战略的地方高速公路、供电、供气项目）进一步扩大为10个领域项目（铁路、收费公路、干线机场、内河航电枢纽和港口、城市停车场、天然气管网和储气设施、城乡电网、水利、城镇污水垃圾处理、供水）。鼓励地方在符合政策规定和防控风险的基础上，尽量多安排专项债券用于项目资本金，更好地发挥专项债券的带动作用。

综上，专项债可用作资本金的前提条件便逐渐清晰了。首先，专项债券要符合财政部要求的投资领域；其次，项目要具备经营性、收益性，对收入全部为政府性基金收入或专项收入过低等不具备融资条件的项目，政策不支持将其作为专项债用作资本金的对象，无法发挥撬动市场化融资的杠杆作用；最后，以省为单位，专项债资金用于项目资本金的规模占该省份专项债规模的比例不得超过25%，且项目资本金不能完全通过专项债资金解决。

（三）《通知》落实情况

2019年7月22日中国债券信息网发布的《乌兰察布市新建集宁至大同至原平铁路（内蒙古段）实施方案》显示，乌兰察布市新建集宁至大同至原平铁路（内蒙古段）将会使用专项债资金50亿元作为项目的部分资本金。这也成为了全国第一个专项债券作资本金的项目。

根据中国债券信息网和Wind数据统计，2020年上半年全国专项债作资本金相关项目共有439个，涉及26个省市的136只专项债。专项债作资本金累计2215.7亿元，占新增专项债发行额的比例为9.9%，虽然较2019年6~9月的0.3%有较大提升，但与20%或25%的比例仍然有较大距离。

专项债用作资本金的模式都有哪些呢？目前来看主要分为两种：第一种为用

专项债资金补充不足的自筹资金，第二种为在第一种的基础上进一步组合融资，加入商业配套资金，如银行贷款等。专项债用于资本金在一定程度上改善了建设资金来源和项目资金平衡问题，补足了此前项目资本金缺口；关于配套融资，根据《通知》框架设定，在土地预期收益算入相应项目的经营性收入的情形下，项目能够满足文中提到的"在偿还专项债本息后仍有剩余专项收入才可向金融机构融资"这一要求的难度将降低一些，那么，金融机构的参与或少了些被动的约束。所以，专项债用作资本金的情况较为乐观，且涉及十类项目的城投平台，情况将得到明显改善。

二、专项债券与新基建

（一）什么是新基建

在2020年3月4日中共中央政治局常务委员会上，习总书记指出，"加快推进国家规划已明确的重大工程和基础设施建设，其中要加快5G网络、数据中心等新型基础设施建设进度"，在随后的半月内中央高层会议中也多次提及加强"新基建"。

"新基建"概念最早是在2018年12月召开的中央经济工作会议上提出的，会议指出"加大制造业技术创造和设备更新，加快5G商业步伐，加强人工智能、工业互联网、物联网等新型基础设施建设"。2019年《政府工作报告》中，明确指出了"加快5G商用步伐和IPv6（互联网协议第6版）规模部署，加强人工智能、工业互联网、物联网等新型基础设施建设和融合应用"。2020年3月8日，央视在3月4日中央政治局会议的基础上，将新基建定义为发力于科技端的基础设施建设，包括5G基站建设、特高压、城际高速铁路和城市轨道交通、新能源汽车充电桩、大数据中心、人工智能和工业互联网七项内容。2020年4月国家发展改革委定义新基建为以新发展理念为引领，以技术创新为驱动，以信息网络为基础，面向高质量发展需要，提供数字转型、智能升级、融合创新等服务的基础设施体系。目前来看，新型基础设施主要包括三方面内容：一是信息基础设施。主要是指基于新一代信息技术演化生成的基础设施，比如，以5G、物联网、工业互联网、卫星互联网为代表的通信网络基础设施，以人工智能、云计算、区块链等为代表的新技术基础设施，以数据中心、智能计算中心为代表的算力基础设施等。二是融合基础设施。主要是指深度应用互联网、大数据、人工智能等技术，支撑传统基础设施转型升级，进而形成的融合基础设施，比如，智能交通基础设施、智慧能源基础设施等。三是创新基础设施。主要是指支撑科学研究、技术开发、产品研制的具有公益属性的基础设施，比如，重大科技基础设施、科教基础设施、产业技术创新基础设施等。

（二）"新基建"与"旧基建"

"旧基建"主要指铁路、公路、机场、港口、桥梁、水利及城市供排水供气等基础设施建设，俗称"铁公基"，这也是2008年我国"四万亿计划"的重点资金投向。"旧基建"进一步为国计民生的改善夯实了基础，积极推进了当时经济结构战略性调整和发展方式的转变，并且对就业的拉动效果明显。

目前，国家开始大力推动重大项目与基础设施建设，"新基建"应运而生，其范围除"旧基建"中重点补短板的轨道交通等七大领域外，还加入了5G基建、特高压、充电桩、数据中心、人工智能、工业互联网等高科技基础设施建设。两者相比，"新基建"具有以下三个方面特点：第一，"新基建"有效地配合了我国目前倡导的供给侧结构性改革，在供给端与消费端产生"双拉动"，不仅带动了生产投资，也刺激了电子产品与信息技术服务等方面的消费，满足人民的生活需要；第二，"新基建"有效地契合了新一轮的技术改革，较"旧基建"而言广泛应用了新技术，是信息化、智能化、数字化发展的重要载体，也为新一轮产业革命打下基础；第三，"新基建"参与单位多样，主要由政府引导，国有企业、民营企业共同参与，由此带来的多元化主体更有助于项目运营管理效率的提升。

（三）新基建与专项债券

日前国内一些地区已开始通过专项债的方式为新基建项目融资，具有以下特征：

1. 发行规模较小，但呈快速增长趋势

新基建专项债是政府专项债的重要组成部分，2019年以来，新基建专项债发行规模显著增长，由上年的54亿元大幅增至952.79亿元，2020年1~5月，新基建债券发行总额为1946.85亿元，为上年全年发行额的2.04倍。从发行规模占比看，2019年发行金额占比为3.68%，2020年1~5月发行金额占比上升至8.63%，但占比仍较小。未来，随着全国范围内新基建建设的铺开，新基建专项债券发行金额和占比有望进一步提升。

2. 发行区域较为集中

2020年1~5月，有9个省份发行了新基建专项债，即江西省、天津市、广东省、广西壮族自治区、吉林省、陕西省、山东省、辽宁省和海南省。其中，江西省、天津市、广东省发行金额位居前三，分别为879.57亿元、399.20亿元和393.30亿元。从发行只数来看，天津发行新基建专项债达23只，居全国首位，江西省、广东省均发行15只新基建专项债，并列位居第二。其他省份发债规模和数量较小。新基建的发展以京津冀、长三角和粤港澳大湾区为试点，以点带线，最后全面铺开。其中，天津发行新基建专项债券规模较大，主要是实现京津冀协同发展、形成区域交通一体化、产业协同发展、生态环境保护、公共服务一体化，疏解北京非首都功能和建设城市副中心。广东省内9市与香港、澳门共同组成粤港澳大湾区，新基建专项债券的发行将有助于广东省形成世界级的城市群。广东省新发行的新基建专项债券主要集中于重点实验室、智能交通设施、智能停车场等方面。从现阶段看，长三角地区发行新基建债券仍有较大空间。其他省市，如安徽省的专项债资金也已开始投向5G网络、人工智能和物联网等项目。

3. 发行期限较统一，以长期债券为主

2020年以来，新基建专项债发行期限分布集中于长期，发行期限为7年、10年、15年、20年、30年。从债券发行只数来看，30年期债券占比最大，为33.8%，其次，15年期债券占比28.17%，10年期债券发行只数位居第三，占比21.13%。从发行金额来看，15年期债券占比最大，为34.41%，其次为30年期债券，占比23.55%，7年期债券占比位居第三，为15.67%。较长的期限分布体现了新基建项目投资和收益要求特征。地方政府涉及的项目多为高铁、地铁、城际轨交等，投资规模大，回收周期长，地方政府专项债要求项目整体收益可覆盖债券本息偿付，因此，新基建专项债发行的期限较长，为7~30年期。

4. 投向较为多元，地区特色明显

整体来看，新基建专项债投向较为多元化，中西部地区仍侧重于基建补短板，东部地区基础设施相对完善，募集资金多投向大数据、人工智能等技术含量相对较高的领域，积极贯彻专项债券用于项目资本金政策，有效发挥专项债券对投资的撬动作用，以新基建驱动地区经济的转型升级，并产生新的经济增长极。

对于新基建项目，在不同的生命周期环节上，项目的风险特征各异。为了控制风险，应构建具体的、针对性的新基建专项债券及项目全生命周期风险管理体系，通过完善相关操作指引和指导性文件，明确各部门在专项债风险控制方面的职责，制定可操作性较强的具体风险管理方案等方式，覆盖项目全生命周期的各个阶段主要事项和要素，在一定条件下，还可进行严格的第三方审核论证。

从发行角度讲，应科学设置债券要素，合理确定发行期限和本息偿还时序，精准匹配项目资金需求，优化债务结构，设置结构化创新，提高债券偿还灵活性和匹配度。从管理角度讲，应加强压力测试和日常监测，利用市场化、法治化方式促进专家共同参与，提高资金使用效率和合规性，落实好偿债资金的来源。

三、专项债券与银行资本金

2020年7月1日，国务院常务会议决定，在今年新增地方政府专项债限额中安排一定额度，允许地方政府依法依规通过认购可转换债券等方式，探索合理补充中小银行资本金的新途径，主要优先支持具备可持续市场化经营能力的中小银行补充资本金，并与服务中小微企业、保就业和完善中小银行公司治理等相结合。同日，中国银保监会发布《商业银行小微企业金融服务监管评价办法（试行）》，通过监管评价，引导和激励商业银行持续提升服务小微企业的质效。

目前，中小银行亟须补充资本，主要体现在三个方面：第一，目前我国正不断强化金融服务实体经济能力，随着商业银行信贷资产配置增加，自身资产规模不断扩大，同时也需要自身资本的不断补充。第二，2014年以来，大型银行资本充足率明显提高，股份制银行和外资银行相对稳定；城商行在12%的水平上小幅波动，但2019年较2017年和2018年有所下降；农商行则呈逐年下降趋势。从资本充足率的时间变化趋势上看，中小银行资本补充压力相比其他银行更大。根据央行金融稳定局披露的数据，全国有16%的中小银行资本充足率低于监管最低标准，有14%的中小银行风险较高，且集中在农村中小金融机构。第三，受经济下行压力加大以及疫情冲击等的影响，商业银行不良压力增大，不良资产处置将加大消耗资本，同时潜在不良风险带来的资本缺口亦不容忽视。

基于此，通过地方政府专项债券注资中小银行，有以下三个方面原因：第一，中小银行补充资本渠道较多，但可选有限，自身补充能力较差；第二，进一步增强地方政府属地管理，对地方中小银行进行更有效的监管，有利于防范、化解金融风险；第三，可以推动完善中小银行自身公司治理，稳定就业，带动促进中小微企业的发展。但我们也应看出，后续专项债券认购资本补充工具将进一步扩大专项债券的使用范围，专项债券的使用也应同时配套调整。

四、专项债券与老旧小区改造

（一）什么是老旧小区改造

老旧小区改造是对存量住房进行的综合改造，基本不涉及大拆大建。根据住建部等三部委出台的《关于做好2019年老旧小区改造工作的通知》，老旧小区是指城市、县城（城关镇）建成于2000年以前、公共设施落后影响居民基本生活、居民改造意愿强烈的住宅小区。已纳入城镇棚户区改造计划、拟通过拆除新建（改进、扩建、翻建）实施改造的棚户区（居民住房），以及以居民自建住房为主的区域和城中村等，均不属于老旧小区范畴。我国从1998年才全面实施住房商品化改革，因此绝大部分的老旧小区改造对象是福利分房时期建成、尚未纳入棚改的公房。

从改造内容看，主要可分为三类：一是基础类改造，包括拆违拆临、安防、环卫、消防、道路、照明、水电气暖、光纤、建筑物修缮、管线规整等，旨在完善基础设施、满足居民最基本的生活需求；二是完善类改造，包括加装电梯、停车场、物业用房、无障碍设施等，旨在完善配套设施、提升小区整体环境；三是提升类改造，包括增加社区养老、托幼、家政、卫生防疫、助餐等，旨在提升社区公共服务水平。除基础类项目实施统一改造外，提升和完善类可由居民菜单式选择改造内容。

老旧小区改造与棚改、旧改均有显著区别。从改造对象看，老旧小区改造主要针对住宅区；旧改范围更广，不仅包括住宅区，还涉及城市规划布局、城市环境及道路系统等多维度更新；棚改主要针对棚户区。从改造方式看，老旧小区改造多为存量更新；棚改多为拆除重建（改建、扩建、翻建）；旧改既包括拆除重建，也有存量改造。从参与主体看，老旧小区改造目前多为政府主导；棚改为"政府主导＋国企实施"；旧改中市场主体参与较多。从补偿方式看，老旧小区改造不涉及居民补偿安置；旧改多为实物安置；棚改既有实物安置，也有货币补偿。从长期看，老旧小区改造市场空间广阔，预计可拉动投资近4.54万亿元。

（二）专项债券助推老旧小区改造

7月20日，国务院办公厅印发《关于全面推进城镇老旧小区改造工作的指导意见》（以下简称《意见》），按照党中央、国务院决策部署对老旧小区改造进行全方位政策指导，以此全面推进城镇老旧小区改造工作落实，指导内容涵盖改造范围、实施机制、资金筹措、配套政策、保障机制等方面。

从老旧小区改造专项债的发行现状来看，已成功发行专项债的老旧小区改造主要集中于基础设施类项目，以水电供应、外墙屋面等基础设施为主要改造内容，以房屋绿化、电梯安装等改善性设施为补充。

从老旧小区改造专项债的发行期限来看，合规的发行期限品种包括7年、10年、15年、20年和30年，发行期限普遍较长，10年期和30年期专项债券占比较大。其原因基于两个方面：其一，各类地方政府专项债整体发行期限延长；其二，老旧小区改造项目本身收入相对薄弱，拉长专项债期限是应对该类项目收益与融资平衡问题的必然选择。

从老旧小区改造专项债的债券名称来看，可以分为纯老旧小区改造项目和混合类老旧小区改造项目两类。前者的项目建设内容主要覆盖基本类配套设施、提升类基础设施、完善类公共服务三大类型，其债券名称中通常明确有"城镇老旧小区改造专项债券"，如2020年深圳市（福田区）城镇老旧小区改造专项债券（一期）；后者由于将老旧小区改造项目与轨道交通、生活垃圾分拣、历史文化风貌街区整治等其他偏商业化项目"打包"，债券名称通常为"市政建设专项债券""民生事业专项债券""生态环保和城镇基础设施专项债券"，如2020年河南省生态环保和城镇基础设施专项债券（三期）。

从老旧小区改造专项债的项目收益来源来看，项目收入主要以项目自身创收为主，财政性补贴收入作为有益补充。其中，项目自身主要以物业费、广告费、停车费、充电设施（电动汽车和电动车）使用费、商业租赁收入为主，财政性补贴包括项目改造范围内属于国有资产的门面出租租金、国有土地出让收入等。

从老旧小区改造专项债的项目资金来源看，专项债券占项目总投资的比重保持在10%~75%范围内，其他资金来源主要为财政资金和银行贷款。有的项目还会采用三方出资（政府、企业、居民）或"企业出资＋专项债券融资"的模式。

综上所述，老旧小区改造正处于财政政策鼓励的重大机遇关口。与此同时，老旧小区改造项目普遍面临着未来现金流不足、项目收益来源不清晰的问题，如何化解单纯依赖财政性收入的难题，是未来降低该类专项债债务风险、有效拉动社会投资的关键之举。

第四节　地方政府债券体制机制

一、地方政府债务预算管理体制

地方政府债务可以分为一般债务和专项债务。地方政府一般债务包括地方政府一般债券、地方政府负有偿还责任的国际金融组织和外国政府贷款转贷债务、清理甄别认定的截至2014年12月31日非地方政府债券形式的存量一般债务。地方政府专项债务包括地方政府专项债券、清理甄别认定的截至2014年12月31日非地方政府债券形式的存量专项债务。

一般债务要纳入财政一般预算和政府赤字管理，其偿还通过一般公共预算收入进行。专项债务按照对应的政府性基金项目来发行专项债券，纳入政府性基金预算管理中，其偿还通过对应的政府性基金或专项收入进行。专项债以对应的政府性基金收入、专项收入实现平衡，因此不计入财政赤字。但是如果政府性基金或者专项收入无法偿还的，可通过发行置换债券等方式"借新还旧"进行周转，待之后资金实现后，再进行返还。

地方政府专项债券预算管理有如下特点：

（1）地方政府专项债券不计入赤字，预算管理更加灵活。根据相关政策法规，专项债务的偿还通过对应的政府性基金或专项收入进行，纳入政府性基金预算管理，不计入中央政府财政赤字，因此专项债券在调节财政政策方面较一般债券更为灵活。近年来，我国赤字率始终控制在3%以内，大力压减一般性支出，2016~2019年我国赤字规模从2.18万亿元增长至2.76万亿元，与此同时，专项债务的新增限额从2016年的4000亿元增长至2.15万亿元，这表明专项债券的发行是地方政府融资的有效渠道，大大缓解了地方政府的融资压力。

（2）地方政府专项债务对应专项公益性项目，保障重要公益性项目融资顺畅。专项债务要求项目收益与融资自求平衡，专款专用，能够促进各地方政府根据政府性基金收入发行专项债，建立项目资产和收益对应的制度设计，保障重点领域公益性项目合理融资需求，提高资金使用效率，同时有效防控地方政府债务带来的违约等风险。

（3）实行额度管理，有效防范风险。专项债通过从中央到地方、从人大到各级地方政府财政部门，层次下达限额进行严格的预算管理，并有效进行预算调整，有利于规范政府融资行为，推进地方债务显性化，能够在促进政府有效规范解决融资需要的同时，预防地方违约风险的产生。

二、地方政府债务限额管理体制

（一）地方政府债务限额管理

2015 年出台《关于对地方政府债务实行限额管理的实施意见》（财预〔2015〕225 号）以来，我国依法启动了对地方政府债务的限额管理，从债务余额绝对量上对我国各省级政府的债务规模进行了限定。

地方政府债务余额实行限额管理，对债务规模设立上限，从而约束政府信用无序扩张，控制政府的债务风险。专项债通过严格预算管理，明确发行额度，有利于规范政府融资行为，推进地方债务显性化，防控地方政府融资风险。

（二）按照限额进行地方政府债务举借

每年全国地方政府债务的总额根据当年宏观经济状况制定，需经过全国人大批准。每年的地方政府新增限额都要根据不同地区的实际财政状况、经济发展情况进行统筹安排，坚持正向激励的原则，新增限额会偏向于财政实力强、举债空间大、债务风险低、债务管理绩效好的地区。专项债通过严格预算管理，明确发行额度，有利于规范政府融资行为，推进地方债务显性化，防控地方政府融资风险。

各省（自治区、直辖市）政府债务限额经由报国务院批准后，由国务院财政部下达各省级财政部门。省级财政部门根据限额合理安排本地区的债务举借方案，提出具体安排方案，编制预算决策方针，再经由省级政府汇报到本级人大常委会批准。

下属各市县根据本地区的财政状况、偿还能力等统筹本地区的建设方针，提出本市县当年的债务限额报省级政府。债务限额批准后最终下达各市县级政府。市县级政府依照经批准的限额提出本地区当年政府债务举借和使用计划，列入预算调整方案，报本级人大常委会批准，报省级政府备案并由省级政府代为举借。

（三）近年限额情况

自 2015 年新《预算法》实施以来，地方政府拥有适度发行地方政府债券的法律权利之后，地方政府获得新增债务限额不断增加，专项债务限额在债务限额中的比重呈上升趋势，专项债务融资的重要性呈上升趋势（见表 2 - 3）。

表 2 - 3　2015 ～ 2020 年全国地方政府债务限额总量及结构　　单位：亿元

年份	全国地方政府债务限额	一般债务限额	专项债务限额
2020	288074.30	142889.22	145185.08
2019	240774.30	133089.22	107685.08
2018	209974.30	123789.22	86185.08
2017	188174.30	115489.22	72685.08
2016	171874.30	107072.40	64801.90
2015	160074.30	99272.40	60801.90

三、地方政府举债融资机制

（一）地方政府举债权限

2014 年之前，中央对于地方政府债务的提法是"政府性债务"，按照 1994 年颁布的《预算法》，地方政府不得举债（法律和国务院另有规定外），而地方政府又有较重的基建投资压力，于是通过地方政府融资平台举债，也有部分试点省份通过"自发代还"的方式发行地方债。但自发代还试点只是改变了发债的操作环节，各地方政府发债规模仍由国务院批准，由财政部代办还本付息，中央政府对地方政府债的偿还仍有担保责任，与真正意义上的自主发债还有一定差距。2014 年修订后的《预算法》和国务院 43 号文——《国务院关于加强地方政府性债务管理的意见》明确了地方政府可以适度举债，并进一步开始试点地方债"自发自还"模式。新《预算法》和 43 号文实施以来，地方各级政府加快建立规范的举债融资机制，但个别地区违法违规举债担保时有发生，局部风险不容忽视，为了促进地方政府债规范发展，相关部门陆续颁布实施了一系列的针对性政策法规规范地方政府举债行为。

为贯彻落实党中央、国务院决策部署，牢牢守住不发生区域性系统性风险的底线，财政部、发展改革委司法部、人民银行、银监会、证监会于 2017 年 4 月 26 日印发并实施了《关于进一步规范地方政府举债融资行为的通知》。一方面要求全面组织开展地方政府融资担保清理整改工作，结合 2016 年开展的融资平台公司债务等统计情况，尽快组织一次地方政府及其部门融资担保行为摸底排查，督促相关部门、市县政府加强与社会资本方的平等协商，依法完善合同条款，分类妥善处置，全面改正地方政府不规范的融资担保行为。另一方面要求切实加强融资平台公司融资管理，进一步健全规范的地方政府举债融资机制，并建立跨部门联合监测和防控机制，大力推进信息公开。

2017年发布的《关于进一步规范地方政府举债融资行为的通知》（财预〔2017〕50号），基本上是在43号文的基础上，进一步要求除限额内政府债券之外"地方政府及其所属部门不得以任何方式举借债务"，并且针对融资平台管理、PPP运作、政府注资和担保行为，进行了进一步具体详细的规定。在规范的地方政府举债融资机制方面主要提出了三方面规范：

一是依法明确了规范的举债融资方式。严格执行预算法和国发〔2014〕43号文件规定，地方政府举债一律采取在国务院批准的限额内发行地方政府债券方式；除此以外，地方政府及其所属部门不得以任何方式举借债务。地方政府及其所属部门不得以文件、会议纪要、领导批示等任何形式，要求或决定企业为政府举债或变相为政府举债。

二是鼓励地方构建市场化运作的融资担保体系。允许地方政府结合财力实际状况设立或参股担保公司（含各类融资担保基金公司），鼓励政府出资的担保公司依法依规提供融资担保服务，地方政府依法在出资范围内对担保公司承担责任。

三是严禁地方政府违法违规担保。除外国政府和国际经济组织贷款转贷外，地方政府及其所属部门不得为任何单位和个人的债务以任何方式提供担保，不得承诺为其他任何单位和个人的融资承担偿债责任。

（二）地方政府举债审批程序和资金用途

地方政府举债审批程序为：地方债发行前一年，市县级政府财政部门会同行业主管部门上报下一年的一般债和专项债额度需求，由省级财政部门汇总上报财政部，经国务院报全国人大批准全年债务新增限额。财政部根据《新增地方政府债务限额分配管理暂行办法》（财预〔2017〕35号），在全国人大批准的限额内根据债务风险、财力状况等因素提出分地区债务总限额及当年新增债务限额方案，报国务院批准后下发至省级财政部门，省级财政部门在财政部下达的本地区债务限额内，提出省本级及所辖各市县当年债务限额方案，报省级人大批准后下达市县级财政部门。市县级财政部门聘请专门机构进行方案制定、材料撰写，上报省级财政部门进行审核，省级财政部门报财政部审核通过后，向国库司申请组织发行，通过债券市场完成发行后由省级财政部门转贷给市县。

地方政府债的发行市场包括银行间债券市场与交易所债券市场。其发行方式包括公开发行（公开招标和公开承销）和定向承销发行，其中公开发行单一期次发行额在 5 亿元以上的须通过招标方式发行。定向承销类仅在银行间市场进行发行，目前暂不可交易。根据相关规定，地方政府债应当在中央国债登记结算有限责任公司办理总登记托管，在交易所办理分登记托管。

四、地方政府债务风险评估和预警机制

（一）地方政府债务风险评估指标

衡量政府债务风险程度通常采用两个指标。

一是负债率，即期末政府债务余额与 GDP 之比。这一指标一方面衡量经济规模对债务的承担能力，另一方面也可反映每一单位政府债务产生的 GDP 的多少。就显性债务来说，2019 年中国地方政府债务规模为 21.31 万亿元，加上中央政府债务 16.8 万亿元，按照国家统计局公布的 GDP 数据计算，全国政府债务的负债率（债务余额/GDP）为 38.5%，低于欧盟 60% 的警戒线，也低于主要市场经济国家和新兴市场国家水平。

二是债务率，即期末政府债务余额与政府综合财力之比，衡量政府所掌握的财力对债务的承担水平。IMF 曾经提出过 90% ~ 150% 的安全参考指标，即要使政府财政可持续，此指标最好控制在 90% 范围内，最多不能超过 150%（也有 120% 的主张）。如果以债务率（债务余额/综合财力）衡量地方政府债务水平，2019 年地方政府债务率为 82.9%，低于国际通行的警戒标准，显然也在可控水平上。总之，当前我国地方政府债务处于可控状态。

（二）债务风险事件报告制度

2016 年，国务院发布《地方政府性债务风险应急处置预案》，地方各级政府应当建立地方政府性债务风险事件报告制度，发现问题及时报告，不得瞒报、迟报、漏报、谎报。

地方政府性债务风险事件是指地方政府已经或者可能无法按期支付政府债务本息，或者无力履行或有债务法定代偿责任，容易引发财政金融风险，需要采取应急处置措施予以应对的事件。针对政府债务风险事件的报告，市县政府需提前 2 个月以上向上级或省级政府报告，并抄送上级或省级财政部门。

针对或有债务风险事件报告，债务人提前 1 个月以上向本级主管部门和财政部门报告，经财政部门会同主管部门确认无力履行法定代偿责任或必要救助责任后，由本级政府向上级或省级政府报告，并抄送上级或省级财政部门。

（三）地方政府债务评估和预警机制

财政部建立地方政府性债务风险评估和预警机制，定期评估各地区政府性债务风险情况并做出预警，风险评估和预警结果应当及时通报有关部门和省级政府。财政部根据各地区一般债务、专项债务、或有债务等情况，测算债务率、新

增债务率、偿债率、逾期债务率等指标，评估各地区债务风险状况，对债务高风险地区进行风险预警。列入风险预警范围的债务高风险地区，要积极采取措施，逐步降低风险。债务风险相对较低的地区，要合理控制债务余额的规模和增长速度。

省级财政部门按照财政部相关规定做好本地区政府性债务风险评估和预警工作，及时实施风险评估和预警，做到风险早发现、早报告、早处置。地方各级政府及其财政部门要将政府及其部门与其他主体签署协议承诺用以后年度财政资金支付的事项，纳入监测范围，防范财政风险。地方各级政府也要定期排查风险隐患，防患于未然。

（四）地方政府债务分级响应和应急处置机制

地方政府性债务风险事件实行分级响应和应急处置。在划分级别上，按照政府性债务风险事件的性质、影响范围和程度等情况，划分为Ⅰ级（特大）、Ⅱ级（重大）、Ⅲ级（较大）、Ⅳ级（一般）四个等级，并有不同的等级指标。

以Ⅰ级（特大）债务风险事件为例，一旦省级政府发行的地方政府债券到期本息兑付出现违约，或者出现省级或全省（区、市）15%以上的市县政府无法偿还地方政府债务本息，或者因偿还政府债务本息导致无法保障必要的基本民生支出和政府有效运转支出等5种情形之一，就将判定为Ⅰ级（特大）债务风险事件。监测主体为省级、设区的市级、县级政府，必要时将依法实施地方政府财政重整计划。

五、地方政府债务风险化解和应急处置机制

（一）地方政府对债务负偿还责任

对于地方政府性债务，区分不同债务类型实施分类处置措施。对地方政府债券，地方政府依法承担全部偿还责任，中央实行不救助原则。对非政府债券形式的存量政府债务，债务人为地方政府及其部门的，必须置换成政府债券，地方政府承担偿还责任；债务人为企事业单位等的，经地方政府、债权人、债务人协商一致，可以按照合同法等有关规定分类处理，在规定期限内置换为地方政府债券，保障债权人、债务人合法权益。对存量或有债务，依法不属于政府债务，涉及地方政府及其部门出具无效担保合同的，地方政府及其部门依法承担适当民事赔偿责任；涉及政府可能承担一定援助责任的，地方政府视情况实施救助，但保留对债务人的追偿权。

（二）政府债务分级响应和应急处置机制

1. 根据债务风险等级分级响应

对因无力偿还政府债务本息或无力承担法定代偿责任等引发风险事件的地方

债务，根据债务风险等级，相应及时实行分级响应和应急处置。

对于Ⅳ级和Ⅲ级的债务风险事件应急响应，相关市县债务管理领导小组应当转为债务应急领导小组，主要立足自身进行化解。此外，对于Ⅲ级的债务风险事件，相关地区债务管理领导小组应当转为债务应急领导小组，将债务风险情况和应急处置方案专题向上级债务管理领导小组报告。

对于Ⅱ级和Ⅰ级的债务风险事件，省级债务管理领导小组应当转为债务应急领导小组，汇总有关情况向省级政府报告，动态监控风险事件进展，指导和支持市县政府化解债务风险。此外，对于Ⅰ级的债务风险事件，省级债务应急领导小组应当及时将债务风险情况和应急处置方案向财政部报告，必要时由财政部向国务院报告，并且省级政府暂停Ⅰ级债务风险事件涉及市县新增地方政府债券的资格。

2. 实施地方政府财政重整计划

实施地方政府财政重整计划必须依法履行相关程序，保障必要的基本民生支出和政府有效运转支出，要注重与金融政策协调，加强与金融机构的沟通，不得因为偿还债务本息影响政府基本公共服务的提供。财政重整计划包括但不限于以下内容：①拓宽财源渠道；②优化支出结构；③处置政府资产；④申请省级救助；⑤加强预算审查；⑥改进财政管理。

3. 舆论引导和应急终止

根据处置债务风险事件的需要，启动应急响应的地方政府或其债务风险应急领导小组应当及时跟踪和研判舆情，健全新闻发布制度，指定专门的新闻发言人，统一对外发布信息，正确引导舆论。地方政府性债务风险得到缓解、控制，地方政府实现财政重整目标，经上级政府债务管理领导小组或债务应急领导小组同意，终止应急措施。

六、地方政府债务监管体系

地方政府债务风险防控事关地方财政稳健运行和实体经济健康发展。党的十八大以来，地方财政部门积极贯彻落实《预算法》，重塑规范的地方政府举债融资机制，强化限额管理和预算管理，定期开展债务风险评估和预警，建立债务风险应急处置机制，出台隐性债务问责办法，已初步构建起覆盖地方政府债务管理各环节的"闭环"管理体系。在我国转变发展方式、优化经济结构、转换增长动能的经济发展攻关期，经济下行压力持续加大，财政收入增速逐步放缓与财政支出刚性增长并存，财政预算紧平衡特征日益凸显。在此经济新常态下，为巩固地方政府债务监管成果，有效遏制地方政府隐性债务抬头，应综合施策加强地方政府债务管理。

（一）建立科学的干部政绩指标考核体系

地方政府债务的形成，其内生动力来源于不科学的干部政绩考核指标体系。近年来，虽然我们在试图改变"唯GDP论英雄"的政绩观，并且已经把政府债务管理纳入领导政绩评价体系，但工作中很大程度上还是依靠经济增长作为主要考核指标。建议进一步完善地方政府官员政绩考核指标体系，针对地区经济发展的不同阶段，合理设置GDP与地方政府债务管理权重。同时完善对地方政府的信用评级，更合理、准确地衡量政府债务风险情况。

（二）建立财政事权与财权相匹配的财政制度

财政事权与财权不匹配是地方政府债务形成的直接原因。建议进一步推动省级以下财政事权和支出责任划分改革，厘清各级财政事权，按照"谁的财政事权谁承担支出责任"的原则，明确各级政府支出责任清单。同时继续完善均衡性转移支付，加大对财政困难地区的支持力度，提高各级财政事权与财力的匹配度。

（三）建立全过程、穿透式地方政府债务监管机制

近年来，地方政府债务管理制度密集出台，监管问责持续高压，地方政府违法违规融资举债方式更加隐蔽。瞄准政府债务管理的薄弱环节和风险点，拉紧红线和底线，亟须建立全过程、穿透式地方政府债务监督机制。就目前看，穿透式监管模式尚处于实践摸索阶段，未形成系统的理论和操作框架。建议尽快建立一套系统的全过程、穿透式地方政府债务监管机制，比如：在项目决策环节重点关注政府投资与当地经济发展水平、财力状况的匹配度；在举借环节重点关注项目、资本金、现金流、担保方式、信息披露等方面的合规性；在使用环节主要通过跟踪资金流向，确定最终用途，厘清政府债务与企业债务的边界；在偿还环节，重点关注还本付息资金来源的合规性；等等。

（四）建立常态化监控评估和协同监管机制

转变对地方政府债务周期性监管，建立动态大数据后台监管机制。地方政府债务动态监管需要地方政府、各职能部门通力协作，打破信息孤岛、实现数据共享。目前，财政部正在组织试点地区开展地方政府、融资平台公司、银行业金融机构有关债务数据的比对工作，建议在试点基础上加以完善推广，进一步明晰各部门职责，从资金"借、用、还"全链条、各节点制定评价指标，促进及早识别地方政府违法违规举债新苗头、新趋势，推动监督管理工作标准化、规范化。

（五）建立更加顺畅的隐性债务政策传导机制

现在许多隐性债务文件为密级文件，其中部分文件明确仅传达至县级，受密件传达范围限制，很多基层财政部门工作人员无法学习和领会文件精神，对隐性债务相关口径把握不准。建议建立自上而下更加畅通的隐性债务政策传导机制，扩大隐性债务文件传阅范围，加大隐性债务相关政策和重点案例的分析、解读，

提高基层政府对隐性债务的认识。

七、地方政府债务考核问责机制

我国地方政府债务问责体系的构建经历了提出要求、出台政策框架、具体案例落实和经营实践逐步改进的过程，43 号文首次明确提出要建立考核问责制度，随后《关于对地方政府债务实行限额管理的实施意见》（财预〔2015〕225 号）指出要健全地方政府债务监督和考核问责机制。《国务院办公厅关于印发地方政府性债务风险应急处理预案的通知》（国办函〔2016〕88 号）从违法违规责任范围、追究机制响应和责任追究程序等方面对责任追究进行了细化，标志着问责制度已初步具备了可操作性。《关于进一步增强企业债券服务实体经济能力严格防范地方债务风险的通知》（发改办财金〔2018〕194 号）将责任追究的对象扩展到了市场主体，实现了责任主体的全覆盖。而 2018 年《中共中央国务院关于防范化解地方政府隐性债务风险的意见》和《中共中央办公厅国务院办公厅关于印发地方政府以及债务问责办法的通知》的下发意味着地方政府债务特别是隐性债务的问责进入了全面实施的新阶段。问责体系的组成要素主要包括问责事由、问责对象、问责主体、问责方式、问责程序五部分。

问责事由通常是指地方政府行为违反了债务管理方面的法律法规，主要是融资方式不合规，如承诺担保、借用融资平台和发行债券之外的融资工具等。问责对象通常包含两个层面：相关机构和部门及责任人员。在问责实践中涵盖范围更广，还对负有领导责任的、负有主要领导责任的、具有重要领导责任的、具有相关责任的人员等给予了不同程度的行政或党纪处分。问责主体则由多部门组成，主要包括财政部门、审计部门、监察部门、金融监管部门和地方政府等，多部门监管是地方债综合治理的重要途径，多部门的联合监管可以打破信息孤岛，形成监管合力，有效降低监管套利的可能性。问责方式通常涉及三个层面：行政处理、党纪处理和司法处理。问责程序大体上可以分为五个步骤：一是审计部门、有关方面和其他渠道的线索提供给财政部；二是财政部驻各地的专员对线索所反映的事实问题予以核查确认，并将情况反馈给财政部；三是财政部根据核查确认的事实问题，向省级政府或金融监管机构反映并提出处理建议；四是省级政府责成所属机构对相关问题进行再次核实，整改问题，依法依规处理相关责任人员，并将整改处理情况反馈给财政部；五是财政部根据反馈的问责情况再予以公开通报。

第三章　国外地方政府投融资模式分析及经验借鉴

2014 年，我国新《预算法》取消了地方政府不能发行债券的规定，地方政府债券由国家"代发代还"转变成地方政府的"自发自还"。地方政府债券的成功发行在我国具有里程碑式意义，地方政府债券已经成为我国最重要的债券品种之一。与此同时，地方政府隐性债务化解和地方政府投融资平台的转型一直是各界关注的重点研究课题。经过多年的探索，美国、日本、韩国等国家经过长期的发展已经形成了比较成熟的地方政府投融资机制，这些国家在地方政府债券的发展过程中尽管还存在各种各样的问题，但这些案例为我国探索具有中国特色的地方政府投融资机制提供了有效借鉴。

第一节　美国地方政府投融资模式

一、投融资模式及发展历程

在地方政府投融资方面，美国拥有世界上规模最大、运作最规范的市政债务运作模式，其市政债券制度是最具代表性的分权制国家地方投融资制度。市政债券是以政府信用作为担保，由各州市政府及代理机构发行的为市政建设和基础项目进行融资的主要工具，以加拿大和美国最为典型。

美国是典型的联邦制国家，其财政体制为联邦、州、州以下各级政府管理模式，州和州以下地方政府的主要职责则是提供本地区范围内的公共服务和收入再分配，促进本区域的经济发展和提高本区域的竞争力。美国地方政府有自主进行资源配置和公共投资的需求，发行债券融资是美国地方政府融资的重要渠道。美国地方债发展历史较长，可以追溯到独立战争时期。1812 年，美国纽约州首次采用发行债券筹集资金的办法开凿伊利运河，解决了基础设施建设方面资金不足的问题。随后各州纷纷效仿，依靠发行债券进行基本建设，但同时也使各州的债务急剧上升。美国的市政债券逐渐发展起来，债券类型触及社会生活的各个方面，逐渐发展成为了世界上最发达的市政债券市场。

市政债券品种丰富，流动性强，涵盖了教育、医疗、交通、电力、养老、景点、供水、产业补贴等众多基础建设及公共投资领域。美国对于市政债券有一套严密的风险防控机制，这套机制包括统一的监管主体、完善的监管法规、严格的信息披露要求、市场化的信用评级制度等。美国地方政府根据自身的信用状况来发行不同类型的市政债券，主要包括一般责任债券和收益债券。一般责任债券不与特定项目相联系，仅以发行机构的信誉作为担保，同时受到发行政府的信用和财力支持；收益债券则与特定项目相挂钩，其还本付息额由项目的收入来覆盖，主要用于公共事业及准公共事业的建设和投资，风险高于一般责任债券。随着债券投资的发展和规范，收益债券越来越受到投资者的认可，其比例在市政债券中不断提高。此外，美国的地方债还包括一种产业发展债券，主要由社会团体或组织依靠其自身信用发行，不计入政府赤字。种类繁多的市政债券进一步降低了投资者的资产组合风险，也使市政债券成为美国投资者经久不衰的投资热点。

从地方债券的运作来看，美国的市政债券相比于其他国家地方债券市场化程度较高。美国的市政债券的投资者包括个人家庭投资者、货币市场基金、保险公司、银行、信托及封闭式基金等。在地方政府债券的发展过程中，美国逐渐形成了较为严格的信用评级制度和监管方式，引入了第三方评级机构，美国地方政府债券由美国证券交易委员会市场监管部的地方债办公室及美国地方债规则委员会共同监管。为适应美国市政债市场化的特点，美国对债券的信息披露进行了较为详细的规定，保证地方债发行人和使用人能够及时、动态地了解其运用和风险情况。

美国的市政债券具有两大主要特点：一是税收优惠，即联邦政府对个人投资者的市政债券利息所得免征税，免税可以被看作市政债券市场成功的最重要的因素之一。这也是市政债券区别于其他债券的重要特征，但前提是本州发行且投向与税法依据相符的公共项目。免税政策极大地促进了个人购买市政债券的积极性，也使市政债券具有较低的融资成本。二是对市政债券进行了保险。市政债券的增信形式包括银行信用证、银行授信额度、政府担保和债券保险等。债券保险是债券最主要的外部增信方式，能够使被评级对象的信用等级明显提升。债券保险能够为投资者提供更好的安全保障，吸引和扩大投资者范围，同时减少利差，降低发行人融资成本，提高价格发现效率，增加市场流动性，进一步促进债券市场的发展扩大。但值得注意的是，2008 年国际金融危机以来债券保险的增信可得性下降，使投资者重新关注债券及发行人的信息披露和实际的信用状况。

二、存在问题及应对措施

美国 8 万多个州以下地方政府大部分拥有市政债券发行权利，但除少数大规模发行人外，大多数地方政府都属于小规模发行人。这部分资金需求者由于信用等级较低，资金规模需求较小，单独发行市政债券的风险溢价和交易成本比较高。为解决这些问题，美国于 20 世纪 70 年代初成立市政债券银行，为较小的市政部门提供债券发行服务。利用第三方的专业知识判断发行主体是否有偿债能力，再以类资产证券化的方式将较小的融资需求打包成债务池，统一进行市政债券发行。市政银行的这一做法，既可以有效降低市政债券融资成本，提升信用等级，又可以扩大发行规模，提升其在一级市场上的竞争力及二级市场上的流动性。

与市场化程度相对应，美国为应对市政债券市场规模的不断扩大和个人投资者的不断增加，开始不断规范和约束市场行为，不断完善监管模式。一方面是政府通过证监会对所有参与证券发行和交易的证券公司、银行、基金等经纪商和交易商进行注册管理，并根据反欺诈条款对各主体进行监管和处罚；另一方面设立了市政债券规则，规定委员会进行行业自律管理，作为政府监管的补充，同时受到证监会的监督，并为应对经济大萧条带来的大规模市政债务拖欠问题设置了最后的破产处置机制。现行的《美国破产法》明确规定了地方政府破产的处理办法，形成了具有美国特色的市政破产保护机制，成为了化解地方政府债务危机的最后一根稻草，但由于破产的后果较为严重，也在一定程度上反向约束了地方政府的行为。

三、经验及启示

美国的地方债券具有显著的市场化特征。市场化的定价机制能够有效地反映市场可得信息，引导市场主体的投融资需求对接，提高市场的资源配置效率。目前我国地方债的定价机制有待提升，部分地区地方债的发行定价背离了市场原则，发行利率甚至低于同期国债收益率，没有充分体现出风险溢价，从而也降低了对投资者的吸引力。我国地方政府债券应不断完善市场化风险定价机制，消除定价的非正常外部干预，完善市场的有效性。其次，需要更灵活的债务安排来降低融资成本，比如浮动利率、附带看跌期权的可卖出债券等一些略为复杂的债务安排。另外，完善披露机制，加强审计，对地方政府的发债行为形成有效的监督，遏制寻租空间，提升投资者的信任度和地方政府的自我约束意识。

美国市政债券最大的特点就是免税机制。由于美国具有财政与事权相匹配的税收体系，使各级政府拥有充足稳定的税收来源，因此各级地方政府在市政债券发行方面享有较大的自主权。在此基础上，市政债券的免税政策极大地促进了个人购买市政债券的积极性，也使市政债券具有较低的融资成本。我国应利用好地方债券的免税机制，在进一步协调好地方与中央财权和事权的基础上，确保地方政府能够有充足的税收来源来满足地方政府的债务融资能力，提升地方政府债务自负其责的可信度，从而提升地方债券市场吸引力，并通过进一步完善做市商制度、打通银行间和交易所市场的道路，提升地方债的二级市场流动性，培育活跃的地方债二级市场。

美国地方政府债券配备了较为严格的信用评级和风险防控制度。信用评级机构能够分析发行人的财务收入状况、债务结构、经济发展环境等，在综合分析的基础上确定信用等级。既能够为市场投资者提供决策参考，也可以形成市场监督环境促进发行人的自我约束和风险管理。美国的市政债券主要评级机构是穆迪、标准普尔和惠誉国际，目前中国的评级机构还在进一步发展中，评级机制和市场认可度还需进一步提升。在地方债券风险防控上，应首先发挥信用评级的风险揭示作用，不断完善地方债券的信用评估方法体系；其次应借鉴美国经验，建立债权保险制度，通过债权保险机制来分担市场风险，提升市场吸引力；最后应完善债券违约处置机制，不断完善破产保护和债务重组措施，明确主体责任，维护投资者利益。

第二节　日本地方政府投融资模式

一、投融资模式及发展历程

中国债券市场于 2019 年 6 月底超过日本，成为仅次于美国的全球第二大债券市场。目前，日本是全球第三大、亚洲第二大债券市场，其地方投融资模式是中央集权国家过渡性的典型投融资模式。日本的地方债券主要分为地方公债和地方公社债两种，地方公共部门或政府机构发行的地方债称为"公债"，而由地方特殊公营企业发行的公司债称为"公社债"，由地方政府提供担保。

从发展历程及形式来看，日本的地方债起源于明治初年的地方自治改革，但由于其地方社会传统和自由民权运动的影响，日本的地方自治具有强烈的中央集权的特点，地方公共团体只拥有相对独立的行政权，而没有完全意义上的财政权及立法权，因此中央可以在很大程度上干预地方事务。依照规定，日本地方债券的发行受到中央政府相关部门的严格监督，发行条件、数额、期限和用途等都要由监管部门制定和执行。在地方政府债务规模控制上进行严格的计划行政管理，尽管在发展中由最初的协议制改为了协商制，但实质上都是通过自治大臣和财务大臣协商确定份额。在发行上分为公募和私募两种，20 世纪五六十年代，由于有些地方政府的债券信用不高，仅有名古屋市、大阪府、神户市、东京都、横滨市、兵库县、大阪市、京都市 8 个地方政府可发行公募债。80 年代后，公募债开始进行市场化的探索，在金融机构的窗口销售，但品类较为单一，主要以 10 年期债券为主。私募债则是地方政府直接向有关机构发行地方政府债，募集对象一般为地方公务员等共济协会，以及地方政府指定的金融机构、事业公司和保险公司。

从地方债的运作来看，由于日本中央集权的特点，地方债形成了中央和地方的双重偿还保障机制，第一责任人是作为发行者或担保者的地方政府，第二责任人则为中央政府，因此日本的地方债也在实际上加剧了金融风险和财政风险的集中。日本地方政府从 20 世纪 70 年代末开始设立"第三部门"等融资平台企业，到目前为止已有 50 多年的地方政府融资平台发展经验。20 世纪八九十年代为解决地区间经济两极分化的发展趋势问题，各地方政府都加大了基础设施建设力度，日本地方政府融资平台发展迎来了高峰期。地方政府融资平台企业的经营范围也由最初的交通建设扩大至区域开发、旅游设施建设等领域。

日本地方政府投融资的主要特点包括：第一，具有高度的灵活性，表现在投融资政策支持重点会随着经济社会的现实变化而有所倚重。如 20 世纪 70 年代，面对石油危机的冲击，日本政府的投融资也相应地转向重点支持节约能源、技术革新等项目的建设与开发。20 世纪 90 年代，日本建设重点又转向提高国民生活福利水平上来。在融资资金的运用上，充分尊重市场经济的原则。第二，引导带动性很强，带动和引导了数倍甚至数十倍的社会资金投入到国家希望重点发展的产业和基础设施建设领域。如成田机场的启动资金中，中央政府只提供 20%，其余 80% 由地方和民间及金融机构提供，这就意味着中央政府投资的引致系数达到 1:4。[①] 第三，项目建设主体与项目建成后的经营主体一致，日本政府克服建设经营相分离的状况，使项目运作更加统一高效。第四，规范化、法制化是日本财政投融资体系成功运营的根本。

总之，与其他亚洲国家相比，日本债券市场的换手率较高，流动性较强，有明显的比较优势，但与美国债券市场流动性相比仍有较大差距。在利率确定上，参照同期限的国债利率，主要采取竞价和认购相结合的方式进行发行。从债券资

---

①　杨玉霞. 日本财政投融资制度及对我国的启示［J］. 日本研究，2006（3）.

金来看，主要包括中央政府、公营企业公募资金，银行贷款和其他渠道的资金等。随着政府资金限制的逐渐加强，日本地方债务的资金来源逐渐转变为以民间资金为主，财政负担得到一定程度的减轻。

二、存在问题及应对措施

20 世纪 90 年代末，由于经济泡沫破灭的影响，日本的地方政府投融资平台普遍出现了亏损和违约的问题，为补救债务及经营问题，平台进行了大量的金融机构贷款，从而加剧了地方政府的财政风险。该危机后，日本同中国情况类似，在地方投融资上开始了长达十几年的地方政府投融资平台改革，主要依靠健全地方财政体制、发行改革地方债、明确融资平台事前论证责任、建立审计监督与信息公开机制及个性化转型的方式，在一定程度上缓解了地方政府融资平台企业的困境和地方债务风险。

日本在地方债务风险控制上进行了静态管理和动态管理结合的方式，在静态上确保地方举债不存在偿还风险，在动态上确保地方债务不存在违约风险。根据动态监管指标，建立了一套较为完善的地方债务预警系统；通过地方政府财政透明化和债务信用等级持续检查，提高地方债的安全性，并鼓励社会公众对地方政府财务状况进行监督，多方规范地方政府财政状况；通过发债申请程序的完善和与财务状况相结合的机制激励，最终实现了对地方政府的债务风险的化解和约束管理。

三、经验及启示

面对与中国地方政府债券累积风险相似问题，日本在地方债市场上主要实行了公债计划和协议审批相结合的监管模式。地方公债计划实际上确立了日本中央政府对地方政府债务的控制和管理主导权，协商审批制度则规定了对公债计划的具体执行方式①。这种市场监管制度的优点通过法律规范建立了一套规则明确的监管制度，有利于控制和约束地方债的发行规模，同时也加强了中央对地方政府发债行为及方式的引导，通过中央与地方的协调与规范更好地执行中央在宏观层面上的政策。但缺点在于这种中央集权化的管理使日本地方债券的发行并不是真正意义上的市场行为，发债利率和规模都没有进行市场化指导，也不存在真正意义上的信用评级。由于日本目前不允许地方政府破产，所以中央政府成为了最后担保人和偿债人，相当于为地方政府进行了隐性担保，债务风险过于集中。

因此，在我国地方债市场的建设和管理上，应吸取日本地方债市场的经验和

---

① 张留禄，朱宇. 美、日地方债发行经验对中国的启示［J］. 南方金融，2013（5）：47 - 52.

教训，取其精华，去其糟粕。首先，在法律层面健全地方债的法律监管体制，明确规定地方债发行主体，明确规定地方债发行程序，让地方政府能够有章可循。其次，明确债务筹集资金的使用范围，设立审计监察机构进行监管，防止过度发债和隐性担保行为。最后，健全地方债的风险防范机制，吸取日本地方债发展教训，将政府引导和市场主导相结合，不断完善地方政府的财务状况披露和债务等级的信息披露，建立完善的信用评级机制和资金运用效益评价机制，提升地方政府债务运用的市场化程度，从而在源头和运行过程中减少风险积累。

第三节　韩国地方政府投融资模式

一、投融资模式及发展历程

韩国作为东亚地区重要的经济体，在地方发展上创造过"汉江奇迹"等典型优秀案例，在自贸协定后也日益成为我国的重要战略合作伙伴。韩国同日本类似，中央政府在本国地方政府债务融资市场建设过程中所发挥的主导作用较为突出，是其债券市场发展的重要引导者与政策实施的协调者和执行者。经过多年的建设发展，韩国地方政府债务融资市场对推动地方政府市政基础设施建设、繁荣地方经济做出了重要的贡献。

从发展历程和分类来看，韩国的地方投融资发展源于其全面地方自治改革的大背景。地方自治改革虽然使韩国地方政府在行政管理、司法立法上拥有了更大的自主权，但同时也意味着在促进本地经济发展、提供社会保障等方面地方政府将承担更加繁重的责任，从而也促使韩国地方政府积极寻求外部融资，拓宽地方政府债务融资的渠道及规模。韩国地方政府债务主要划分为三种：一般账户债务、特别账户债务及公共企业债务。一般账户债务主要涉及道路桥梁建设、公共设施建设及救灾等；特别账户债务则涉及住房建设、污水处理、供水系统、农村企业管理与发展等债务；公共企业债务类似于日本的社债，涉及具有地方政府背景的公共企业经营的地铁、公共事业和地区经济发展所发生的债务。

从发展趋势上看，一方面，韩国地方债的两个高潮都与经济危机相关。1998～2000年韩国地方政府债务融资规模由15.2万亿韩元增长至20万亿韩元左右，2007～2010年韩国地方政府债务融资规模又由18.2万亿韩元飙升至28.9万亿韩元，这两个时间节点分别对应着1997年亚洲金融危机和2007年底发生的美国次贷危机。可以预见的是，在当前全球经济下行压力大增的背景下，各国的地方债又会迎来一个大发展的机遇期和发展期。另一方面，地方政府债务融资向人口密集与经济发达地区集中的趋势较为明显。无论是增长速度还是债务规模，都明显呈现出了分化特点，加剧了资源配置的不均和地方发展水平的差距。

韩国的地方债务的最独特优势在于其海外融资的特性。多年来，韩国政府一直坚持通过探索地方政府债务海外融资的方式，不断拓宽地方政府融资渠道，以满足地方经济发展的长期性融资需求，是亚洲较早涉足海外地方政府债务融资的国家。韩国地方政府海外的债务融资计划由企划财政部进行统一管理，负责管理和监督行政机构运作，协调国际合作，制定外汇交易和经费管理，进行政策评估、债务分配效率及预算执行有效性评估等。早在20世纪90年代在大多数亚洲新兴市场经济国家地方政府债务融资市场尚处于摸索、起步阶段的时候，韩国的海外地方政府债务融资市场就已经达到了一定的规模。2019年韩国国家负债首次超过1700万亿韩元，政府债务也首破700万亿韩元。

此外，韩国还是亚洲较早发展PPP模式的国家，建立了较为完善的PPP法律制度和纠纷解决机制。PPP模式是公共部门与私人部门之间的合作，尽管两者是合作关系，但公私利益之间的冲突和博弈仍不可避免，我国在PPP模式的探索运行中没有建立专门的纠纷解决机制，往往存在纠纷解决效率低、周期长的问题，由于没有有效的法律制度作为保障，该模式的发展受到了较大影响。而韩国在PPP模式的运行和处理上相对较好，建立了多层次的问题处理机制。一是异议制度，主要受理针对项目实施过程中所涉及的基础设施建设和公共服务提供，可能会涉及第三人利益的不利影响。该制度使社会公众及其他利益相关者能够较为高效、低成本地维护自身利益，提高对项目的社会监督；同时也有利于及时暴露项目运行中存在的问题和缺陷，及时进行调整和解决。二是项目纠纷调解制度，该制度更加具有专业性和针对性，由财政部直接负责。韩国《PPP法》规定，当社会资本作为纠纷方提起调解申请时，政府方必须同意进行调解，给予了私人部门更宽泛的选择权。三是诉讼制度，主要倾向于采用民事法律解决项目纠纷问题。韩国《PPP法》所建立的纠纷解决机制为该模式的运行和发展设立了明确的框架体系，有利于针对性地解决各类纠纷，操作性较强，具有鲜明的本土特色，因为地方政府的投融资发展构建了一条较为完善的保障途径。

二、存在问题

与日本类似，韩国的地方政府债务融资渠道相对单一，市政债券的市场化程度较低。政府性管理基金在地方债务的融资来源中占比较大，凸显出长期以来地方财政严重依赖中央政府的缺陷。作为亚洲传统的债券市场大国，韩国的市政债券市场发展还是相对滞后。同时韩国的地方政府也存在大量的隐性债务风险问题，有大量地方政府背景的国有企业负债及地方政府担保的民营工程租赁资金、经营费用等债务，使中央政府背上了沉重的债务负担。此外，与较低的市场化程度相对应，韩国地方政府债务风险防控机制建设欠缺，没有建立起统一的地方债务融资统计和监测数据库，对于举债主体和债务运用的披露一直处于空缺状态，与美国地方债务市场形成了鲜明对比。因此，近年来韩国也在努力学习日美模式，探索市场化途径和完善监督管理机制。

三、经验及启示

尽管韩国的地方债券市场在市场化程度和监督监管上也同样存在较大的困境，但韩国的政府与社会资本合作模式发展得较好。联系到韩国的财阀经济，该模式可能具有一定的本土特色，我国在借鉴和学习的同时，需要将其进一步本土化，不断进行完善和改进。但韩国在PPP模式项目纠纷解决中所构建的法律体系和解决路径是值得我国在地方政府投融资建设中学习的，法律的完善和制度的细化是地方政府投融资发展的基石，针对我国地方政府债务风险和项目运行中出现的漏洞和缺陷，应不断进行专业性的法律法规制度框架构建，通过强约束与行业约束相结合的形式优化地方政府投融资运作。

第四节　国外地方政府投融资的经验启示

2014年，我国新《预算法》取消了我国地方政府不能发行债券的规定，我国地方政府债券的改革方向由此前的国家"代发代还"转变成地方政府的"自发自还"。此后，我国地方政府投融资模式一直在摸索中改进，地方政府隐形债务的化解和地方政府投融资平台的转型一直是各界关注的重点研究课题。在我国大力倡导新基建的背景下，地方政府的投融资模式更需要进一步发展和完善，从而满足我国新一轮经济建设的需要。尽管美国、日本和韩国在地方政府投融资上仍存在一定的共性问题，即中央与地方事权划分不清、信息披露和信用评级体系不健全、融资模式较为单一且偿还保障机制不完善、债务尤其是隐性债务规模较大、风险亟须化解等，但结合各国地方投融资模式的特点和长处，仍然可以为我国的地方政府投融资模式提供各角度的借鉴与参考。

一、落实地方政府债务主体责任

根据经济合作与发展组织（OECD）基于成员国的研究，地方政府主体责任、市场约束、中央政府监管是地方债有效管理的三个核心支柱。美国在地方政府债务主体责任上较早进行了明确，促进了市场约束的形成并有效完善了联邦政府的监管。可以看出，相对于日韩的中央主导模式，美国的市政债券主体责任更为明确，通过国家补贴报备等形式又在一定程度上减少了隐性债务的积累，为降低风险起到了较好的作用。同时美国为市政债券进行保险的模式也值得我国进行借鉴，保险资金的加入能够提高保险市场与资本市场的联动效应，有效降低债券风险，同时扩大保险人及再保险人的业务领域和风险承担能力，能够有效促进我国地方政府债券的发展。

二、厘清中央政府市场管理职责

中央政府在地方债务问题上应坚持"有所为，有所不为"的原则。一方面，充分保证地方政府承担地方债发行的主体责任，不直接介入地方政府的债务关系；另一方面，强化地方债市场的管理制度和规范，预警和防范地方债务风险累积造成的系统性风险。中央政府应牢牢把控事前监管和事后应对两端，在前期针对市场参与者规范其买卖行为，加强金融机构的风险审查及评估作用，明确风险和责任主体；在后期应对债务风险时坚持公平、合理和有效的原则，构建地方政府财政重建机制、基本公共服务接管机制、违约债务重组机制及在金融机构破产风险蔓延的极端情况下动用公共资金的市场阻断机制，限制和阻断系统性风险的蔓延，但应尽量杜绝对违约政府直接进行资金救助。

三、重视地方政府投融资市场培育

良好的市场约束力是有效履行中央政府对地方债券市场管理职责的重要基础。地方政府债券市场既需要遵循金融市场的一般发展规律，又客观存在一定的市场节奏滞后效应。市场参与者的风险行为等需要经过一个市场反馈、监管机构规范机制的制定和实施、市场验证的过程，因此需要中央政府着力建设和培育地方债券市场的法制环境和市场意识，按照社会效益优先、兼顾经济效益、短期利益与长远利益相结合的原则，进一步完善政府投资的决策机制，规范决策程序，提高政府投资决策的科学化、民主化水平。完善政府及债务承办单位的自我监督职能，使财政、审计、监察等部门能够充分发挥和执行联合监督作用；完善政府及债务承办单位的外部监督约束，通过建立统一、科学的测量、监测、评估方法，进行信息披露和信用评级体系的建设，同时充分调动社会公众和媒体的监督积极性，全面健全政府投融资的信息披露制度及体系。

四、加强配套政策资金支持力度

在完善地方债发行和监管之外，还需要扩大地方政府的建设资金来源。在当前的新基建领域，与之前的地方政府投融资不同的是，需要大力提高针对新型基础设施建设领域的研究，强化投资方向的引导和规划。建议在地方政府层面消除相关领域发展的体制性障碍，协调新型基础设施和新产业的互动发展，从而充分激发市场和民间的投资活力①。在财政政策方面对主营业务涉及新型基础设施核心技术研发的企业以研发项目为单位给予相应的财政补贴和地方债支持额度，多渠道拓展配合新基建发展政策的资金来源，引导社保基金和新型基础设施龙头企业股权投资，引导社保以多种形式参与到新型基础设施龙头企业上市的各个环节，例如进行股权投资、战略配置、参股增发等，助力企业发展新型基础设施领域核心技术，集中资金优势建设新型基础设施企业。此外，还可借助我国占主导地位的国有企业的力量，通过专项资金的留存形成基金，支持上下游新型基础设施项目，精准支持新基建领域的发展。

---

① 盛磊，杨白冰．新型基础设施建设的投融资模式与路径探索［EB/OL］．改革，2020－05－10.

第四章 专项债券与投融资平台转型发展

第一节 专项债券与地方政府投融资

地方政府投融资是关系地方经济发展的重要课题，经过多年探索、改革，我国地方政府投融资的体制机制正在走向成熟。地方政府投融资需兼顾社会公平与市场效益，2014 年以来，地方政府投融资相关政策、法规陆续出台，《国务院关于加强地方政府性债务管理的意见》（国发〔2014〕43 号）、新《预算法》、《政府投资条例》三部文件对我国地方政府投融资机制改革产生深远影响，地方政府的投融资机制得到规范，地方政府的融资工具得到进一步明确。

一、地方政府融资体系的转变

1994 年我国实施分税制财政体制改革，使中央与地方政府财权和事权不相匹配，进而导致地方政府财政收入有限，不得不面对基础设施建设的大额资金缺口问题。地方政府不仅承担着地方基础设施建设的任务，还担负着地区经济增长的重任，但由于受到旧《预算法》、《担保法》和《贷款通则》等法律法规的限制，地方政府无法直接通过市场渠道获取相应资金，从而对地方经济社会发展造成重要影响。基于此背景，各政府投融资平台应运而生，并在 2008 年中央经济刺激政策的支持下迅速扩张，对推动地方城镇化水平的提升及区域发展建设起到了重要的支撑作用。

地方政府投融资平台在推进地方经济社会现代化过程中发挥着重要作用，但投融资平台融资的背后是地方政府信用，随着融资规模的不断扩大，融资平台融资所产生的"隐性债务"问题逐渐显露，给地方经济带来巨大负担的同时暴露出严重的地方金融风险。首先，地方基础设施建设和经济发展需要巨额融资，地方政府投融资平台作的融资存量和增量不断扩张给地方政府的财政造成的压力越来越大，不断扩张显性债务和隐性债务相互影响，对地方政府和投融资平台的正常运转造成制约。其次，地方政府投融资平台所承担的职能决定了它从诞生那天起就承担着"类政府机构"的职能，它不仅要承担为地方政府融资的职能，还是地方政府的施工队，存在治理结构不健全、投资效率低、企业发展定位不清晰等问题，导致投融资平台存在的作用和必要性受到社会各界的质疑。

随着投融资平台融资规模的不断扩大，地方政府的隐性债务问题成为制约我国金融市场正常发展的重要因素，地方政府的融资问题迫切需要解决。《国务院关于加强地方政府性债务管理的意见》（国发〔2014〕43号）开始了规范地方政府融资的步伐，建立"借、用、还"相统一的地方政府性债务管理机制显得越来越迫切。43号文对地方政府债务融资做了明确的规定，地方政府融资只能通过一般债券融资和专项债券融资，并且地方政府债务只能通过政府及其部门举借，地方政府投融资平台替政府融资的职能逐渐退出历史舞台。

《地方政府专项债券发行管理暂行办法》掀开了专项债券发行的序幕，明确了专项债券由谁发行、为谁发行、怎么样偿还等问题，《财政部关于做好地方政府专项债券发行工作的意见》和《关于做好地方政府专项债券发行及项目配套融资工作的通知》将地方政府专项债券进一步规范，地方政府专项债券正式登上历史舞台。专项债券和一般债券被称为地方政府债券的"两朵金花"，从专项债券的性质到政府相关部门针对专项债券所下达的相关意见、通知，无不体现着专项债券本身所具有的实用性、科学性、紧迫性。未来，地方政府一般债、专项债券是地方政府融资的主要途径，但城投公司依然是地方地方政府投融资的重要帮手，多元化和市场化是地方政府投融资的发展趋势，没有收益的项目交给地方财政预算或者发行地方政府一般债，有收益的公益性项目根据项目性质进行多元化融资，融资工具包括地方政府专项债券、企业项目收益债券、PPP项目融资、政策性银行贷款等。

二、专项债券的突出作用

专项债券从诞生到快速发展，对地方政府去隐性负债、防金融风险起着关键作用，它是地方政府融资机制改革的利剑，对地方政府的职能转变、城市经营理念产生深远影响。

2019年，为稳投资、促消费、补短板，我国专项债券发行规模为2.15万亿元，发行规模达到历史新高，成为债券市场上增长最快的债券投资品种。2020年，面对不确定的国内外经济形势，我国专项债券发行规模将持续增加，拟安排地方政府专项债券达到3.75万亿元。

2020年我国专项债券发行节奏不断加快，同比发行规模不断扩大，专项债券使用灵活度不断提升。根据各省区专项债券发行结果，2019年专项债券发行规模虽有大规模提升，但专项债券在稳经济、促消费等方面没有得到充分发挥，各省区土地储备、棚户区改造专项债券合计占比规模较大，短期内难以形成大规模实际固定资产投资。为了更好地发挥专项债券在稳经济发展预期方面的作用，我国对专项债券使用范围、发行规模进行调整。进入2020年以后，专项债券主要适用于交通基础设施、能源项目、农林水利、生态环保项目、市政和工业园区基础设施等七大领域，同时在新基建领域展开探索，促进新产业、新服务、新业态的发展，不断提升地方经济发展质量和水平。由此可见，专项债券发行规模、使用范围的改变将更有利于促进经济快速恢复，对地方经济社会发展起到强有力的支撑作用。

专项债券的推出对稳经济、稳投资、促消费、补短板的作用明显，它使地方政府的融资显性化，在一定程度上规避了地方政府隐性债务的问题，同时也降低了发生金融风险的可能性。专项债券在短期内能够弥补地方政府财政支出的不足，在应对新冠肺炎疫情导致地方财政困难、严峻外贸形势等方面起到积极作用。地方政府专项债券是积极财政政策的重要手段，是地方政府融资的长效机制，需要一个可持续发展的空间。

三、地方经济"铁三角"形成

受中美贸易冲突、新冠肺炎疫情等因素影响，我国整体经济下行压力增大，在积极的财政政策和稳健的货币政策背景下，加大地方政府投融资职能的发挥显得越来越重要。在新时期，地方政府专项债券的职能决定了其在非常时期的重要地位，地方政府专项债券所投的项目是有收益的公益性项目，专项债券的还款来源是政府性基金收入及专项收入，增加专项债券的规模在一定程度上不会造成地方政府债务风险。虽然43号文要求地方政府和投融资平台划清界限，但是投融资平台和地方政府的亲密关系依然存在，地方政府投融资平台还是地方政府"施工队"。地方政府专项债券的发行不仅在一定程度上解决了地方政府基础设施投资的融资难题，也减缓了地方政府投融平台的融资压力，同时为地方政府投融资平台的转型发展提供了机遇，地方政府投融资平台可以真正抓住主业获得发展的资源。

2019年以来，地方政府专项债券的发行规模不断扩大，发行节奏不断加快，地方政府投融资平台参与地方政府专项债券的广度和深度在提高。2020年第一季度，有142家发债投融资平台参与了地方政府专项债券项目，通过地方政府专项债券，投融资平台与地方政府的联系日益紧密。根据《关于做好地方政府专项债券发行及项目配套融资工作的通知》，虽然地方政府专项债券资金不能直接用于隐性债务置换，但地方政府投融资平台通过承接专项债券投资项目可以获得充足的现金流，所形成的现金流在增加投融资平台市场竞争力的同时还有利于投融资平台完成转型，进而增强市场融资能力和解决债务化解难题。

专项债券从诞生到快速发展，对地方政府去隐性负债、防金融风险起着关键作用，它是地方政府融资机制改革的利剑，对地方政府的职能转变、地方政府投融资等产生了深远影响，地方政府、专项债券、投融资平台正在形成地方投融资的"铁三角"。

第二节　专项债券问题现状

一、信息不对称

信息不对称使专项债券发行程序颠倒，资金募集与项目进程不匹配，资金未能高效使用。从专项债券申报发行的步骤看，决定发行批次和时间的主体为省政府，了解项目成熟度和用款需求的主体为地方项目部门，两者之间存在信息不对称。这使债券发行批次、时间与项目用款时间、进度不匹配，债券资金募集后存在一定的闲置期，增加了利息成本。如2017年某市成功申报发行5亿元乡村污水处理专项债券，因该项目准备不成熟，一直未投入使用，后提前赎回该债券，额外增加了该市的债务本息负担。

二、非市场化干预

部分地方以非市场化方式干预债券发行，债券分销存在行政分摊色彩。从目前地方债券承销机构的分布看，主要以商业银行为主，占比80%，政策性银行和证券公司分别占11%和6%。部分地方财政部门以财政存款等对商业银行施加影响，人为压价，用硬性指标摊派等非市场化方式干预地方债券发行。如2018年某市参与发行土地储备专项债券，通过向商业银行分摊指标，并承诺根据中标占比向其分配资金托管金额，最终由8家商业银行成功分销这笔专项债券。这8家商业银行普遍采取向各地市分支机构层层分解任务、纳入考核范围、对重点客户精准营销等方式完成包销任务，政策压力下承销机构"被动发售"、行政分摊色彩浓厚。

三、利息挤压严重

地方政府债券置换多于兑付，债务腾挪后的利息压力逐年积压。目前省政府未严格限制债务置换，各地政府仍可通过置换来减轻到期债券的还本压力，以时间换空间。但置换债券在延长还本期限的同时，也增加了债务利息压力。如某市对 2015~2017 年到期的债券主要采用置换或再融资方式延长债务期限，仅兑付了少数。2018 年，某市通过省政府下达的再融资债券列支了 4.18 亿元的到期本金，使列入政府性基金预算的债券利息支出由 2 亿元增加至 2.62 亿元。

四、还款来源单一

某市 2016~2018 年参与发行的专项债券有 81.79% 为土地储备专项债券，其还款来源以相应地块后期的土地出让收入为主，以周边广告牌、停车位、服务站收入为补充。但由于项目建成后，需经过一段时间的经济辐射作用才能带动周边的经济消费，绝大部分专项债券实际上是以土地出让收入为还款来源。其他非土地储备专项债券，还款来源也较多依赖土地收入。2019 年第二季度发行的某市棚户区改造专项债券，以项目各片区土地出让收入为主要还款来源，涉及土地 1023 亩，其预计 450 万/亩的土地出让单价将受到房地产市场行情波动的显著影响。

五、缺乏有效监督

债券资金使用缺乏监督，资本市场未充分发挥对地方政府债券的资源配置作用。目前，我国对于债券资金使用缺乏全国性指导意见，缺乏专款专存、专账管理等制度办法。部分地区存在将同一笔政府债券资金分拆到多个商业银行的债券资金专户上的问题，债券资金使用及流向复杂、模糊，甚至用于其他用途，难以监督。如 2018 年某市参与发行了一期 31 亿元土地储备专项债券，根据承销机构的承销中标占比将 50% 的债券资金存放在承销机构的财政存款专户上，其他 50% 资金存放在市城投公司（用于化解债务）日常经营账户中。债券资金使用不透明，加剧了中长期地方政府债券流动性不够、二级市场深度不够等问题。对于使用专项债券资金的地方项目，政府和项目部门缺乏信息披露，市场难以跟踪监测项目后期的进展和收益情况，监督乏力。

第三节 地方政府投融资平台发展存在的问题

一、融资渠道窄，资金成本高

地方政府平台资金主要来源于财政投资及补贴、银行贷款融资（主要是政策性银行和地方商业银行贷款）、发行债券（2017 年之前发行城投债和当前专项债、中期票据等）、信托融资（信托公司运用信托资金对目标企业进行股权投资）、其他融资（PPP、BOT 等），以及有限盈利资产的经营收益。地方投融资平台经营性收入少，大部分经营项目效益不佳，在极其有限的收入来源下难以有效化解自身债务，不得不"借新还旧"，债务余额不断积累。而随着金融监管的不断强化，银行对地方政府的贷款质量要求趋向严格，不仅贷款数量大大减少，平台公司不得不通过保理、信托或融资租赁等方式开展融资，资金成本普遍偏高（一般为 8%～10%）。总体上，地方投融资平台历史债务基数大，利率普遍偏高，加之经营效率不足，还贷压力较大。当债务依靠平台自身无法偿还时，多由政府出面协调或代为偿还，不断增加地方政府隐性债务。这些平台债务通过直接或间接的方式传导至地方政府，增加了地方债务危机的潜在可能。

二、市场能力低，盈利能力弱

长期以来，地方融资平台更多时候承担为地方政府筹资融资的功能，存在经营不自主、经营效率低等问题，市场化"造血"功能不足。首先，由于融资平台股东是地方政府、地方政府下属的其他融资平台或地方国有企业，通常被视为政府的外部融资工具，其经营活动和平台管理深受政府掣肘（高哲理，2018）。融资平台在投资决策上存在自主性弱、市场反应迟缓和造血能力差等弊端；业务内容主要服务于地方城改、民生公用设施建设，承担了地方政府的公共职能，项目盈利能力差；经营业务上过于粗放、计划性差，容易错失增值机会。其次，地方融资平台成立之初往往存在资本不充足等问题，可市场化运营的资产较少。在平台公司成立之时，地方政府大部分出资为不产生未来现金流量的市政公益性资产，少部分资产则为一些公用事业企业股权或国有土地使用权等，使地方政府融资平台公司虽然资产规模较大，但资产结构不合理，资产质量不高，盈利能力弱。最后，当前地方融资平台市场化经营人员匮乏，没有合适的运作项目和明确的转型发展方向，平台公司不断衍生分设也不利于资产规模积聚，从而影响其信用评级，最终制约其融资能力，个别地方融资平台甚至出现资产重复使用、"一女多嫁、多头融资"的现象。

三、预算不规范，资产水分大

城投平台类似地方政府部门或者附属机构，经营管理负责人也多由政府部门委任，这也注定不同于完全市场化的经营公司，也注定了其综合服务的职能大于盈利的职能。社会服务主要涉及城市基础设施建设等工程，其特点为建设周期不定、收益回报有限、项目区域跨度较大。多数时期，城投平台为满足当地政府融资需求，经常会通过一些手段，对长周期、收益率不高甚至零收益的项目进行融资。如果城投平台目的是城市基础设施建设，那么其建设规模及公益性资产的多少会决定平台的资产规模。平台公司的经营性资产比例较小，公益性或准公益性资产较多，所以容易导致经营性现金流薄弱，自身盈利能力差。多数情况下，平台公司依赖地方政府信用背书，占用区域内金融资源，通过高成本方式进行融资，从而债务不断增加，转型逐渐受阻。市场上依然存在"城投信仰"，部分金融机构也容易在实际操作中给平台公司开通"绿色通道"，从而更加剧了公司运营风险。

第四节　专项债券助推地方政府投融资平台转型

2015 年以来，专项债券一直作为我国重要的积极财政政策工具不断被运用。随着近两年宏观经济的不确定性因素不断出现、中美贸易摩擦对进出口贸易的重创和新冠肺炎疫情暴发使我国经济下行压力增大。为应对冲击，国务院确定 2020 年安排新增专项债券规模为 3.75 万亿元，拟通过积极有效地扩大投资实现"六稳""六保"，并以项目建设拉动整体社会投资规模的跟进与扩大，牵引带动经济尽快进入正常发展轨道。2020 年 4 月，财政部对今年专项债券的特点进行了说明：第一，合理扩大规模。提前下达专项债券额度已超出上年。第二，发行和使用进度提前，配合宏观政策的调节力度，对冲疫情带来的影响。第三，坚持"资金跟着项目走"，对重点项目多、风险水平低、有效投资拉动作用大的地区给予倾斜，加快重大项目和重大民生工程建设。第四，优化资金投向，体现疫情防控需要和投资领域需求变化。第五，提高专项债券作为重大项目资本金的比例，加大带动作用。在此过程中，地方政府投融资平台作为地方基础设施建设的主体，有望通过专项债券的利好助力自身转型发展。

一、降低市政类项目融资压力

43 号文要求剥离平台公司政府融资职能后，地方融资平台公司融资收紧，平台公司加快转型。2015 年和 2016 年平台公司融资有所放松，平台公司隐性债务增长较快引起官方高度警惕，2016 年下半年平台公司融资再收紧。供给侧改革要求从宏观、微观两个层面去杠杆，在此背景下，化解地方政府债务成为重点，其中地方政府的隐性债务问题更需引起重视。政府工作报告首次对新增地方债和地方政府债务化解联系在一起，这将通过疏通项目现金流的方式缓解平台债务压力。

平台公司作为市政项目委托建设方，往往承担了项目融资、投资、建设管理等全流程服务。随着市政项目建设需求的提高，城投公司债务压力不断提高。在专项债逐步放开后，一部分市政项目的融资职能由城投转移至地方政府，使债务更加透明化，进一步缓解城投公司融资压力。根据专项债政策要求，募集资金必须全部用于项目建设，不得用于经常性支出，不得偿还债务。平台公司作为大多数市政项目的承接方、建设方，是专项债资金落地后的实际使用者。发行专项债，从资金源头降低了委托代建项目的融资压力。

二、丰富自营类项目融资渠道

对于城投公司自行投资建设的收益类项目，将专项债与银行贷款、信用债等结合使用，能够进一步丰富项目融资渠道。一方面，通过降低项目资本金要求、将专项债资金作为资本金等方式，撬动社会资金参与项目建设；另一方面，从政策端允许政府债与公司信用债结合，即项目收益在覆盖政府专项债本息后仍有剩余专项收入的项目，可配套市场化融资。城投公司收益性较好的项目，可通过专项债作为资本金＋信用债及项目贷款作为配套资金的方式进行融资。

结合政策来看，承接专项债项目的城投平台将获得更大的政策支持：一方面，结合《关于做好地方政府专项债券发行及项目配套融资工作的通知》来看，"积极鼓励金融机构提供配套融资支持。对于实行企业化经营管理的项目，鼓励和引导银行机构以项目贷款等方式支持符合标准的专项债券项目。鼓励保险机构为符合标准的中长期限专项债券项目提供融资支持。允许项目单位发行公司信用类债券，支持符合标准的专项债券项目"。即拿到专项债的城投平台在相应项目融资上得到支持。另一方面，从2019年政府工作报告相关表述"专项债为重点项目建设提供资金支持，也为更好防范化解地方政府债务风险创造条件"中可以看到，专项债资金不能直接用于置换隐性债务，但可以通过疏通项目现金流的方式进行债务化解。

三、优化城投类项目类型及收益构成

2019年上半年专项债资金过度投资于土储、棚改领域，2019年9月国务院常务会议即迅速对地方政府专项债的投资范围、制度创新进行调整，遏制专项债资金投向土储、棚改项目，增强多领域基建投资支持力度。2020年面对海内外疫情的经济冲击，应急医疗、公共卫生建设、产业园区复工复产和招商引资等领域基础设施投入需求迫切，专项债立即新增了应急医疗救治设施、公共卫生设施、城镇老旧小区改造等领域项目。数据显示，2020年各地发行的新增专项债

券全部用于交通、生态环保、农林水利、医疗卫生、市政和产业园区为主的重大基础设施项目建设，基建投资比例超过80%。针对当前产业结构转型、经济高质量发展的需求，专项债也进一步将5G、大数据为代表的新基建领域纳入重点倾斜项目，将专项债调结构、稳增长的特点展现得淋漓尽致。单纯靠扩大财政支出规模来实施积极的财政政策行不通，必须向内挖潜，坚持优化结构、盘活存量、用好增量，提高政策和资金的指向性、精准性、有效性，确保财政经济运行可持续。地方政府专项债作为把控地方政府融资方向和规模兼顾的工具，也是在经济下行的大环境下地方政府短期稳增长、长期促发展的重要手段。

专项债围绕项目收益做文章。按照"资金跟着项目走"的原则，未来有成熟项目的城投将获得更多专项债资金倾斜。城投公司可进一步结合区域资源和建设项目计划，优化市政类项目构成，发掘项目收益，使公司项目更加符合市场化要求，避免将自有资金及融资资金投向纯公益性项目。

【评价篇】

第五章 地方政府投融资平台
转型发展评价

本书在借鉴国内外构建研究指标体系的相关经验基础上，并同时结合国内各地方政府投融资平台的实际情况，对以往年度构建的中国地方政府投融资平台转型发展评价报告的指标体系，进行了不断的改进，最后形成了省、地级市、区县三层次的评价指标体系，从而对全国公开融资的各地方政府投融资平台的经营发展情况进行客观及系统的评价，为地方政府投融资平台后续的逐步转型与发展提供建设性的思路。

第一节 地方政府投融资平台转型发展评价指标说明

一、指标体系构建的原则

为了较直观、准确地反映国内各地方政府投融资平台其自身的营运及发展情况，本书以公司业绩、市场化转型、社会责任为三个维度进行体系的构建，对国内各地方政府投融资平台的经营及未来如何发展以此三个维度进行系统的分析，并提供一个较为全面的视角。同时，在构建评价指标体系的过程中，本书坚持以下六项基本原则。

（一）全面性原则

在对全国范围内的各地方政府投融资平台进行评价时，为保障指标充分发挥作用，指标的全面性在选取指标及方法时更为重要，尽可能使所选取的指标更为全面地反映出地方政府投融资平台的实际经营情况。

在以往的报告中，评价企业发展水平及价值时，企业的经营业绩通常视为最主要或唯一的评价指标，为更全面地反映出地方政府投融资平台的经营及发展情况，本评价指标在重视经营业绩的同时，还综合考虑各地方政府投融资平台其自身所处行业的不同属性。

（二）典型性原则

为使本评价指标富有一定的典型性，构建体系时将在以下两方面加以强调：一是在评价省、地级市、区县三级各地方政府投融资平台时，选择指标时要有所侧重，最大限度地反映出同一行政级别但不同融资平台的各自发展情况，使本评价指标在实际操作时具有一定的客观性；二是尽量反映出不同区域——东部、中部、西部各融资平台的社会经济及发展情况之间的差异。

本评价指标在设置指标、分配各指标间的权重及划分评价标准时，注重其与不同行政级别的地方政府投融资平台相适应。

（三）系统性原则

本评价指标之间存在较为合理的逻辑关系，一组指标将构成每一个一级指标，而各一级指标之间相互独立且又彼此关联，它们将可以分别从不同角度反映各地方政府投融资平台的经营及发展情况，从而使评价指标具有一定的层次性，共同形成一个有机整体。

（四）问题导向性原则

本评价指标结合了目前各融资平台发展所存在的问题，为选择靶向性指标，针对平台企业未来的发展与转型等核心问题进行分析，进而可以在一定程度上对地方政府投融资平台未来发展路径进行有效规划。

（五）可比性、可操作、可量化原则

本评价指标在选择指标时，注重并做到指标的计算量度与计算方法保持统一，保持在总体范围内的统一性，同时各指标也要做到简单易懂、微观性强、便于获取，同时更要具有很强的操作性和横纵向的可比性，满足数据分析的可行性。并且选择指标时也充分考虑能否量化处理，以便于数据计算与分析。

（六）动态性原则

只有通过一定的时间，各地方政府投融资平台具体的发展情况才能显现出来。因此，在选择本评价指标时要综合相关指标的动态过程，应以若干年度的变化数据为基础。

二、指标体系的研究设计

构建中国地方政府投融资平台发展评价指标主要包括三个环节，分别为明确体系范围、设计评价指标体系，以及分配指标权重和选择测算方法。

本指标体系旨在对全国地方政府投融资平台的营运及发展情况进行较为客观综合的评价，因此指标评价的样本为在中华人民共和国境内注册的，已公开进行市场融资的，由地方政府或其相关部门所控股的，承担政府投资项目投融资功能的企事业单位（即地方政府投融资平台）。

在设计指标体系时，本书将尽可能涵盖所有公开融过资且运营的平台企业，从公司业绩、社会责任、市场化转型三个维度对地方政府投融资平台分别进行评价，最终汇总成中国地方政府投融资平台发展评价指标。同时，因不同行政级别的地方政府投融资平台之间差异较大，本书将划分省、地级市、区县三个行政级别的融资平台，分别进行评价，形成三级地方政府投融资平台发展评价指标（见表5－1）。

表5－1　地方政府投融资平台转型发展评价指标体系

总指标	一级指标	二级指标	三级指标
地方政府投融资平台转型发展评价指标体系	公司业绩	基础指标	总资产
			净资产
		财务效益指标	毛利率
			净资产收益率
			投资收益率
			资产收益率
			总资产报酬率
			主营业务利润率
			盈余现金保障倍数
			成本费用利润率
		资产运营指标	总资产周转率
			流动资产周转率
			存货周转率
			应收账款周转率
			股东权益周转率
		偿债能力指标	资产负债率
			EBITDA利息倍数
			现金流动负债比率
			速动比率
			流动比率
		发展能力指标	总资产增长率
			销售增长率
			三年资本平均增长率
			三年销售平均增长率

续表

总指标	一级指标	二级指标	三级指标
地方政府投融资平台转型发展评价指标体系	社会责任	国资运营指标	资本金利润率
			资本保值增值率
		企业责任指标	综合社会贡献
			纳税管理
			企业社会责任报告制度
			监管函、处罚决定
			失信被执行人
	市场化转型	市场化转型指标	公司在所属区域市场占有度
			主营业务集中度
			融资渠道单一程度

本书在构建中国地方政府投融资平台发展评价指标体系的过程中，始终秉承以公司业绩、社会责任、市场化转型三个维度进行客观、综合的系统评价。本评价指标将上述三个维度作为一级指标，并下设相应的二级指标。由于每级指标的侧重点有所不同，所以二级指标可能会有较大差异。

笔者以前期指标体系为基础进行了变动，在一、二级指标不变的情况下，对三级指标进行相应修改。例如，删除了不良资产比率、政府补贴占比等确认边界较难且容易产生误差的数据，增加了资本保值增值率等二级指标。此外，该评价体系中设置了加减分项。例如，根据平台获取资源的能力强弱，对区域非主要平台给予适当减分，使整体指标体系的构建更为客观、完整及全面。

（一）公司业绩指标

现代企业的经营权与所有权相分离，使企业信息具有不对称性，但由于财务层面的评价指标具有的综合性以及数据可收集性强等特点，在评价体系中通常占有较大比重，是企业经营及财务情况分析的重要组成部分。同时，企业财务业绩指标是企业持续经营的动力，也是构成本评价体系的重要内容。

为较客观、全面地量化公司实际营运情况，在财务业绩这一级指标下，下设五个二级指标，即基础指标、财务效益指标、资产运营指标、偿债能力指标和发展能力指标。

1. 基础指标

本评价体系在基础指标项下选取了总资产与净资产两项评价指标，旨在更为客观地反映企业经营规模。

（1）总资产。资产负债中的"资产"为经济资产，所谓经济资产，指的是资产所有权已确定，在一定时期内其所有者通过对它们的有效使用、控制或处置，可以从中获取经济利益。

（2）净资产。即所有者权益或权益资本，是归企业所有并可以由其自由支配。企业的净资产（Net Asset Value），是指企业的资产总额减去其负债总额后的净额，它包括两大部分，一部分是企业开始创办时所投入的资本，同时包含溢价部分，另一部分则是企业在经营过程中所创造的，同时也包含接受捐赠的资产。

2. 财务效益指标

本评价体系在财务效益指标项下选取了毛利率、净资产收益率、投资收益率、资产收益率、总资产报酬率、主营业务利润率、盈余现金保障倍数及成本费用利润率八个指标来评价企业的经营情况及获利能力。

（1）资产收益率。又称资产回报率，是用来评价每单位资产能够带来多少净利润的指标。

（2）总资产报酬率。

$$总资产报酬率 =（利润总额 + 利息支出）/平均资产总额 \times 100\% \qquad (5-1)$$

表示企业全部资产产生效益的水平，该指标越高，代表企业投入产出的水平越好，企业的整体资产运营越为有效，较直观地反映了企业的投入产出情况与盈利能力。

（3）主营业务利润率。

$$主营业务利润率 =（主营业务收入 - 主营业务成本 - 主营业务税金及附加）/主营业务收入 \times 100\% \qquad (5-2)$$

（4）盈余现金保障倍数。表示企业当期净利润中对现金收益的保障程度，是以现金流入和流出的动态角度对企业经营效益的质量进行评价，更加真实地体现了企业的盈余质量。

$$盈余现金保障倍数 = 经营现金净流量/净利润 \times 100\% \qquad (5-3)$$

（5）成本费用利润率。成本费用利润率指的是企业在一定期间内的利润总额与其成本、费用总额的比率。

$$成本费用利润率 = 利润总额/成本费用总额 \times 100\% \qquad (5-4)$$

3. 资产运营指标

本评价体系在资产运营指标项下选取了总资产周转率、流动资产周转率、存货周转率、应收账款周转率等指标来评价企业的整体资产运营能力，反映了企业对其资产的利用效果。

（1）总资产周转率。总资产周转率（Total Assets Turnover）是指企业在一定时期内主营业务收入净额与平均资产总额的比率。

$$总资产周转率（次）= 营业收入净额/平均资产总额 \qquad (5-5)$$

总资产周转率 = 销售收入/总资产   （5 - 6）

（2）流动资产周转率。流动资产周转率是指企业在一定时期内主营业务收入净额与平均流动资产总额的比率，它是衡量企业资产利用率的一个关键指标。

流动资产周转率（次）= 主营业务收入净额/平均流动资产总额   （5 - 7）

（3）存货周转率。存货周转率是指企业在一定时期内销货成本与平均存货余额的比率。反映了存货流动性以及存货占用资金量是否合理，促使企业在保证正常的生产经营的同时，使资金的使用效率达到最大，从而提高企业的短期偿债能力。

存货周转率（次数）= 销售成本/平均存货余额   （5 - 8）

（4）应收账款周转率。应收账款周转率表明在一定期间内公司应收账款可以转为现金的平均次数，反映了公司应收账款周转速度。应收账款周转天数是以时间为单位表示的应收账款周转速度，即平均应收账款回收期或平均收现期。它代表公司从取得应收账款到收回应收款项，再到转变为现金所需的时间。

应收账款周转率 = 销售收入/平均应收账款余额   （5 - 9）

4. 偿债能力指标

本评价体系在偿债能力指标项下选取了资产负债率、EBIT 利息倍数、现金流动负债比率、速动比率及流动比率五个指标来衡量企业偿还到期债务的能力。

（1）资产负债率。资产负债率是期末负债总额和资产总额的比率。借债筹资活动的比例可以通过这一指标体现，同时此指标也体现衡量企业在清算时保护债权人利益的程度。在公司运营活动中，筹资来源的比例衡量公司利用债权人资金进行经营活动能力，另一方面也可体现债权人发放贷款的安全程度。

资产负债率 = 负债总额/资产总额 × 100%   （5 - 10）

它包含以下几层含义：①债权人提供的资金占企业的全部资金的比例就体现为资产负债率。②以债权人视角，资产负债率越低贷款的安全程度越高。③以投资人或股东视角，负债比率较高可从一些方面促进自身利益提升。〔财务杠杆、利息税前扣除、以较少的资本（或股本）投入获得企业的控制权。〕④以经营者的角度视角，必须充分考虑在举债经营规模大小不同时权衡带来的好处和财务风险之间关系。⑤企业的负债比率应在不发生偿债危机的情况下，尽可能择高。

（2）EBIT 利息倍数。EBIT 利息倍数可体现企业利息支付能力，是企业生产经营所获得的息税前利润与利息费用之比。它是衡量企业支付负债利息能力的指标，所以也可称之为已获利息倍数。债权人要衡量债权的安全程度，需要计量企业生产经营所获得的息税前利润与利息费用之间比率，倍数相对较高，说明企业经营所得来支付利息费用能力也就更强。

利息保障倍数 = EBIT/利息费用   （5 - 11）

息税前利润（EBIT）＝净销售额－营业费用　　　　　　　　　　（5－12）

利息保障倍数指标是企业举债经营的前提依据，体现的是企业经营过程中收益和所需支付的债务利息倍数关系。一方面，利息保障倍数可以体现企业获利能力，另一方面也体现了企业获利能力对偿还到期债务的保证程度。此指标是保证举债经营可行的前提，因为它可以切实反映企业长期偿债能力。利息保障倍数大于保证了企业有正常偿债能力，利息保障倍数越高，说明企业长期偿债能力越强。如果利息保障倍数过低，企业将面临亏损、偿债的安全性与稳定性下降的风险。

（3）现金流动负债比率。现金流动负债比率（Cash Coverage Ratio）以现金流为考察方向，从而反映企业当期偿付短期负债的能力，为企业在一定时期的经营现金净流量和流动负债之比。

现金流动负债比率＝年经营现金净流量/年末流动负债×100%　　　（5－13）

（4）速动比率。是指速动资产可以反映短期内流动资产中可以立即变现偿债的能力，为速动资产与流动负债之比。

速动比率＝速动资产/流动负债　　　　　　　　　　　　　　　　（5－14）

其中：

速动资产＝流动资产－存货　　　　　　　　　　　　　　　　　　（5－15）

（5）流动比率。流动比率可以反映短期内企业用流动资产的偿债能力，为流动资产和流动负债之比。

流动比率＝流动资产合计/流动负债合计×100%　　　　　　　　　（5－16）

5. 发展能力指标

本评价体系在发展指标项下选取了总资产增长率、销售增长率、三年资本平均增长率、三年销售平均增长率四个指标来衡量企业在一段时间内的发展能力。

（1）总资产增长率（Total Assets Growth Rate）。它可以反映企业本期资产规模的增长情况，为企业本年总资产增长额与年初资产总额之比，也被称为总资产扩张率。

总资产增长率＝本年总资产增长额/年初资产总额×100%　　　　　（5－17）

其中：

本年总资产增长额＝年末资产总额－年初资产总额　　　　　　　　（5－18）

总资产增长率可以体现在此段时间内企业资产经营规模扩张速度。但在企业发展中，不可盲目扩张总资产水平，要将质量纳入资产规模扩张过程中，以追求后续健康持续的发展能力。

（2）销售增长率。是评价企业成长状况和发展能力的重要指标，可以衡量企业经营状况和市场占有能力、预测企业经营业务拓展趋势。销售增长可以有效带动企业扩张增量资本和存量资本，销售增长率提升说明企业有更快的增长速度，进而提升企业的市场前景。

销售增长率 = 本年销售增长额÷上年销售总额 = （本年销售额 - 上年销售额）÷上年销售总额　　　　　　　　　　　　　　　　　　　　　（5 - 19）

（3）三年资本平均增长率。是资产规模在三年间的增长情况，可以体现企业资本在三年间积累程度。以三年的资本增长为考量依据，可以从一定层面体现企业的持续发展能力及后续的发展趋势。

三年资本平均增长率 = [（当年净资产总额/三年前净资产总额)^1/3 - 1] × 100%　　　　　　　　　　　　　　　　　　　　　　　　　　　　　　（5 - 20）

（4）三年销售平均增长率。是主营业务销售资在三年间的增长情况，可以体现三年间企业主营业务发展程度。以三年的销售增长为考量依据，不仅可以从一定层面体现企业市场扩张能力，还可体现企业后续持续性盈利的能力。

三年销售平均增长率 = [（当年主营业务收入总额/三年前主营业务收入总额)^1/3 - 1] × 100%　　　　　　　　　　　　　　　　　　　　　　　　（5 - 21）

（二）社会责任指标

1. 国资运营指标

（1）资本金利润率。作为企业经营效益中心指标，资本金利润率可以体现企业的资本净利润水平，资本金利润率越高，体现企业具有越强的自我发展和竞争能力。所有者投入的主权资金在企业中以企业资本金的形式体现，投资者的权益直接由资本金利润率水平反映。

资本金利润率 = 利润总额/资本金总额 × 100%　　　　　　　　（5 - 22）

此外，当会计期间内涉及资本金发生变动，则公式中的"资本金总额"要用平均数，其计算公式为：

资本金平均余额 = （期初资本金余额 + 期末资本金余额）÷2　　（5 - 23）

资本金利润率这一比率可以直接反映企业资本金的利用效果，进而影响企业资本金盈利能力。资本金利润率较高，表明企业企业资本金的利用效果较好，资本金利润率偏低表明资本金的利用效果不佳，企业资本金盈利能力较弱。

（2）资本保值增值率。企业资本运营情况的核心指标，资本保值增值率可以体现资本的运营效益与安全状况。

资本保值增值率 = 期末所有者权益/期初所有者权益 × 100%　　（5 - 24）

其中，期末所有者权益需扣除企业接受捐赠、资本金增加等客观增减因素。

2. 企业责任指标

（1）综合社会贡献。在现代社会，企业经营不仅要考量自身效益，同时为社会创造或支付价值的能力也被纳入考量。

（2）纳税管理。提升纳税管理能力不仅可以直接降低税收成本，而且可间接促进企业内部产品结构的调整和资源的合理配置。依据税法中的纳税规定，在履行纳税义务、合理处理税款的同时加强对纳税期限、预缴与结算的时间差管理，可以减少企业流动资金利息的支出。全面的评估和计量不同的纳税方案，选择合适的纳税方案，可影响到企业整体税负，进而提升企业经营效益。

（3）企业社会责任报告制度。企业社会责任报告（以下简称CSR报告）是企业非财务信息披露的重要载体，近年来，优秀的企业社会责任案例不断涌现，CSR报告制度可促进企业履行社会责任。

（4）监管函、处罚决定。收到证监会、上交所、深交所处罚、重点监管决定。

（5）失信被执行人。被执行人具有履行能力而不履行生效法律文书确定的义务，并具有下列情形之一的，人民法院应当将其纳入失信被执行人名单，依法对其进行信用惩戒：①以伪造证据、暴力、威胁等方法妨碍、抗拒执行的；②以虚假诉讼、虚假仲裁或者以隐匿、转移财产等方法规避执行的；③违反财产报告制度的；④违反限制高消费令的；⑤被执行人无正当理由拒不履行执行和解协议的；⑥其他有履行能力而拒不履行生效法律文书确定义务的。

（三）市场化转型指标

1. 公司在所属区域市场占有度

假设市场大小不变，公司产品销售量随市场占有率的提升而增加，因此，企业竞争水平可以通过市场占有率进行考量。与此同时，随市场占有率的提升，单位产品的成本可以相应降低，从而使利润率提升，形成规模经济效应。

2. 主营业务集中度

主营业务集中度为逆向指标，主营业务集中度较高，意味着公司经营过程集中于某一具体领域，更有可能面对经营风险。

3. 融资渠道单一程度

融资渠道单一程度为逆向指标，融资渠道单一程度较低意味着融资渠道相对单一，更有可能面对资金流动性风险。

三、指标体系的测算方法

数据样本包括2017～2019年各地方政府融资平台经营数据，通过相关数据测算从而对全国地方政府投融资平台的发展情况形成打分评价体系。

（一）赋权确定

在赋权确定的过程中，我们需要对各一级指标下的二级指标数及三级指标数进行考量，考虑到公司财务经营状况会对地方政府投融资平台产生一定的影响，我们以72.5%、20%、7.5%的比例来对公司业绩、社会责任、市场化转型三个一级指标进行赋权，以上述方法赋权调整后，二级指标调整结果更加平滑。

各指标权重情况如表5-2所示，对标准化的三级指标值进行加总便可获得最终评价得分。

表5-2　各指标权重设置

一级指标	权重（%）	二级指标	权重（%）	三级指标	权重（%）
公司业绩	72.5	基础指标	10	总资产	5
				净资产	5
		财务效益指标	16	资产收益率	3.2
				总资产报酬率	3.2
				主营业务利润率	3.2
				盈余现金保障倍数	3.2
				成本费用利润率	3.2
		资产运营指标	15.5	总资产周转率	3.875
				流动资产周转率	3.875
				存货周转率	3.875
				应收账款周转率	3.875
		偿债能力指标	15.5	资产负债率	3.1
				EBITDA利息倍数	3.1
				现金流动负债比率	3.1
				速动比率	3.1
				流动比率	3.1
		发展能力指标	15.5	总资产增长率	3.875
				销售增长率	3.875
				三年资本平均增长率	3.875
				三年销售平均增长率	3.875
社会责任	20	国资运营指标	6.66	资本金利润率	3.33
				资本保值增值率	3.33
		企业责任指标	13.33	综合社会贡献	3.33
				纳税管理	2.5
				企业社会责任报告制度	2.5
				失信执行人	2.5
				监管函、处罚决定	2.5

续表

一级指标	权重（％）	二级指标	权重（％）	三级指标	权重（％）
市场化转型	7.5	市场化转型指标	7.5	公司在所属区域市场占有度	2.5
				主营业务集中度	2.5
				融资渠道单一程度	2.5
合计					100

注：由于四舍五入，部分数据存在尾差，分项之和与合计存在偏差。

（二）标准化处理

为避免不同单位和范围会对各三级指标的可比性产生影响，保证三级指标之间具有可加性，我们会以 0 - 1 标准化（0 - 1 Normalization）方法对指标进行标准化处理，最终结果会以［0，1］分布的形式呈现。

具体的处理过程如下：x 为某具体指标的原始测算值，$x_{\min}$ 为某具体指标中的最小值，$x_{\max}$ 为某具体指标中的最大值，x' 即为经过标准化处理后的指标标准值。好处在于，上述操作使得经过处理后的标准值均分布在相同区间，为后期的数据处理及权重赋值提供了便利。

正向指标、逆向指标标准化处理公式分别如式（5 - 25）和式（5 - 26）所示：

$$x' = \frac{x - x_{\min}}{x_{\max} - x_{\min}} \tag{5 - 25}$$

$$x' = \frac{\frac{1}{x} - \frac{1}{x_{\max}}}{\frac{1}{x_{\min}} - \frac{1}{x_{\max}}} \tag{5 - 26}$$

四、指标体系的数据来源

评价指标体系中的数据来源于市场中公开披露的数据，指标数据采选自2017～2019 年，具体数据来源参照表 5 - 3。对于来源的初始数据，会按照指标需求，将数据进行相应的初步处理。

表 5 - 3　数据来源

数据来源	Wind
	中国债券信息网
	中国外汇交易中心网
	上海证券交易所——公司债券项目信息平台
	深圳证券交易所——固定收益信息平台
	各省、市、自治区政府工作报告

在数据的具体调用中，会根据不同数据指标进行处理；再者，若有个别缺少数据的年份，则会以年平均增长率计算或求取相邻年份指标的算术平均值替代空缺。

第二节　地方政府投融资平台转型发展排名及分析

我们通过对 2017～2019 三年指标体系的数据整理计算，获得全国已公开融资的地方政府投融资平台得分，针对平台实际控制人不同的行政属性，我们分别获得省级、地市级、县级三级平台排名，并分别选取省级 100 强、地市级 200 强、县级 150 强榜单列示分析。同时，针对排名表，若母公司及其控股或参股子公司同时入选，我们则剔除控股或参股的子公司，只对母公司列示分析。

一、省级 100 强

表5－4　地方政府投融资平台省（直辖市、自治区）级排名一览表

排名	公司名称	得分	省份
1	北京国有资本经营管理中心	46.22	北京市
2	浙江省国有资本运营有限公司	41.34	浙江省
3	甘肃省公路航空旅游投资集团有限公司	39.37	甘肃省
4	广东省交通集团有限公司	39.10	广东省
5	北京首都创业集团有限公司	38.89	北京市
6	甘肃省国有资产投资集团有限公司	38.76	甘肃省
7	广西建工集团有限责任公司	38.55	广西壮族自治区
8	上海城建（集团）公司	38.37	上海市
9	北京市国有资产经营有限责任公司	37.99	北京市
10	云南省建设投资控股集团有限公司	37.51	云南省
11	北京城建投资发展股份有限公司	37.31	北京市
12	北京控股集团有限公司	36.87	北京市
13	山东高速集团有限公司	36.80	山东省
14	浙江省建设投资集团有限公司	36.74	浙江省
15	四川发展（控股）有限责任公司	36.63	四川省
16	贵州高速公路集团有限公司	36.52	贵州省

续表

排名	公司名称	得分	省份
17	福建省冶金（控股）有限责任公司	36.48	福建省
18	北控水务集团有限公司	36.44	北京市
19	江西省金融控股集团有限公司	36.35	江西省
20	广东粤海控股集团有限公司	36.35	广东省
21	河北建设投资集团有限责任公司	36.32	河北省
22	广东省铁路建设投资集团有限公司	36.28	广东省
23	天津城市基础设施建设投资集团有限公司	36.22	天津市
24	安徽省交通控股集团有限公司	36.22	安徽省
25	甘肃省公路交通建设集团有限公司	36.22	甘肃省
26	湖南省交通水利建设集团有限公司	36.22	湖南省
27	云南省工业投资控股集团有限责任公司	36.21	云南省
28	宁波舟山港集团有限公司	36.21	浙江省
29	河南投资集团有限公司	36.16	河南省
30	福建省投资开发集团有限责任公司	36.15	福建省
31	湖南省高速公路集团有限公司	36.14	湖南省
32	安徽国元金融控股集团有限责任公司	35.98	安徽省
33	广西投资集团有限公司	35.95	广西壮族自治区
34	安徽省国有资本运营控股集团有限公司	35.87	安徽省
35	河北交通投资集团公司	35.84	河北省
36	山东国惠投资有限公司	35.80	山东省
37	广东省高速公路发展股份有限公司	35.77	广东省
38	上海城投（集团）有限公司	35.70	上海市
39	江苏扬子大桥股份有限公司	35.61	江苏省
40	北京市基础设施投资有限公司	35.59	北京市
41	山东海洋集团有限公司	35.59	山东省
42	新疆投资发展（集团）有限责任公司	35.53	新疆维吾尔自治区
43	天津渤海国有资产经营管理有限公司	35.51	天津市
44	上海市漕河泾新兴技术开发区发展总公司	35.50	上海市
45	贵州交通建设集团有限公司	35.40	贵州省
46	江西省建工集团有限责任公司	35.39	江西省
47	江西省省属国有企业资产经营（控股）有限公司	35.30	江西省

续表

排名	公司名称	得分	省份
48	华鲁控股集团有限公司	35.06	山东省
49	天津港（集团）有限公司	35.06	天津市
50	广西交通投资集团有限公司	35.05	广西壮族自治区
51	广东省高速公路有限公司	34.95	广东省
52	甘肃金融控股集团有限公司	34.94	甘肃省
53	华远国际陆港集团有限公司	34.91	山西省
54	陕西省高速公路建设集团公司	34.91	陕西省
55	云南水务投资股份有限公司	34.90	云南省
56	上海申迪（集团）有限公司	34.90	上海市
57	天津保税区投资控股集团有限公司	34.70	天津市
58	山西建设投资集团有限公司	34.68	山西省
59	上海联和投资有限公司	34.65	上海市
60	山东高速路桥集团股份有限公司	34.59	山东省
61	福建省高速公路集团有限公司	34.56	福建省
62	河南省收费还贷高速公路管理有限公司	34.54	河南省
63	广西林业集团有限公司	34.54	广西壮族自治区
64	上海临港控股股份有限公司	34.50	上海市
65	江苏苏通大桥有限责任公司	34.49	江苏省
66	山西天然气有限公司	34.48	山西省
67	天津滨海新区建设投资集团有限公司	34.46	天津市
68	北京城建集团有限责任公司	34.39	北京市
69	云南省投资控股集团有限公司	34.39	云南省
70	重庆西永微电子产业园区开发有限公司	34.28	重庆市
71	天津泰达投资控股有限公司	34.28	天津市
72	天津住宅建设发展集团有限公司	34.26	天津市
73	上海申通地铁资产经营管理有限公司	34.24	上海市
74	陕西投资集团有限公司	34.23	陕西省
75	北京建工集团有限责任公司	34.20	北京市
76	江苏交通控股有限公司	34.18	江苏省
77	山东省商业集团有限公司	34.14	山东省
78	河南交通投资集团有限公司	34.10	河南省

排名	公司名称	得分	省份
79	新疆新业国有资产经营（集团）有限责任公司	34.07	新疆维吾尔自治区
80	上海国有资产经营有限公司	34.04	上海市
81	北京首都旅游集团有限责任公司	33.98	北京市
82	上海上实（集团）有限公司	33.97	上海市
83	安徽省投资集团控股有限公司	33.96	安徽省
84	贵州铁路投资有限责任公司	33.94	贵州省
85	山东省财金投资集团有限公司	33.86	山东省
86	山东省鲁信投资控股集团有限公司	33.85	山东省
87	河北建投交通投资有限责任公司	33.76	河北省
88	青海省水利水电（集团）有限责任公司	33.75	青海省
89	山西园区建设发展集团有限公司	33.75	山西省
90	上海临港经济发展（集团）有限公司	33.73	上海市
91	广西北部湾投资集团有限公司	33.71	广西壮族自治区
92	湖北省长江产业投资集团有限公司	33.71	湖北省
93	甘肃省建设投资（控股）集团总公司	33.66	甘肃省
94	北京首都开发股份有限公司	33.62	北京市
95	四川金鼎产融控股有限公司	33.59	四川省
96	河南铁路投资有限责任公司	33.58	河南省
97	新疆能源（集团）有限责任公司	33.57	新疆维吾尔自治区
98	中关村发展集团股份有限公司	33.56	北京市
99	齐鲁交通发展集团有限公司	33.55	山东省
100	广西北部湾国际港务集团有限公司	33.52	广西壮族自治区

全国前100位省级政府平台公司排名情况如表5-4所示，分值处于46.22～33.52分。其中，北京12家平台入选，上海10家平台入选，在榜单入选数量分别居第一、第二位，从质量上来看，榜单前十位北京平台入选3家，且北京国有资本经营管理中心居榜单首位，而上海平台只有上海城投（集团）有限公司以榜单第八位进入前十名榜单。天津7家平台入选，其他省份入选数相对较少。在排名中位于前列的如北京国有资本经营管理中心、浙江省国有资本运营有限公司、甘肃省公路航空旅游投资集团有限公司、广东省交通集团有限公司的资产规模相对比较庞大，其中北京国有资本经营管理中心的总资产规模甚至达到了27726.65亿元，这反映出了这些公司在行业内的龙头地位以及对促进区域经济

发展具有的重要作用，并且该公司的各项指标均无异常之处，从而最终的整体分数较高，排名位于前列。

值得注意的是，总资产规模为 2026.26 亿元的浙江省建设投资集团有限公司，虽然总资产规模不足北京国有资本经营管理中心的 1/10，却紧随其后位列第二，源自于该公司积极布局业务板块，多元化发展，加速推进重大基金设立与运作，稳步推进公司改革，加快盘活公司存量资产。

此外，根据证监会行业分类标准，北京国有资本经营管理中心在综合类位居第一；甘肃省公路航空旅游投资集团有限公司在交通运输、仓储和邮政业位居第一；广东省交通集团有限公司在建筑业位居第一。

二、市级 200 强

全国参与排名的市级公司共 1255 家，排名前 200 位的市级政府融资平台见表 5－5，分值位于 41.52～33.75 分，与省级平台公司的分布情况不同，浙江省、四川省、广东省、江苏省的平台公司在前 200 名占据多席。这显示出这些省份的市级平台公司在全国范围内具有良好的竞争力。其中，福建省的市级平台表现较为出色，在前 10 位的公司中，排名第一、第二的公司来自福建省，其中，厦门国贸控股集团有限公司位居榜单榜首，厦门象屿集团有限公司位居榜单第二名。在市级平台的十佳榜单中，来自浙江省的平台 4 家，来自福建省的平台 3 家，来自广东省的平台 2 家，来自湖北省的平台 1 家。

表 5－5　中国地方政府投融资平台市级排名一览表

排名	公司名称	得分	省份
1	厦门国贸控股集团有限公司	41.52	福建省
2	厦门象屿集团有限公司	40.56	福建省
3	杭州市实业投资集团有限公司	39.76	浙江省
4	佛山市公用事业控股有限公司	39.22	广东省
5	厦门建发集团有限公司	38.62	福建省
6	杭州市城市建设投资集团有限公司	38.55	浙江省
7	嘉兴市湘家荡发展投资集团有限公司	38.52	浙江省
8	东莞发展控股股份有限公司	38.41	广东省
9	襄阳东津国有资本投资集团有限公司	37.97	湖北省
10	浙江滨海新城开发投资有限公司	37.52	浙江省
11	深圳市投资控股有限公司	37.13	广东省
12	广州市水务投资集团有限公司	37.03	广东省

续表

排名	公司名称	得分	省份
13	成都经济技术开发区建设发展有限公司	36.94	四川省
14	上海浦东发展（集团）有限公司	36.94	上海市
15	柳州市投资控股有限公司	36.78	广西壮族自治区
16	杭州市金融投资集团有限公司	36.73	浙江省
17	广元市投资控股（集团）有限公司	36.55	四川省
18	东莞市交通投资集团有限公司	36.38	广东省
19	上海市北高新（集团）有限公司	36.33	上海市
20	南昌工业控股集团有限公司	36.33	江西省
21	株洲市城市建设发展集团有限公司	36.33	湖南省
22	滨州城建投资集团有限公司	36.30	山东省
23	成都环境投资集团有限公司	36.30	四川省
24	绍兴袍江工业区投资开发有限公司	36.24	浙江省
25	武汉国有资产经营有限公司	36.22	湖北省
26	广州地铁集团有限公司	36.18	广东省
27	山东金鲁班集团有限公司	36.18	山东省
28	瑞金市城市发展投资集团有限公司	36.16	江西省
29	郑州经开投资发展有限公司	36.13	河南省
30	成都文化旅游发展集团有限责任公司	36.06	四川省
31	郑州航空港兴港投资集团有限公司	35.98	河南省
32	商丘市发展投资集团有限公司	35.89	河南省
33	石家庄国控投资集团有限责任公司	35.88	河北省
34	南通沿海开发集团有限公司	35.81	江苏省
35	广州市城市建设开发有限公司	35.80	广东省
36	成都高新投资集团有限公司	35.79	四川省
37	南京高科股份有限公司	35.76	江苏省
38	苏州中方财团控股股份有限公司	35.70	江苏省
39	德阳经开区发展（控股）集团有限公司	35.68	四川省
40	青岛军民融合发展集团有限公司	35.68	山东省
41	舟山海洋综合开发投资有限公司	35.65	浙江省
42	四川纳兴实业集团有限公司	35.64	四川省
43	驻马店市城乡建设投资集团有限公司	35.62	河南省

排名	公司名称	得分	省份
44	建安投资控股集团有限公司	35.60	安徽省
45	宁波城建投资控股有限公司	35.59	浙江省
46	曹妃甸国控投资集团有限公司	35.59	河北省
47	苏州园林发展股份有限公司	35.57	江苏省
48	上海外滩投资开发（集团）有限公司	35.55	上海市
49	上海张江高科技园区开发股份有限公司	35.54	上海市
50	无锡产业发展集团有限公司	35.52	江苏省
51	巴中市国有资本运营集团有限公司	35.51	四川省
52	金华融盛投资发展集团有限公司	35.48	浙江省
53	绍兴市交通投资集团有限公司	35.47	浙江省
54	随州市城市建设综合开发投资有限公司	35.47	湖北省
55	上海大宁资产经营（集团）有限公司	35.45	上海市
56	合肥市建设投资控股（集团）有限公司	35.40	安徽省
57	天津津南城市建设投资有限公司	35.37	天津市
58	广元市园区建设投资有限公司	35.34	四川省
59	重庆市潼南区城市建设投资（集团）有限公司	35.32	重庆市
60	广州交通投资集团有限公司	35.32	广东省
61	福州开发区国有资产营运有限公司	35.31	福建省
62	成都交子金融控股集团有限公司	35.31	四川省
63	福建漳龙集团有限公司	35.30	福建省
64	乌鲁木齐城市建设投资（集团）有限公司	35.30	新疆维吾尔自治区
65	商洛市城市建设投资开发有限公司	35.28	陕西省
66	佛山市建设开发投资有限公司	35.24	广东省
67	临沂投资发展集团有限公司	35.17	山东省
68	上海陆家嘴（集团）有限公司	35.16	上海市
69	衡阳市城市建设投资有限公司	35.12	湖南省
70	舟山交通投资集团有限公司	35.10	浙江省
71	三明市投资发展集团有限公司	35.08	福建省
72	厦门经济特区房地产开发集团有限公司	35.07	福建省
73	达州市投资有限公司	35.07	四川省
74	宜宾市国有资产经营有限公司	35.07	四川省

续表

排名	公司名称	得分	省份
75	嘉兴市高等级公路投资有限公司	35.07	浙江省
76	宁德市国有资产投资经营有限公司	35.06	福建省
77	南京江北新区建设投资集团有限公司	35.05	江苏省
78	湖州市交通投资集团有限公司	35.03	浙江省
79	阜阳投资发展集团有限公司	35.03	安徽省
80	广州发展电力集团有限公司	35.02	广东省
81	青岛城市建设投资（集团）有限责任公司	34.98	山东省
82	成都市兴蓉环境股份有限公司	34.98	四川省
83	平顶山发展投资控股集团有限公司	34.94	河南省
84	邵阳都梁投资发展有限公司	34.93	湖南省
85	太原市龙城发展投资集团有限公司	34.90	山西省
86	乌鲁木齐高新投资发展集团有限公司	34.89	新疆维吾尔自治区
87	厦门火炬集团有限公司	34.89	福建省
88	盐城市交通控股集团有限公司	34.88	江苏省
89	石家庄市交通投资开发有限公司	34.84	河北省
90	青岛西海岸公用事业集团有限公司	34.84	山东省
91	茂名港集团有限公司	34.84	广东省
92	广安发展建设集团有限公司	34.84	四川省
93	自贡市国有资本投资运营集团有限公司	34.83	四川省
94	南昌轨道交通集团有限公司	34.81	江西省
95	上海市松江水业发展有限公司	34.80	上海市
96	南宁轨道交通集团有限责任公司	34.79	广西壮族自治区
97	长春高新技术产业（集团）股份有限公司	34.76	吉林省
98	徐州市交通控股集团有限公司	34.75	江苏省
99	宁波市供排水集团有限公司	34.75	浙江省
100	乌鲁木齐经济技术开发区建设发展总公司	34.73	新疆维吾尔自治区
101	南充发展投资（控股）有限责任公司	34.73	四川省
102	天津宝家堡投资控股（集团）有限公司	34.73	天津市
103	北京市海淀区国有资本经营管理中心	34.72	北京市
104	重庆渝涪高速公路有限公司	34.70	重庆市

续表

排名	公司名称	得分	省份
105	新疆生产建设兵团第十二师国有资产经营（集团）有限责任公司	34.68	新疆维吾尔自治区
106	成都兴城投资集团有限公司	34.67	四川省
107	温州高新技术产业开发区投资建设开发有限公司	34.66	浙江省
108	上海嘉定新城发展有限公司	34.65	上海市
109	广元市园区创业开发建设有限公司	34.65	四川省
110	珠海港控股集团有限公司	34.65	广东省
111	肇庆市国联投资控股有限公司	34.64	广东省
112	盐城高新区投资集团有限公司	34.63	江苏省
113	上海中环投资开发（集团）有限公司	34.61	上海市
114	乐山国有资产投资运营（集团）有限公司	34.58	四川省
115	淮安市水利控股集团有限公司	34.57	江苏省
116	青岛西海岸发展（集团）有限公司	34.56	山东省
117	湘潭九华经济建设投资有限公司	34.55	湖南省
118	日照港集团有限公司	34.50	山东省
119	济宁市城建投资有限责任公司	34.50	山东省
120	邵阳市城市建设投资经营集团有限公司	34.48	湖南省
121	嘉兴滨海控股集团有限公司	34.45	浙江省
122	贵州双龙航空港开发投资（集团）有限公司	34.44	贵州省
123	广西柳州市东城投资开发集团有限公司	34.42	广西壮族自治区
124	泉州文化旅游发展集团有限公司	34.40	福建省
125	潍坊滨海投资发展有限公司	34.39	山东省
126	柳州市城市投资建设发展有限公司	34.39	广西壮族自治区
127	淮安新城投资开发有限公司	34.39	江苏省
128	杭州市钱江新城投资集团有限公司	34.38	浙江省
129	随州市城市投资集团有限公司	34.36	湖北省
130	吉首市城市供水总公司	34.35	湖南省
131	乌鲁木齐经济技术开发区建设投资开发（集团）有限公司	34.34	新疆维吾尔自治区
132	北京金融街投资（集团）有限公司	34.34	北京市
133	十堰市城投置业有限公司	34.34	湖北省

续表

排名	公司名称	得分	省份
134	嘉兴市嘉秀发展投资控股集团有限公司	34.33	浙江省
135	广西绿城水务股份有限公司	34.33	广西壮族自治区
136	江西省萍乡市昌盛城市投资有限公司	34.32	江西省
137	南宁新技术产业建设开发总公司	34.32	广西壮族自治区
138	深圳市地铁集团有限公司	34.30	广东省
139	合肥鑫城国有资产经营有限公司	34.29	安徽省
140	成都交通投资集团有限公司	34.25	四川省
141	汕尾市投资控股有限公司	34.24	广东省
142	泸州市工业投资集团有限公司	34.22	四川省
143	邯郸市建设投资集团有限公司	34.22	河北省
144	长沙先导投资控股集团有限公司	34.21	湖南省
145	丽水市城市建设投资有限责任公司	34.21	浙江省
146	江苏省张家港经济开发区实业总公司	34.20	江苏省
147	珠海华发集团有限公司	34.19	广东省
148	伊犁哈萨克自治州财通国有资产经营有限责任公司	34.19	新疆维吾尔自治区
149	吉林市国有资本发展控股集团有限公司	34.19	吉林省
150	邯郸城市发展投资集团有限公司	34.18	河北省
151	成都产业投资集团有限公司	34.17	四川省
152	自贡高新国有资本投资运营集团有限公司	34.17	四川省
153	威海城市投资集团有限公司	34.17	山东省
154	江苏连云发展集团有限公司	34.16	江苏省
155	柳州市龙建投资发展有限责任公司	34.16	广西壮族自治区
156	南通经济技术开发区控股集团有限公司	34.16	江苏省
157	寿光市城市建设投资开发有限公司	34.13	山东省
158	汕头市投融资集团有限公司	34.12	广东省
159	青岛国信发展（集团）有限责任公司	34.12	山东省
160	毕节市碧海新区建设投资有限责任公司	34.11	贵州省
161	运城市城市建设投资开发集团有限公司	34.10	山西省
162	日照市城市建设投资集团有限公司	34.10	山东省
163	广西钦州临海工业投资有限责任公司	34.08	广西壮族自治区
164	绍兴市文化旅游集团有限公司	34.07	浙江省

排名	公司名称	得分	省份
165	福州市国有资产投资发展集团有限公司	34.07	福建省
166	温州市公用事业投资集团有限公司	34.04	浙江省
167	成都市公共交通集团有限公司	34.02	四川省
168	济南城市建设集团有限公司	34.01	山东省
169	绍兴市镜湖新区开发集团有限公司	34.01	浙江省
170	株洲市国有资产投资控股集团有限公司	34.00	湖南省
171	上海外高桥集团股份有限公司	33.98	上海市
172	呼和浩特春华水务开发集团有限责任公司	33.97	内蒙古自治区
173	杭州市地铁集团有限责任公司	33.95	浙江省
174	新疆可克达拉市国有资本投资运营有限责任公司	33.94	新疆维吾尔自治区
175	桐乡市城市建设投资有限公司	33.94	浙江省
176	广西正润发展集团有限公司	33.94	广西壮族自治区
177	上海闵行城市建设投资开发有限公司	33.92	上海市
178	宝鸡高新技术产业开发总公司	33.92	陕西省
179	杭州钱塘新区产业发展集团有限公司	33.89	浙江省
180	宁波经济技术开发区控股有限公司	33.88	浙江省
181	南京东南国资投资集团有限责任公司	33.87	江苏省
182	毕节市信泰投资有限公司	33.87	贵州省
183	望城经开区建设开发公司	33.87	湖南省
184	贵阳高科控股集团有限公司	33.86	贵州省
185	中原环保股份有限公司	33.85	河南省
186	上海市普陀区城市建设投资有限公司	33.84	上海市
187	三门峡市投资集团有限公司	33.84	河南省
188	邵阳市自来水公司	33.84	湖南省
189	武汉市市政建设集团有限公司	33.83	湖北省
190	上海崇明建设投资发展有限公司	33.83	上海市
191	唐山金融控股集团股份有限公司	33.83	河北省
192	渭南市城市投资集团有限公司	33.81	陕西省
193	衡阳市交通建设投资有限公司	33.80	湖南省
194	阿克苏地区绿色实业开发有限公司	33.80	新疆维吾尔自治区
195	天津滨海高新区资产管理有限公司	33.79	天津市

续表

排名	公司名称	得分	省份
196	上海南汇城乡建设开发投资总公司	33.79	上海市
197	广西百色百东投资有限公司	33.77	广西壮族自治区
198	萍乡市昌兴投资有限公司	33.77	江西省
199	泸州市高新投资集团有限公司	33.75	四川省
200	蚌埠高新投资集团有限公司	33.75	安徽省

　　通过对厦门两家平台及其他地区平台评价指标数据的对比分析，可以发现，除了具有高总资产、强大的盈利能力和合理的经营杠杆的特点外，厦门市政府平台在市场化运营方面表现出色。具体包括：积极推进企业管理制度改革、盈利能力和商业模式改革、人才培养改革和评估激励制度。厦门公司的行业主要存在于竞争激烈的领域。企业的发展是根据市场化、多元化的业务运营及融资来运作的。渠道广泛，一般中期票据、公司债券和超短期融资券等所有证券均在公开市场上发行。厦门投融资平台的发展模式可以为中国地方政府投融资平台的转型发展提供参考和启示。

　　此外，根据证监会行业分类标准，在市级平台200强榜单中，杭州市实业投资集团有限公司在综合类位居第一名，株洲市城市建设发展集团有限公司在综合类位居第八；佛山市公用事业控股有限公司在电力、热力、燃气及水生产和供应业位居第一。

三、县级150强

　　在全国参与排名的964家县级地方政府融资平台中，排名前150的平台公司如表5-6所示，得分为37.07~32.85分，入选榜单的平台所属区域中，江苏省、浙江省、四川省三个地区分别以41家、38家、18家位列第一、第二和第三名，其他省份公司入选平台家数分布较为均匀。建德市国有资产经营有限公司以37.07分居于榜首。

表5-6　中国地方政府投融资平台县级排名一览表

排名	公司名称	得分	省份
1	建德市国有资产经营有限公司	37.07	浙江省
2	浙江杭州青山湖科技城投资集团有限公司	37.05	浙江省
3	浙江国兴投资集团有限公司	36.97	浙江省

排名	公司名称	得分	省份
4	宁波市镇海区海江投资发展有限公司	36.48	浙江省
5	成都空港兴城建设管理有限公司	36.36	四川省
6	成都经济技术开发区国有资产投资有限公司	36.15	四川省
7	成都市郫都区国有资产投资经营公司	35.57	四川省
8	潍坊滨城投资开发有限公司	35.47	山东省
9	杭州富阳城市建设投资集团有限公司	35.31	浙江省
10	济宁市兖州区惠民城建投资有限公司	35.27	山东省
11	湖州南浔交通水利投资建设集团有限公司	35.15	浙江省
12	成都空港兴城投资集团有限公司	35.07	四川省
13	昆山国创投资集团有限公司	35.03	江苏省
14	平遥古城景区管理有限公司	34.99	山西省
15	成都新开元城市建设投资有限公司	34.98	四川省
16	绍兴市上虞区国有资本投资运营有限公司	34.95	浙江省
17	绍兴市柯桥区城建投资开发集团有限公司	34.95	浙江省
18	含山县城市建设投资有限公司	34.90	安徽省
19	成都市新津县国有资产投资经营有限责任公司	34.89	四川省
20	宁波市鄞城集团有限责任公司	34.88	浙江省
21	广州市番禺交通建设投资有限公司	34.85	广东省
22	新疆润盛投资发展有限公司	34.85	新疆维吾尔自治区
23	杭州市拱墅区经济发展投资有限公司	34.81	浙江省
24	邹城市恒泰建设发展有限公司	34.80	山东省
25	南京浦口经济开发有限公司	34.77	江苏省
26	嘉善县国有资产投资有限公司	34.75	浙江省
27	成都香城投资集团有限公司	34.72	四川省
28	苏州高新污水处理有限公司	34.63	江苏省
29	南京江宁滨江新城开发建设有限公司	34.62	江苏省
30	淄博市临淄区公有资产经营有限公司	34.56	山东省
31	太仓市资产经营集团有限公司	34.54	江苏省
32	厦门海沧投资集团有限公司	34.53	福建省
33	杭州西湖投资集团有限公司	34.48	浙江省
34	张家港保税区金港资产经营有限公司	34.41	江苏省

续表

排名	公司名称	得分	省份
35	启东市城市建设投资开发有限公司	34.41	江苏省
36	济宁市市中区城建投资有限公司	34.37	山东省
37	黑牡丹（集团）股份有限公司	34.35	江苏省
38	辽宁冠隆建设集团有限公司	34.29	辽宁省
39	江苏安东控股集团有限公司	34.29	江苏省
40	南京溧水经济技术开发集团有限公司	34.25	江苏省
41	成都市青白江区国有资产投资经营有限公司	34.23	四川省
42	孟州市投资开发有限公司	34.23	河南省
43	东台市国有资产经营有限公司	34.23	江苏省
44	济宁高新城建投资有限公司	34.21	山东省
45	徐州市贾汪城市建设投资有限公司	34.21	江苏省
46	长兴交通投资集团有限公司	34.20	浙江省
47	西安市浐灞河发展有限公司	34.15	陕西省
48	四川成阿发展实业有限公司	34.09	四川省
49	杭州余杭创新投资有限公司	34.07	浙江省
50	杭州市萧山区国有资产经营总公司	34.07	浙江省
51	宁波市奉化区投资有限公司	34.04	浙江省
52	宜兴市城市发展投资有限公司	34.02	江苏省
53	临汾市尧都区投资建设开发有限公司	34.01	山西省
54	常高新集团有限公司	34.00	江苏省
55	西峡县财和产业集聚区投资有限公司	33.99	河南省
56	平阳县国资发展有限公司	33.99	浙江省
57	闽西兴杭国有资产投资经营有限公司	33.98	福建省
58	聊城市安泰城乡投资开发有限责任公司	33.97	山东省
59	杭州萧山钱江世纪城开发建设有限责任公司	33.97	浙江省
60	江阴市公有资产经营有限公司	33.97	江苏省
61	无锡惠憬城市发展有限公司	33.91	江苏省
62	四川花园水城城乡产业发展投资开发有限责任公司	33.88	四川省
63	成都鑫华农业有限公司	33.88	四川省
64	老河口市建设投资经营有限公司	33.85	湖北省
65	杭州望海潮建设有限公司	33.83	浙江省

排名	公司名称	得分	省份
66	长兴城市建设投资集团有限公司	33.81	浙江省
67	浙江安吉国控建设发展集团有限公司	33.76	浙江省
68	乐清市国有投资有限公司	33.74	浙江省
69	南京高淳文化旅游投资有限公司	33.70	江苏省
70	广东顺德控股集团有限公司	33.70	广东省
71	如皋港务集团有限公司	33.70	江苏省
72	江苏润城资产经营集团有限公司	33.67	江苏省
73	江阴临港新城开发建设有限公司	33.67	江苏省
74	南京钟山资产经营管理集团有限公司	33.63	江苏省
75	成都天府水城城乡水务建设有限公司	33.61	四川省
76	贵州水城经济开发区高科开发投资有限公司	33.60	贵州省
77	南京溧水城市建设集团有限公司	33.60	江苏省
78	南京栖霞国有资产经营有限公司	33.59	江苏省
79	芜湖市镜湖建设投资有限公司	33.54	安徽省
80	邳州市恒润城市投资有限公司	33.52	江苏省
81	桐庐县国有资产投资经营有限公司	33.52	浙江省
82	成都市西汇投资有限公司	33.50	四川省
83	眉山市东坡发展投资有限公司	33.50	四川省
84	南京江宁城市建设集团有限公司	33.49	江苏省
85	利辛县城乡发展建设投资集团有限公司	33.48	安徽省
86	绍兴市上虞区交通集团有限公司	33.45	浙江省
87	温州市鹿城城市发展有限公司	33.43	浙江省
88	贵阳泉丰城市建设投资有限公司	33.40	贵州省
89	广州市番禺信息技术投资发展有限公司	33.39	广东省
90	射阳城市建设发展集团有限公司	33.37	江苏省
91	扬州市邗江城市建设发展有限公司	33.34	江苏省
92	遂宁市天泰实业有限责任公司	33.32	四川省
93	南通苏通科技产业园控股发展有限公司	33.32	江苏省
94	浏阳现代制造产业建设投资开发有限公司	33.32	湖南省
95	兰考县城市建设投资发展有限公司	33.29	河南省
96	海宁市资产经营公司	33.29	浙江省

续表

排名	公司名称	得分	省份
97	伊宁市国有资产投资经营（集团）有限责任公司	33.28	新疆维吾尔自治区
98	马鞍山郑蒲港新区建设投资有限公司	33.28	安徽省
99	宁波市江北区城市建设投资发展有限公司	33.27	浙江省
100	淄博般阳城市资产经营有限公司	33.24	山东省
101	靖江市滨江新城投资开发有限公司	33.24	江苏省
102	常熟市城市经营投资有限公司	33.24	江苏省
103	公安县城建投资有限公司	33.23	湖北省
104	广东南海控股投资有限公司	33.23	广东省
105	浙江德清交运投资建设有限公司	33.22	浙江省
106	枣庄市薛城区城市建设综合开发公司	33.21	山东省
107	湖州吴兴新业建设投资有限公司	33.21	浙江省
108	泰州华诚医学投资集团有限公司	33.19	江苏省
109	邹城市利民建设发展有限公司	33.18	山东省
110	龙翔投资控股集团有限公司	33.17	吉林省
111	江苏金坛投资控股有限公司	33.15	江苏省
112	珠海大横琴集团有限公司	33.15	广东省
113	福鼎市城市建设投资有限公司	33.13	福建省
114	金湖县国有资产经营投资有限责任公司	33.12	江苏省
115	福州市长乐区国有资产营运公司	33.08	福建省
116	贵州金凤凰产业投资有限公司	33.07	贵州省
117	秭归县楚元控股集团有限责任公司	33.07	湖北省
118	无锡市惠山国有投资控股集团有限公司	33.05	江苏省
119	龙海市国有资产投资经营有限公司	33.04	福建省
120	金华市金东城市建设投资集团有限公司	33.04	浙江省
121	沛县城市投资开发有限公司	33.04	江苏省
122	潜江市城市建设投资开发有限公司	33.04	湖北省
123	宜都市国通投资开发有限责任公司	33.04	湖北省
124	新沂市城市投资发展有限公司	33.04	江苏省
125	昆山城市建设投资发展集团有限公司	33.03	江苏省
126	南京溧水商贸旅游集团有限公司	33.02	江苏省
127	德清县恒达建设发展有限公司	32.98	浙江省

续表

排名	公司名称	得分	省份
128	宁海科创集团有限公司	32.97	浙江省
129	福建省晋江新佳园控股有限公司	32.97	福建省
130	沈阳市铁西区国有资产经营有限公司	32.97	辽宁省
131	绵阳宏达资产投资经营（集团）有限公司	32.94	四川省
132	沅江市城市建设投资开发有限责任公司	32.94	湖南省
133	成都兴锦生态建设投资集团有限公司	32.94	四川省
134	石柱土家族自治县鸿盛经济发展有限公司	32.94	重庆市
135	嵊州市投资控股有限公司	32.93	浙江省
136	桐乡市崇德投资发展集团有限公司	32.93	浙江省
137	杭州良渚文化城集团有限公司	32.93	浙江省
138	桂林新城投资开发集团有限公司	32.91	广西壮族自治区
139	苏州汾湖投资集团有限公司	32.91	江苏省
140	湖州东部新城投资发展集团有限公司	32.91	浙江省
141	成都天府新区投资集团有限公司	32.91	四川省
142	舟山金建投资有限责任公司	32.89	浙江省
143	贵阳白云城市建设投资集团有限公司	32.88	贵州省
144	无锡市锡西新城产业发展集团有限公司	32.88	江苏省
145	郯城县城市国有资产运营有限公司	32.87	山东省
146	绍兴市柯桥区国有资产投资经营集团有限公司	32.87	浙江省
147	武汉市江夏城投集团有限公司	32.86	湖北省
148	海城市金财土地房屋投资有限公司	32.85	辽宁省
149	南京市六合区国有资产经营（控股）有限公司	32.85	江苏省
150	贵阳观山湖投资（集团）有限公司	32.85	贵州省

江苏省以绝对优势占据县级排行榜有着深刻的内在原因：第一，江苏省各区、县的平均经济实力均较强，县级地区甚至可以与其他省份的市级地区一较高下。同时地方政府由于经济的良性循环，具备较强的财政实力，可以为平台公司提供更多的资源和资金支持，偿债能力也较好地得到了经济大环境和优良财政状况的支持。第二，江苏省地理位置优越，开放较早，公司的市场化程度较高，企业运营主要以市场为导向，在市场化运营中获得了相对更高的评分。

综合分析前150名的平台排行榜，在财务效益上，上述公司的总资产报酬率有优秀表现，主营业务的利润率相对较高，确保公司能够获得较高的利润和自有资金，实现资本的自我积累；在资产运营上，大部分公司在总体上能够保证公司净资产的不断积累；在发展能力方面，上述公司的利润率、销售增长率等都表现良好，但仍与省市级平台有较大差距。

此外，根据证监会行业分类标准，在县级平台150强榜单中，建德市国有资产经营有限公司在综合类位居第一；浙江国兴投资集团有限公司在建筑业类位居第一。

第六章 地方政府投融资平台转型发展评价

——以湖北省为例

第一节 湖北省经济财政情况分析

一、区域特征

湖北省，简称鄂，中华人民共和国省级行政区，省会武汉。位于中国的中部地区，东连安徽，西接重庆，西北与陕西相连，南邻接江西、湖南，北部则有河南与之接壤，位于北纬 $29°01'53''\sim33°6'47''$、东经 $108°21'42''\sim116°07'50''$，东西长约 740 千米，南北宽约 470 千米，总面积 18.59 万平方千米，占中国总面积比例为 1.94%。湖北省作为国家提高中部区域经济增长战略规划的重中之重，其体量居于全国中上游。

2019 年，湖北省共有 13 个地级行政区，当中有 12 个地级市、1 个自治州，分别是武汉市、黄石市、十堰市、宜昌市、襄阳市、鄂州市、荆门市、孝感市、荆州市、黄冈市、咸宁市、随州市，以及恩施土家族苗族自治州；4 个省直辖县级行政单位，包括 3 个县级市、1 个林区，分别是仙桃市、潜江市、天门市和神农架林区。

二、经济发展状况

（一）湖北省经济发展情况

经济总量居于全国中上游水平的湖北省，2019 年的生产总值为 45828.31 亿元，增长 7.5%。其中，第一产业所完成的增量为 3809.09 亿元，增长 3.2%；第二产业完成增加值19098.62亿元，增长8.0%；第三产业增量为22920.60亿元，增长7.8%。三次产业结构由2018年的8.5：41.8：49.7调整为8.3：41.7：50.0。在第三产业中，交通运输仓储和邮政业、批发和零售业、住宿和餐饮业、金融业、房地产业、其他服务业的各增加值分别为9.4%、5.3%、8.5%、7.1%、5.6%、9.2%。

2017年，湖北省GDP为36522.95亿元，依照可比价格计算，增长7.8%；2018年实现地区生产总值为39366.55亿元，同依照可比价格计算，增长7.80%，与上一年度基本持平，相较于全国均值，仍高出1.2%；2019年，湖北省综合经济实力持续增长，经济总量再上新台阶，其完成生产总值45828.31亿元，同比增长7.5%，增速较2018年下降0.3%，但仍高于全国1.4%，经济总量居全国第七位；与全国的平均水平相比，湖北省的人均GDP为77387元，高于全国均值，如图6-1所示。

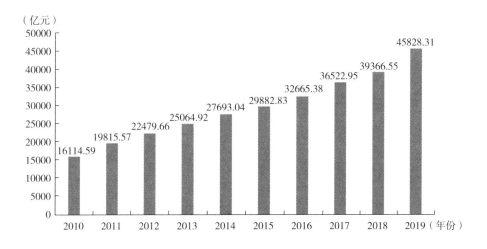

图6-1 2010~2019年湖北省GDP发展情况

湖北省在价格方面，整体上来说运行平稳。居民消费价格上涨3.1%，且涨幅比2018年提高1.2%。其中，城市上涨3.0%，农村上涨3.2%。根据不同类别，在八大类商品中，七类有所上涨，一类下降。其中，食品烟酒价格上涨7.0%，衣着价格上涨1.6%，居住价格上涨1.9%，生活用品及服务价格上涨0.4%，交通和通信价格下降0.7%，教文娱乐价格上涨2.5%，医疗保健价格上涨1.8%，其他用品和服务价格上涨2.6%。湖北省工业生产的出厂价格上涨0.2%，与之相对，购进价格则下降0.7%。

湖北省市场主体发展加快。全省新登记市场主体90.03万户，其中，私营企业有 25.13 万户的新登记量,该类数据在个体工商户类别中则为 62.73 万户。就业相对稳定。2019 年末,湖北省有 3548 万人的就业人员,其中有 2090 万人在城镇就业。全年全省城镇新增就业 92.15 万人,比上年增加 0.19 万人。针对城镇就业失业率,年末时湖北省这一数据为 2.44%,比上年末下降 0.11%。劳动生产率稳步提高。全省全员劳动生产率为 12.86 万元/人,比上年提高 8.5%。

(二) 湖北省固定资产投资情况

2019 年,湖北省固定资产投资增长保持稳定。全年完成了 10.6% 的固定资产投资增长额,与上一年相比,下降了 0.4%,但相较于全国而言,该数值仍高于全国平均水平 5.2 个百分点,全年保持在 10.5% ~ 10.8% 的合理区间。全省房地产开发投资增长 8.9%,商品房实现销售面积 8602.04 万平方米,下降 3.0%;实现销售额 7751.79 亿元,增长 2.9%。

2019 年,湖北省固定资产投资结构继续优化。根据产业分类,第一、二、三产业投资在全省的增长率分别为 18.6%、6.2%、13.2%,316 个省级在建重点建设项目的投资全年完成额为 2924.45 亿元(见图 6 - 2)。

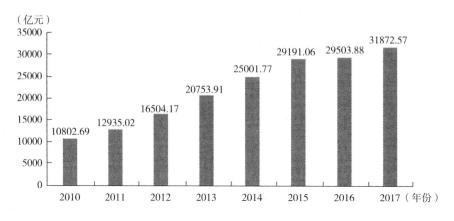

图 6 - 2 2010 ~ 2017 年湖北省固定资产投资情况

注:由于受新冠肺炎疫情影响,在《湖北省统计年鉴》中未找到 2018 年、2019 年数据。

(三) 湖北省区域经济发展特征

1. 中部重要工业基地,其支柱产业主要为汽车、石化和钢铁

说起中国的老重工业基地,湖北省必然有一席之地。纵使几十年的发展变革,汽车、钢铁、化工仍在全省乃至全国占据重要地位。当中,以东风汽车为例,湖北省已成为国内第三大汽车工业基地;宝武钢铁发展为全国最大的钢铁集团,它由宝钢和武钢合并而成;湖北省 2017 年石化行业的出口贸易额为 43 亿美元,同比增长 26.4%,居全国第 9 位、居中部第 1 位。在轻工、食品、光电子信

息产业，湖北省发展迅速，逐渐崛起。根据全国排名，其中农副食品加工位列第10位，塑料制品位列12位，饮料制造位列第8位，家电行业则居于全国第10位；光电子信息产业中，光纤光缆规模在全国和世界分别居于第一、第三的位置，激光产业规模全国第一，武汉光谷发展速度极快，一跃成为中国最大的光电子信息产业基地。

2. 中部持续崛起，经济与财力增长迅速，投资拉动贡献大

近年来，湖北省GDP维持快速增长。2013年GDP为2.46万亿元，居全国第九位，到2017年湖北省GDP为3.65万亿元，在全国排名上升到第7位，五年年均增长率超过8%，湖北省的城镇居民收入水平在全国居第13位，在中部地区居第2位，农村居民则在全国排在第9位，属于中部地区第1位；固定资产投资额3.19万亿元，在2017年居全国第6位，资源型、重工业在湖北省的经济模式中有较大比例，投资促进经济显著发展，在产业升级的大形势下，限制了投资规模，原先依靠要素投入、中低端竞争的发展路径，现今将难以维持，转型压力很大；同年，湖北省三次产业占比分别为10.3∶44.5∶45.2。纵使经济结构转变为“三二一”，与全国均值相比，第三产业占比仍然稍低，该数值为6.4%，两组中心（襄阳、宜昌）贡献下降，实体经济发展遇到阻碍，高新企业规模不足。但有利因素也很显著，“一带一路”、长江经济带、湖北自贸区、中部崛起、武汉建成国家中心城市、长江中游城市群建设等国家层面战略机遇重合，经济结构调整优化的趋势显著，情况较好。湖北地理位置优越、产业基础良好、科教资源丰富，工业化、城镇化加速发展，经济持续发展后劲不断加强，综合优势逐步转化。

三、财政实力

降费减负政策逐步施行，湖北省内企业经营效益增长的同时土地市场热度持续位于高位带动之下，2018年，湖北省的非税收收入有所降低，一般的公共预算收入存在回落情况，但与之相对应，税收收入维持增加态势，税收占比持续攀升，2018年，湖北省全年财政总收入为5684.85亿元，增长8.5%，当中地方一般公共预算收入为3307.08亿元，居全国各省排名第10位，同比增长1.81%，税收收入为24633.46亿元，其比率在一般公共预算收入中有所抬升，占比为74.49%，2017年该数值为69.2%，比较之下增加了5.29%，全年地方一般公共预算支出为7257.55亿元，比上年提升了6.7%。

2019年，湖北省财政收入继续稳步增长，全年完成财政总收入5786.86亿元，比上年增长了1.8%。其中，地方一般公共预算收入3388.39亿元，增长了2.5%。其中，税收收入2530.64亿元，提升了2.7%，税收收入占比74.69%，

相较于上一年稍有增长；地方一般公共预算支出 7967. 73 亿元，增长值为 9.8%。

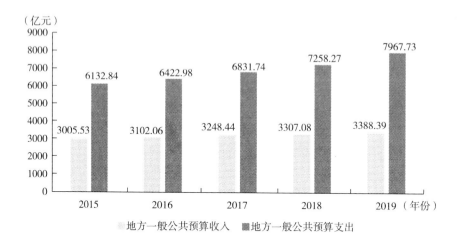

图 6 – 3　2015～2019 年湖北省地方财政收支情况

第二节　湖北省政府债务情况

一、总体债务情况分析

2019～2020 年以来，湖北政府债务继续扩大，绝对规模现今居于全国各省市中上游的位置，现今存量的政府债务形式体现为政府债券，2018 年末，湖北省较好地实现了政府债务发行，所发行的新增债务额为 1011.7 亿元，其中，一般债券 369.7 亿元，专项债券 642 亿元，募集资金主要用于易地扶贫搬迁、长江生态修复、农村人居环境政治、棚户区改造项目、土地储备项目等。发行置换债券 340 亿元，基本完成存量债务置换工作，缓解偿债压力和风险。湖北省政府债务余额为 6675.70 亿元，与 2017 年末相比增长 16.8%，在全国 36 各省（区、直辖市、计划单列市）中居于第 11 名，与 2017 年相比排名提升了 2 位。此外，随着政府的债务管控制度收紧，或有债务逐步减少，2018 年末，湖北省的或有债务余额为 2007.89 亿元，其中，政府负有担保责任的债务和可能承担一定救助责任的债务分别为 428.62 亿元和 1579.27 亿元，分别比 2017 年底下降 155.19 亿元和 190.68 亿元。

从发债主体所在的地方政府层级来看，湖北省政府债务在 2018 年末主要集中在市县级，主要体现在经济体量较大的市，如武汉市、襄阳市、宜昌市等，市本级年末余额为 3424.4 亿元，占全省的 51.3%。同时，湖北省县（市、区）级年末余额为 2910.8 亿元，占全省的 43.6%。此外，省本级也有少量政府债务，余额为 340.5 亿元，占比为 5.1%。

二、专项债情况分析

目前，地方政府债券是湖北省地方债务的主要存在形式。2018 年，湖北省发行地方政府债券 1351.15 亿元，其发债规模在全国 36 个已发债省市中居于第 12 名，其中，新增债券 1011.7 亿元、置换债券 148.49 亿元、再融资债券 190.95 亿元；项目收益自求平衡专项债券为 626.67 亿元。截至 2018 年末，湖北省政府债务中有 6647.85 亿元以政府债券形式存在（包括规模为 6552.85 亿元自发代还、自发自还的债券和规模为 95 亿元的 2014 年财政部代发代还地方政府债券），占地方政府债券余额的 99.58%。其余主要为供应商应付款、非银行金融机构融资、外债转贷等，财政部核定债务限额时统一收回了截至 2018 年末尚有的 10.2 亿元未置换额度。根据湖北省省财政厅《关于 2019 年省级预算调整方案的报告》，财政部核定，2019 年湖北省政府债务限额为 8416.30 亿元，与 2018 年新增债务限额相比多 1404.80 亿元。2019 年前三季度，湖北省发行的 1917.61 亿元地方政府债券中，1401.668 亿元为新增债券、515.93 亿元为再融资债券，9 月湖北省地方政府债券（含财政部代发、自行发行地方政府债券）余额为 8021.11 亿元，占全国地方政府债券余额的 3.79%，已基本使用完当年新增债券额度。

湖北省地方政府债务规模随着地方政府债券发行规模持续扩张，以中长期为主，期限结构相对合理。根据湖北省政府《关于 2018 年政府债务情况的说明》，经初步统计，2019 ~ 2021 年全省政府债务还本付息数额分别为 845.8 亿元、1107.2 亿元、1341.5 亿元，且发行再融资债券，借新还旧，也能在一定程度上释缓到期偿付压力。土地储备、收费公路及棚户区改造等项目收益与融资自求平衡专项债券发行规模逐步扩大，其收益可作为后续还本付息来源，具有一定的保障性。另外，新增债务须遵循严格的限额管理，而湖北省政府债务规模未超限额，或有债务逐步消减，以此来看湖北省政府债务风险整体可控。

三、城投债情况分析

城投债市场湖北省表现较为活跃。2018 年以来，湖北省城投债规模在全国处于中上水平，主要集中在极少数的地级市，如发行量较大的武汉市、宜昌市和襄阳市，其存量债券以及有息债券的规模在省内居于前三位。城投企业债负担上，2019 年 9 月末，城投债存续余额是当地 2018 年一般公共预算收入 1~1.64 倍的有黄石市、荆门市、宜昌市、随州市、咸宁市和潜江市，其他大部分州市的一般公共预算收入可覆盖城投债。但各州市城投企业带息债务偿付压力普遍偏大，除恩施州外，湖北省各地级市一般公共预算收入均不能完全覆盖城投企业带息债务。

2018 年城投债发行规模为 1062.2 亿元湖北省居全国各省中的第 8 位，2019 年前三季度城投债发行规模为 955.1 亿元，排在第 10 位。从城投企业存续债券规模来看，截至 2019 年 9 月末余额，存续城投债余额为 3627.77 亿元的湖北省在全国排在第 9 名（共有 31 个省级行政单位已发行城投债），债券余额较大。

对湖北省的城投债发行进行观察，我们可以发现，2018 年以来大部分地区均发行了债券，但是发债主要还是集中在少数经济发达的城市，其中，武汉市城投债发行额居于全省各市首位，2018 年发债额为 378.20 亿元，同比增长 29.65%，占全省（含省本级）城投债发行额的 35.61%；其次分别为宜昌市和襄阳市，其发债额度分别为 83.5 亿元和 56 亿元，相比上年有一定减少。其余地市级发行规模在 44 亿元以下。2019 年前三季度，宜昌市的发债频率上升，当期实现 105.5 亿元，超过上一年全年的综述；此外，荆门市和荆州市的发行量也明显增长，当期分别发行 40 亿元和 20.6 亿元。武汉市则仍保持在较大规模，当期实现 304.1 亿元。恩施州、仙桃市、天门市、神农架林区由于区域经济财力有限，自 2018 年以来还没有发行城投债。

第三节　湖北省及下辖区域地方政府投融资平台分析

一、湖北省城投平台概况

湖北省下辖 13 个地市（12 个地级市、1 个自治州）均发行过城投债。武汉、宜昌、襄阳和黄冈城投平台分别有 23 个、9 个、8 个和 7 个城投债发行人，其次荆州、黄石、随州、孝感城投平台分别由 6 个、4 个、4 个、3 个城投债发行人，十堰市 4 个、咸宁市 3 个、鄂州市 1 个、恩施州 1 个。

城投平均资产规模方面，以交通建设、铁路运输为主的湖北省级平台，平均资产在 1400 亿元左右；主要以武汉地铁、武汉城投为主的武汉市本级城投平台，平均资产在 850 亿元左右，武汉高新区的湖北科技投资集团资产规模超过 1200 亿元，武汉经开区城投平台资产规模为 321 亿元，其他各区平台资产规模多在

100 亿元左右；襄阳市、宜昌市本级平台平均资产分别在 650 亿元、500 亿元左右，襄阳其他各区城投平台资产规模在 100 亿元左右，宜昌各区平台平均资产在 150 亿元左右；黄冈、黄石市城投平台资产规模在 400 亿元左右；十堰市、随州市、荆门市、荆州市、咸宁市、孝感市、鄂州市及恩施州城投平台资产规模为 130 亿~250 亿元。

各地市城投发行人有息负债余额占 GDP 比重方面，武汉市"城投有息负债余额/GDP"比重达 32%，远高于其他市州，城投有息债务规模相对较重。其余各市，十堰市、黄石市、襄阳市、荆州市及宜昌市"城投有息负债余额/GDP"比重为 11%~16%，咸宁市、随州市、鄂州市、荆门市、黄冈市、恩施州及孝感市均低于 10%，城投债务负担相对较小。

城投企业对当地经济尤其固定资产投资的贡献方面，本书以当地城投企业（在建工程+固定资产投资+存货）及所在区域的固定资产投资比重衡量，并筛选出占比超过 20% 的发行人，以市辖区、县级市城投平台为主，这些城投发行人对当地固定资产投资贡献较大，具有一定的区域重要性。

二、排名情况

通过选取相关指标构建研究模型，中心课题组对湖北省地方政府投融资平台进行了分级排名。从主体评级来看，湖北省参与排名的 122 家企业中，评级为 AAA 级的有 10 家，AA+ 级的有 16 家，AA 级的有 67 家，AA- 级的有 22 家。主体评级为 AA 级及以上的企业占比为 76.23%。体现出湖北政府投融资平台总体具有较强的投融资能力。从入选企业的层级看，省级平台入选企业信用评级多为 AAA 级，市级、区县级平台入选企业主体信用以 AA 级别为主。其中，市级平台存在 6 家 AAA 级企业，但县级没有 AAA 级企业，AA+ 级别平台仅 1 家，说明县级投融资平台中缺乏有融资能力优秀的"龙头型"企业，需要企业转型升级，才能够为当地投融资平台的转型发展发挥引领作用。

（一）省级平台排名情况

湖北省级平台排名情况如表 6-1 所示，其中 AAA 级的有 4 家，分别为湖北省长江产业投资集团有限公司、湖北省联合发展投资集团有限公司、湖北省交通投资集团有限公司、湖北省铁路建设投资集团有限责任公司；AA+ 级的企业有 3 家，AA 级的企业有 4 家，反映出湖北省级平台优秀的投融资能力。从平台的主营业务看，湖北省级平台业务主要以交通、城市建设等基础设施建设为主，从平台的城市来看，主要分布在武汉市，可以看出武汉市各企业对于湖北省的发展具有带动作用。

表6-1　湖北省地方政府投融资平台省级排名一览表

排名	公司名称	评级
1	湖北省长江产业投资集团有限公司	AAA
2	湖北省联合发展投资集团有限公司	AAA
3	湖北楚天智能交通股份有限公司	AA +
4	湖北清能投资发展集团有限公司	AA
5	湖北省文化旅游投资集团有限公司	AA +
6	湖北省交通投资集团有限公司	AAA
7	湖北省高新产业投资集团有限公司	AA
8	湖北省宏泰国有资本投资运营集团有限公司	AA +
9	天门市城市建设投资有限公司	AA
10	湖北交投产城控股集团有限公司	—
11	湖北清江水电开发有限责任公司	AA
12	湖北省铁路建设投资集团有限责任公司	AAA

（二）地市级平台排名情况

湖北省地市级平台企业排名情况如表6-2所示，其中AAA级的6家，AA +级的12家，AA级的40家，AA -级的1家，入榜企业以AA级为主，反映出湖北省地市级平台也具备较好的投融资能力。从城市分布来看，AAA级企业几乎集中在省会成都市，AA +级企业分布于宜昌市、襄阳市等经济相对发达的地区，说明其他相应地市级区域应进一步加强对当地投融资平台的引导与支持。

表6-2　湖北省地方政府投融资平台地市级排名一览表

排名	公司名称	评级
1	襄阳东津国有资本投资集团有限公司	AA
2	武汉国有资产经营有限公司	AAA
3	随州市城市建设综合开发投资有限公司	AA
4	随州市城市投资集团有限公司	AA
5	十堰市城投置业有限公司	—
6	武汉市市政建设集团有限公司	AA
7	武汉市城市建设投资开发集团有限公司	AAA
8	汉江国有资本投资集团有限公司	AA +
9	黄石磁湖高新科技发展公司	AA
10	湖北宜昌交运集团股份有限公司	AA
11	武汉金融控股（集团）有限公司	AAA

续表

排名	公司名称	评级
12	武汉中央商务区投资控股集团有限公司	AA +
13	孝感市城市建设投资公司	AA
14	武汉地产开发投资集团有限公司	AAA
15	宜城市建设投资经营有限公司	AA
16	宜昌城市建设投资控股集团有限公司	AA +
17	宜昌高新投资开发有限公司	AA +
18	湖北省科技投资集团有限公司	AAA
19	随州高新技术产业投资有限公司	AA
20	武汉港务集团有限公司	AA
21	武汉地铁集团有限公司	AAA
22	荆门高新技术产业开发有限责任公司	AA
23	武汉商贸国有控股集团有限公司	AA
24	襄阳市住房投资有限公司	AA +
25	武汉航空港发展集团有限公司	AA +
26	宜昌交通旅游产业发展集团有限公司	AA
27	咸宁高新投资集团有限公司	AA
28	湖北大冶湖高新技术产业投资有限公司	AA
29	十堰经济开发区城市基础设施建设投资有限公司	AA
30	黄石市城市建设投资开发有限责任公司	AA
31	荆州开发区城市建设投资开发有限公司	AA
32	宜昌市城市建设投资开发有限公司	AA +
33	武汉旅游发展投资集团有限公司	AA +
34	武汉市都市产业投资集团有限公司	—
35	武汉车都集团有限公司	AA +
36	荆州海子湖投资有限公司	AA
37	黄石市国有资产经营有限公司	AA
38	武汉高科国有控股集团有限公司	AA +
39	襄阳高新国有资本投资运营集团有限公司	AA
40	孝感市高创投资有限公司	AA
41	武汉新港建设投资开发集团有限公司	AA
42	襄阳襄江国有资本投资运营集团有限公司	AA
43	黄冈市城市建设投资有限公司	AA

续表

排名	公司名称	评级
44	十堰国有资本投资运营集团有限公司	AA
45	武汉开发投资有限公司	AA +
46	武汉三镇实业控股股份有限公司	AA +
46	鄂州市城市建设投资有限公司	AA
48	随州市玉龙供水有限公司	A -
49	咸宁市城市建设投资开发有限公司	AA
50	枝江市国有资产经营中心	AA
51	荆州市城市建设投资开发有限公司	AA
52	武汉洪山城市建设投资有限公司	AA
53	石首市博雅城市建设投资有限公司	AA -
54	武汉车都四水共治项目管理有限公司	—
55	仙桃市城市建设投资开发有限公司	AA
56	枝江金润源建设投资控股集团有限公司	AA
57	荆门市交通旅游投资集团有限公司	—
58	湖北荆门城建集团有限公司	AA
59	湖北农谷实业集团有限责任公司	AA
60	武汉市轨道交通建设有限公司	—
61	黄石市众邦城市住房投资有限公司	AA
62	荆门市城市建设投资有限公司	AA
63	黄石市交通投资集团有限公司	AA
64	黄石新港开发有限公司	AA
65	宜昌市财政经济开发投资有限公司	AA

（三）区县级平台排名情况

湖北省区县级平台排名情况如表6-3所示，AA+级的有1家，为武汉市江岸国有资产经营管理有限责任公司，AA级的有23家，AA-级的有21家，入榜企业以AA级和AA-为主，占比分别为51.11%和46.67%。一方面，区县级企业中不乏评级为AA级及AA-级的企业，能够为当地其他投融资平台提供良好借鉴；另一方面，湖北省县级平台缺乏AAA级企业，所以需要进一步进行调整，促进企业转型发展，湖北省的21家AA-级平台中，需要积极谋求转型提振企业整体实力。

表 6-3 湖北省地方政府投融资平台区县级排名一览表

排名	公司名称	评级
1	老河口市建设投资经营有限公司	AA
2	公安县城建投资有限公司	AA -
3	秭归县楚元控股集团有限责任公司	AA -
4	潜江市城市建设投资开发有限公司	AA -
5	宜都市国通投资开发有限责任公司	AA
6	武汉市江夏城投集团有限公司	AA
7	阳新县城镇建设投资开发有限公司	AA -
8	宜昌伍家新城投资控股集团有限公司	AA
9	京山市京诚投资开发有限公司	AA -
10	嘉鱼县城镇建设投资有限公司	AA -
11	恩施城市建设投资有限公司	AA
12	湖北松滋金松投资控股集团有限公司	AA
13	武穴市城市建设投资开发有限公司	AA -
14	大悟县城市建设投资开发有限责任公司	AA -
15	南漳县建设投资集团有限公司	AA -
16	武汉市江岸国有资产经营管理有限责任公司	AA +
17	当阳市鑫源投资开发有限责任公司	AA
18	远安县栖凤城市建设投资开发有限公司	AA -
19	武汉市硚口国有资产经营有限公司	AA
20	钟祥市城市建设投资公司	AA
21	荆州市荆州区城乡建设投资开发有限公司	AA -
22	襄阳市襄州区建设投资经营有限公司	AA
23	宜昌市创元国有控股有限公司	AA
24	应城市蒲阳开发投资有限公司	AA
25	湖北夷陵经济发展集团有限公司	AA
26	蕲春县国建投资有限公司	AA
27	汉川市汉融投资建设开发有限公司	AA
28	红安县城市发展投资集团有限公司	AA -
29	洪湖市弘瑞投资开发有限公司	AA -
30	武汉市蔡甸城建投资开发集团有限公司	AA
31	大冶市振恒城市发展投资有限公司	AA
32	武汉市江夏农业集团有限公司	AA

续表

排名	公司名称	评级
33	广水市城市发展投资有限公司	AA -
34	黄梅县城市投资发展集团有限公司	AA -
35	安陆市建设开发投资有限公司	AA -
36	荆门市东宝区城乡建设投资有限公司	AA -
37	十堰市郧阳区城市投资开发有限公司	AA -
38	赤壁市蓝天城市建设投资开发有限责任公司	AA
39	浠水县凤鑫投资开发有限公司	AA
40	枣阳市城市建设投资经营有限公司	AA
41	监利县丰源城市投资开发有限责任公司	AA -
42	谷城县建设投资经营有限公司	AA
43	武汉市黄陂区城建投资开发有限公司	AA
44	孝昌县顺和开发投资有限责任公司	AA -
45	武汉蔡甸生态发展集团有限公司	AA

第四节　湖北省地方政府投融资平台转型发展建议

一、指导思想

以习近平新时代中国特色社会主义思想为指导，深入贯彻党的十九大精神，按照党中央、国务院关于加强地方政府债务管理及深化国有企业改革的要求，落实《国务院关于加强地方政府性债务管理的意见》（国发〔2014〕43 号）、《湖北省人民政府关于加强管理促进省级国有投融资平台公司规范发展的试行意见》（鄂政发〔2011〕14 号）等文件要求，强化防范和化解地方政府性债务风险责任，以管资本为主推动国有资产监督管理机构职能转变，加快优化国有经济布局、明晰企业功能定位、转变发展方式、增强投融资能力、深化企业结构调整和治理结构改革，促进国有企业真正成为依法自主经营、自负盈亏、自担风险、自我约束、自我发展的独立市场主体，通过市场化方式为湖北省发展做出更大的贡献。

二、转型升级的目标

（一）明确定位，加快转型

根据"投资—运作—运营"三层主体运作模式，公司层级合理压缩，责任定位和主营业务明确，城市投资平台从过去依靠金融融资转变为市场有针对性的融资职能，优先考虑公益基础设施。根据现代企业制度的要求，完善公司章程，优化治理结构；经过战略转型和发展，真正成为一个独立经营、自筹资金、自我规范、自我发展的独立市场经济体。

（二）政企分开，化解债务

全面清理和验证公司目前对政府债务的承诺，合理划分政府和公司的偿债义务。企业须规范融资行为，不再承担政府融资职能，扩大经营现金流，提高信用等级和融资能力，拓宽融资渠道；推动国有企业以市场化的方式参与政府投资项目建设，实现统一的投融资闭环体系。

（三）权责明确，放管结合

按照明确的权利和责任，管理与监管相结合，监管的高效率要求，通过资本管理，国有资产监管权力清单，完善国有资产监督管理体制。确定责任清单。分离所有权和管理权。实行明确的权责划分制度，健全公司治理结构，防范国有资产流失，增强国有企业活力，提高国有资本的运作效率，努力提升国有资产价值。

（四）分类管理，分业经营

根据国有资本的战略定位和发展目标，结合企业的具体情况，将国有企业分为商业类和公益类，实行分类管理。商业国有企业充分参与市场竞争，依法独立经营，承担自身损益，自担风险，自律发展。公益性国有企业努力实现保障民生、服务社会的目标。

三、转型升级的原则

（一）多元化原则

要发挥国有经济的主导作用，增强国有经济的活力和影响力，同时坚定不移地走多元化发展道路。发挥市场在资源配置中的决定性作用，实现公司股权的多元化改革，重新配置国有资本和社会资本，以维持和增加国有资产的价值，实现国家资产的最大化。

（二）市场化导向

平台公司必须在现有运营模式的基础上进一步完善，以市场化和专业化为指导，在转型升级的过程中，遵循市场经济规律的要求，创新转型，提升核心竞争力，完善现代企业制度，优化市场运作机制，与政府建立市场化合作机制。

（三）经营性导向

在功能定位方面，城市投资平台必须摆脱政府只能和融资工具的运作功能，通过业务拓展和运营管理能力的提升，提升城市投资平台的运营效率，从而提升其融资能力和债务偿还能力，为公益项目提供持续的财政支持。

（四）关系明晰化

城市投资平台的转型升级不是一步到位的，需要根据当地情况不断探索。政府城市投资平台的转型升级是要实现平台公司从政府投融资实体向真实市场实体转变。因此，要实现湖北省政府投资平台的转型升级，必须处理好两大关系。首先，处理好城市投资平台与政府的关系，逐步明确政府与城市投资平台的权利、责任和利润分工，最终实现政企分开。其次，处理好城市投资平台与市场的关系。平台公司应积极适应自己的角色变化，调整原有的业务模式，填补缺点，特别是企业管理的战略层面，根据市场环境和自身优势，通过战略规划明确发展方向。

四、湖北省转型发展的建议

（一）分类整合、增强融资能力

湖北省政府在进行投融资、发展经济的过程中，城投平台公司是最为重要的载体。未来，在充分了解全省经济发展现状的基础上，结合湖北省各区域的功能定位及产业特征，按照各公司的自身优势，对区域内国有资产资源进行集中整合，将优质资产、重要资源注入资质好、有前景的重点平台公司，以扩大公司规模、增加现金流、提升信用评级、增强融资能力。

从各地政府城投平台当前发展经验来看，由于交通投资运营和城市运营具备较为优良的现金流，所以，湖北省各级政府可以优先整合资源打造交通类和城市运营类平台公司，待其具备持续运营能力后，根据实际需求再行组件其他类型平台公司。同时，可按照"投资—功能—运作"模式，整合国有资产和资源，逐步培养具备优秀营业收入及现金流的国有资产控股集团，推动国有资本做大做强。针对多元化融资，统筹重组、优化配置城市建设城投平台资源，提升其融资能力，解决湖北省各区域城市建设和运营中存在的资金困难，保障湖北省城建工作顺利开展。

（二）建立现代企业制度，健全治理结构

首先，城市投资平台需要建立健全内部治理结构，改变行政管理的现状，转变为市场化的企业管理。这就要求城市投资平台进一步明确与地方政府的关系，明确政府和企业责任，减少行政干预，有足够的自治权和决策权。同时，完善董事会、党委、员工代表大会等制度，确立公司的发展方向，维护公司的合法权益。其次，建立现代企业制度以达到产权明晰、权责明确、政企分开、管理科学的目标，从而提升公司的经营管理效率。再次，明确公司人员身份，建立和完善差异化薪酬分配方式，使其适应企业结构和市场机制，同时，将薪酬分配与业务绩效相结合，进而提升企业的经营效率。建立以市场为基础的进入和离开的选择和就业机制，收入可以增加和减少。最后，建立人力资源管理和控制体系。注重挖掘优质的人力资源，培养优秀的经营管理人才团队；整合人力资源，优化其配置机制，通过人才流动和优化配置培养出专业人才团队；加强青年人才的培养和利用，优化人才结构，为城市投资平台的转型升级和可持续发展提供人力资源保障。

第七章　地方政府投融资平台
转型发展评价
——以四川省为例

第一节　四川省经济财政情况分析

一、区域概况

四川地处中国西部，是西南、西北和中部地区的重要接合部，是承接华南华中、连接西南西北、沟通中亚南亚东南亚的重要交汇点和交通走廊，也是对接国家向西向南开放、打造"一带一路"倡议和长江经济带联动发展战略的纽带和核心腹地。四川省面积 48.6 万平方千米，居中国第五位，下辖 21 个市（州），183 个县（市、区），是我国的资源大省、人口大省、经济大省。

自古以来，四川就享有"天府之国"的美誉，优越的地理条件和经济条件，使四川成为中国经济开发最早的地区之一。近年来，四川作为中国内陆开放经济高地，深度融入"一带一路"建设，结合长江经济带发展、新一轮西部大开发等国家战略，持续深化与兄弟省份和中国香港、中国澳门的务实合作，加大中国（四川）自由贸易试验区改革力度，加快推进与德国、法国、意大利、欧洲、韩国等国家和地区合作园区建设，成功举办 G20 财长和央行行长会、《财富》全球论坛、世界华商大会等重大展会论坛，与 220 多个国家和地区建立了经贸关系，17 个国家在四川设立领事机构，在川落户世界 500 强企业达 347 家。此外，四川还是中国国宝大熊猫重要的生活栖息地，具有丰富的旅游资源。2018 年四川省旅游总收入超过 1 万亿元，文化及相关产业增加值达到 1700 亿元。未来四川还将重点建设"大九寨""大峨眉""大熊猫"，以及茶马古道等世界级文化旅游精品，着力宣扬并传承四川悠久的历史文化。

二、区域经济情况

四川省地区生产总值于 2018 年突破 4 万亿元大关，首次实现 3 年迈上一个万亿元台阶，经济总量居全国第 6 位、西部第 1 位。2018 年 GDP 为 40678 亿元，人均 GDP 为 48998 元，全国排名第 6 位和第 18 位，实际和名义增速为 8% 和 10%，城乡居民人均可支配收入分别为 33216 元和 13331 元，分别增长 8% 和 9%。2019 年 GDP 为 46615.8 亿元，人均 GDP 为 55888 元，全国排名分别为第 6 位和第 18 位；城乡居民人均可支配收入分别为 36154 元和 14670 元，分别增长 8.8% 和 10%。

现阶段，四川省以传统资源型和原材料工业、重化工产业为主的产业层次仍面临较大提升空间，已逐步形成以电子信息、装备制造、食品饮料、先进材料、能源化工 5 个万亿级支柱产业和数字经济为主体的产业体系，其中代表性龙头企业如四川省电力公司、四川长虹电子、五粮液集团、新希望集团和攀钢集团等。同时，以现代金融、科学研究、软件信息等为代表的现代服务业快速发展，服务业对全省经济发展的拉动作用愈发突出。

四川省现正处于工业化中期，受益于经济结构战略性调整，全省经济增长已由工业主导转变为由工业和现代服务业双主导的产业结构。全省第三产业增加值自 2016 年超越第二产业以来，于 2018 年首次在产业结构占比中突破 50%，成为经济发展新引擎。2019 年全省实现第一产业增加值 0.48 万亿元，同比增长 2.8%；第二产业增加值 1.74 万亿元，同比增长 7.5%；第三产业增加值 2.44 万亿元，同比增长 8.5%。

三、区域财政状况

2016～2019 年，受企业盈利状况持续改善、土地及房地产市场景气度较高等因素影响，四川省一般公共预算收入稳定增长，但增速有所放缓；土地市场行情走高推动全省政府性基金预算收入的显著提升，2018 年实现政府性基金收入 3821.9 亿元，同比增长 43.5%；国有资本经营预算收入基本保持稳定。总体来看，由于我国经济已进入"增速换挡"期，四川省经济增速有所下调，地方财政收入的增速也随之放缓。但四川省地方一般公共预算收入、政府性基金收入规模依然可观，而且四川省下辖市县众多、人口基数大，加之处于国家西部大开发重点支持区域，近年来全省所获得的上级补助收入规模也持续稳定增长，未来四川省的可支配财力依然强大。2016～2019 年四川省财政收入具体情况如表 7-1 所示。

表 7-1   2016~2019 年四川省财政收入规模   单位：亿元

项目	2016 年	2017 年	2018 年	2019 年
地方一般公共预算收入	3388.9	3578.0	3911.0	4070.7
其中：税收收入	2329.2	2430.3	2819.8	2888.8
政府性基金预算收入	1699.6	2663.0	3821.9	—
国有资本经营预算收入	86.0	80.4	90.5	—

第二节   四川省政府债务情况

一、地方政府债务情况

2018 年，四川省政府债务限额为 10280 亿元，当年全省累计发行地方政府债券 2183.75 亿元，其中新增债券 1065.29 亿元、置换债券 662.52 亿元、再融资债券 455.94 亿元。四川省政府债务规模较大，2018 年末全省政府债务余额为 9298 亿元，较上年增加 795 亿元。与财政收入相比，2018 年末四川省政府债务余额是 2018 年全省一般公共预算收入的 2.4 倍；考虑到政府性基金预算收入和国有资本经营预算收入，当年末四川省政府债务余额是上述三项收入合计的 1.2 倍。

根据《关于四川省 2019 年财政预算调整方案的报告》，经国务院批准，财政部核定，2019 年四川省政府债务限额为 11731 亿元，较 2018 年新增债务限额 1451 亿元；财政部核定的四川省 2019 年地方政府再融资债券发行规模上限为 773 亿元。2019 年前三季度，四川省累计发行地方政府债券 2109.62 亿元，其中新增债券 1444.91 亿元（含项目收益与融资自求平衡专项债券 980 亿元）、再融资债券 664.71 亿元。截至 2019 年 9 月末，四川省地方政府债券余额（含代发债券）为 10559.11 亿元，占 2019 年四川省政府债务限额的 90.0%；再融资债券在计划额度内仍有发行空间。

四川省政府债务规模实行限额管理，目前全省政府债务余额距国务院批准的政府债务限额尚有一定空间；2019 年以来四川省发行多期城乡基础设施建设专项债券，项目收益与融资自求平衡专项债券的偿债资金来源多样化，且再融资债券的发行在一定程度上缓解了地方政府债务偿付压力。整体来看，四川省政府债务风险相对可控。

二、城投债情况分析

2019 年，四川省政府投融资平台（包括未在排名表内的平台）主要通过发行公司债及银行间债务融资工具进行债券融资，通过发行公司债、中期票据、定向工具和短期融资券等产品共融资 125 亿元。

如表 7 - 2 所示，企业债方面，2019 年全年，四川省国企共发行企业债 1 期，规模上，企业债融资规模合计 10 亿元。公司债融资方面，2019 年全年四川省国企发行了 50 只公司债（包括 10 只公募公司债和 40 只私募公司债），融资金额554.9 亿元。

表 7 - 2 四川省国企 2019 年各类债券发行数量及规模

债券品种	细分品种	发行只数	融资规模（亿元）
企业债	一般企业债	1	10
	集合企业债	0	0
公司债	公开发行	10	140
	非公开发行	40	414.9
银行间债务融资工具	中期票据 MTN	49	433
	定向工具 PPN	43	262.9
	短期融资券 CP/SCP	21	150
合计		12	125

注：无发行金额债券未做统计。

数据来源：Wind 咨询客户端。

第三节 四川省及下辖区域地方政府投融资平台分析

一、国有平台公司概况

四川省国有平台公司分区域来看，成都市城投企业最多，共 54 家；泸州市、眉山市、绵阳市城投企业数在 10 家及以上，分别为 12 家、10 家和 10 家；攀枝花市、自贡市、雅安市、凉山州等市（州）发债城投企业数量相对较少。阿坝州和甘孜州无城投企业，四川省城投企业有一半集中分布在成都市，从侧面也反映出四川各区域的发展是极不平衡的，成都以外的地级市与其相比实力悬殊。

从各区域广义地方负债率来看（广义地方债务余额/GDP，其中广义地方债务余额＝城投有息负债＋地方债务余额），较高的地级市依次为巴中市、泸州市、眉山市、成都市，其中巴中市广义负债率高达 92.9%；从广义债务率水平来看（广义地方债务余额/地方综合财力），较高的地级市为成都市、绵阳市、资阳市、泸州市、巴中市，分别为 344.5%、269.7%、264.2%、260.7% 和 257.2%。

截至 2019 年底，四川国有平台公司有息债务总额为 31492.8 亿元，其中成都市城投有息债务为 8902.1 亿元，占比 28.3%；省本级平台企业（含天府新区）有息债务为 15356.1 亿元，占比 48.8%；存量债券余额总计 5588.4 亿元，其中成都市存量债券余额 1902.4 亿元，占比 34.0%，省级平台债券余额为 1623.8 亿元，占比 29.1%。从存量债券占有息债务比重看，巴中市、广安市、雅安市占比较高，均在 40% 以上。

二、排名情况

根据课题组构建的模型体系，参与排名的四川省平台类国企为 165 家，数量位列西部地区第一。从入榜企业的主体评级来看，AAA 级的有 13 家、AA＋级的有 22 家、AA 级的有 101 家、AA－级的有 16 家，AAA 级和 AA＋级合计占比为 21.21%、AA 级占比为 61.21%，体现出四川政府投融资平台总体具有较强的投融资能力。从入选企业的层级看，省、市级平台入选企业多为 AAA 级，市级、区县级平台入选企业以 AA 级别为主。其中，市级平台存在 10 家 AAA 级企业，包括成都环境投资集团有限公司、成都高新投资集团有限公司、成都交子金融控股集团有限公司、宜宾市国有资产经营有限公司、成都市兴蓉环境股份有限公司、成都兴城投资集团有限公司、成都交通投资集团有限公司、成都产业投资集团有限公司、成都轨道交通集团有限公司、成都城建投资管理集团有限责任公司；区县级平台存在 1 家 AAA 级企业，即成都天府新区投资集团有限公司，说明四川省各级投融资平台中都不乏融资能力优秀的"龙头型"企业，能够为当地投融资平台的转型发展发挥引领作用。各级平台具体评级情况如表 7-3 所示。

表 7-3　四川省各级平台具体评级情况

平台级别	AAA 级	AA＋级	AA 级	AA－级	A－级
省级	2	3	3	0	/
市级	10	7	56	5	/
区县级	1	12	42	11	/
合计	13	22	101	16	0

四川省各级地方政府投融资平台具体排名情况如下：

（一）省级平台排名情况

四川省共有8家省级平台企业上榜，企业名称及得分情况如表7-4所示，其中AAA级企业有2家，分别为四川发展（控股）有限责任公司和四川省投资集团有限责任公司；AA+级企业有3家，AA级企业有3家，反映出四川省级平台优秀的投融资能力。从平台的主营业务看，四川省级平台业务主要以交通、水电基础设施建设为主，符合四川省作为"一带一路"倡议和长江经济带联动发展战略的纽带与核心腹地的战略定位要求。

表7-4　四川省地方政府投融资平台省级排名一览表

排名	公司名称	得分	评级
1	四川发展（控股）有限责任公司	36.63	AAA
2	四川金鼎产融控股有限公司	33.59	AA+
3	四川省港航开发有限责任公司	31.65	AA+
4	四川省紫坪铺开发有限责任公司	31.42	AA
5	四川省水电投资经营集团有限公司	31.15	AA+
6	四川铁投城乡投资建设集团有限责任公司	30.85	AA
7	四川省投资集团有限责任公司	30.23	AAA
8	四川成南高速公路有限责任公司	25.94	AA

（二）地市级平台排名情况

四川省共有81家地市级平台参与排名，如表7-5所示，其中AAA级10家，AA+级7家，AA级56家，AA-级5家，入榜企业以AA级为主，反映出四川省地市级平台也具备较好的投融资能力。从城市分布来看，AAA级企业几乎全部集中在省会成都市，AA+级企业分布于成都市、绵阳市、泸州市等经济相对发达的地区，说明其他相应地市级区域应进一步加强对当地投融资平台的引导与支持。

表7-5　四川省地方政府投融资平台地市级排名一览表

排名	公司名称	得分	评级
1	成都经济技术开发区建设发展有限公司	36.94	AA+
2	广元市投资控股（集团）有限公司	36.55	AA
3	成都环境投资集团有限公司	36.30	AAA
4	成都文化旅游发展集团有限责任公司	36.06	AA+
5	成都高新投资集团有限公司	35.79	AAA

续表

排名	公司名称	得分	评级
6	德阳经开区发展（控股）集团有限公司	35.68	AA
7	四川纳兴实业集团有限公司	35.64	AA
8	巴中市国有资本运营集团有限公司	35.51	AA
9	广元市园区建设投资有限公司	35.34	AA
10	成都交子金融控股集团有限公司	35.31	AAA
11	达州市投资有限公司	35.07	AA
12	宜宾市国有资产经营有限公司	35.07	AAA
13	成都市兴蓉环境股份有限公司	34.98	AAA
14	广安发展建设集团有限公司	34.84	AA
15	自贡市国有资本投资运营集团有限公司	34.83	AA
16	南充发展投资（控股）有限责任公司	34.73	AA
17	成都兴城投资集团有限公司	34.67	AAA
18	广元市园区创业开发建设有限公司	34.65	—
19	乐山国有资产投资运营（集团）有限公司	34.58	AA +
20	成都交通投资集团有限公司	34.25	AAA
21	泸州市工业投资集团有限公司	34.22	AA
22	成都产业投资集团有限公司	34.17	AAA
23	自贡高新国有资本投资运营集团有限公司	34.17	AA
24	成都市公共交通集团有限公司	34.02	AA
25	泸州市高新投资集团有限公司	33.75	AA
26	泸州市兴泸投资集团有限公司	33.72	AA +
27	眉山市资产经营有限公司	33.37	AA
28	泸州市基础建设投资有限公司	33.03	AA
29	绵阳市投资控股（集团）有限公司	32.89	AA +
30	泸州阜阳投资集团有限公司	32.83	AA
31	遂宁发展投资集团有限公司	32.72	AA
32	绵阳科技城发展投资（集团）有限公司	32.61	AA
33	成都兴城人居地产投资集团股份有限公司	32.45	AA
34	邛崃市建设投资集团有限公司	32.44	AA
35	眉山发展（控股）有限责任公司	31.98	AA
36	凉山州发展（控股）集团有限责任公司	31.90	AA
37	泸州市农村开发投资建设有限公司	31.84	—

续表

排名	公司名称	得分	评级
38	遂宁柔刚投资有限责任公司	31.68	AA
39	成都轨道交通集团有限公司	31.41	AAA
40	彭州市国有投资有限公司	31.37	AA
41	泸州市龙驰实业集团有限责任公司	30.80	AA
42	德阳发展控股集团有限公司	30.71	AA +
43	内江兴元实业集团有限责任公司	30.64	AA
44	内江投资控股集团有限公司	30.63	AA
45	都江堰兴市集团有限责任公司	30.52	AA
46	眉山岷东开发投资有限公司	30.51	AA
47	四川龙阳天府新区建设投资有限公司	30.44	AA
48	绵阳经开投资控股集团有限公司	30.37	AA
49	攀枝花市国有投资（集团）有限责任公司	30.32	AA
50	资阳市水务投资有限责任公司	30.29	AA
51	成都交投智慧停车产业发展有限公司	30.25	—
52	四川天盈实业有限责任公司	30.05	AA
53	广安鑫鸿投资控股有限公司	30.05	AA
54	成都城建投资管理集团有限责任公司	29.83	AAA
55	达州市国有资产经营管理有限公司	29.81	AA
56	泸州兴阳投资集团有限公司	29.72	AA
57	达州发展（控股）有限责任公司	29.59	AA
58	彭州市统一建设集团有限公司	29.56	AA –
59	射洪市国有资产经营管理集团有限公司	29.56	AA –
60	绵阳新兴投资控股有限公司	29.41	AA
61	什邡市国有投资控股集团有限公司	29.40	AA
62	内江建工集团有限责任公司	29.19	AA
63	遂宁市富源实业有限公司	29.18	AA
64	泸州汇兴投资集团有限公司	29.12	AA
65	泸州市交通投资集团有限责任公司	28.88	AA
66	四川通融统筹城乡建设投资有限公司	28.87	AA
67	遂宁市河东开发建设投资有限公司	28.82	AA
68	广安交通投资建设开发集团有限责任公司	28.82	AA –
69	广安经济技术开发区恒生投资开发有限公司	28.82	AA

续表

排名	公司名称	得分	评级
70	南充航空港投资开发有限公司	28.57	AA
71	泸州市兴泸水务（集团）股份有限公司	28.49	AA
72	成都市现代农业发展投资有限公司	28.45	AA +
73	雅安发展投资有限责任公司	28.43	AA
74	南充市嘉陵发展投资有限公司	28.37	AA −
75	四川阆中名城经营投资有限公司	28.05	AA −
76	遂宁开达投资有限公司	27.96	AA
77	都江堰兴堰投资有限公司	27.80	AA
78	资阳市城市建设投资有限公司	27.37	AA −
79	泸州临港投资集团有限公司	26.05	AA
80	都江堰新城建设投资有限责任公司	26.05	AA
81	成都金融城投资发展有限责任公司	25.82	AA

（三）区县级平台排名情况

四川省参与排名的区县级平台共有 76 家，如表 7 - 6 所示，其中 AAA 级的有 1 家，为成都天府新区投资集团有限公司；AA + 级的有 12 家，AA 级的有 42 家，AA − 级的有 11 家，入榜企业以 AA 级为主，占比 56%。一方面，区县级企业中不乏评级为 AA + 级及以上的企业，能够为当地其他投融资平台提供良好借鉴；另一方面，四川省的 11 家 AA − 级区县级企业，反映出部分区县级平台融资能力较弱，需要积极谋求转型提振企业整体实力。

表 7 - 6　四川省地方政府投融资平台区县级排名一览表

排名	公司名称	得分	评级
1	成都空港兴城建设管理有限公司	36.36	AA
2	成都经济技术开发区国有资产投资有限公司	36.15	AA +
3	成都市郫都区国有资产投资经营公司	35.57	AA
4	成都空港兴城投资集团有限公司	35.07	AA +
5	成都新开元城市建设投资有限公司	34.98	AA
6	成都市新津县国有资产投资经营有限责任公司	34.89	AA
7	成都香城投资集团有限公司	34.72	AA +
8	成都市青白江区国有资产投资经营有限公司	34.23	AA
9	四川成阿发展实业有限公司	34.09	AA

续表

排名	公司名称	得分	评级
10	四川花园水城城乡产业发展投资开发有限责任公司	33.88	AA
11	成都鑫华农业有限公司	33.88	AA +
12	成都天府水城城乡水务建设有限公司	33.61	AA
13	成都市西汇投资有限公司	33.50	AA
14	眉山市东坡发展投资有限公司	33.50	AA
15	遂宁市天泰实业有限责任公司	33.32	AA
16	绵阳宏达资产投资经营（集团）有限公司	32.94	AA –
17	成都兴锦生态建设投资集团有限公司	32.94	AA +
18	成都天府新区投资集团有限公司	32.91	AAA
19	绵阳惠东投资控股有限责任公司	32.32	—
20	简阳市水务投资发展有限公司	32.30	AA
21	成都隆博投资有限责任公司	32.09	AA
22	成都空港城市发展集团有限公司	31.38	AA
23	四川阳安交通投资有限公司	31.25	AA
24	绵阳安州投资控股集团有限公司	31.17	AA –
25	成都市兴城建实业发展有限责任公司	31.10	AA +
26	成都东方广益投资有限公司	31.05	AA
27	古蔺县国有资产经营有限责任公司	31.03	AA
28	四川爱众发展集团有限公司	30.78	AA
29	新津新城发展集团有限公司	30.68	AA
30	成都市蜀州城市建设投资有限责任公司	30.64	AA
31	成都兴蜀投资开发有限责任公司	30.60	AA
32	成都蜀都川菜产业投资发展有限公司	30.50	AA
33	金堂县兴金开发建设投资有限公司	30.49	AA
34	四川安汉实业投资集团有限公司	30.42	AA –
35	成都市金牛城市建设投资经营集团有限公司	30.41	AA +
36	仁寿发展投资集团有限公司	30.40	AA
37	成都武侯产业发展投资管理集团有限公司	30.34	AA +
38	彭山发展控股有限责任公司	30.28	AA –
39	宜宾市翠屏区国有资产经营管理有限责任公司	30.25	AA
40	金堂县现代农业投资有限公司	29.95	AA
41	成都花园水城城乡建设投资有限责任公司	29.94	AA

排名	公司名称	得分	评级
42	内江鑫隆国有资产经营有限责任公司	29.91	AA -
43	成都市融禾现代农业发展有限公司	29.82	AA
44	简阳发展（控股）有限公司	29.81	AA
45	峨眉山发展（控股）有限责任公司	29.78	AA
46	武胜城市投资有限公司	29.71	AA -
47	四川秦巴新城投资集团有限公司	29.71	AA
48	成都市润弘投资有限公司	29.57	AA
49	资中县兴资投资开发集团有限责任公司	29.57	AA -
50	成都武侯资本投资管理集团有限公司	29.47	AA +
51	成都市新津水城水务投资有限责任公司	29.42	AA
52	宜宾市南溪区财源国有资产经营有限责任公司	29.22	AA -
53	成都新城西城市投资经营中心	29.04	AA
54	隆昌发展建设集团有限责任公司	28.93	AA -
55	绵竹市金申投资集团有限公司	28.89	AA
56	内江人和国有资产经营有限责任公司	28.74	AA -
57	金堂县国有资产投资经营有限责任公司	28.73	AA
58	盐边二滩水务有限公司	28.67	—
59	四川仁寿鑫龙水务建设有限公司	28.58	A -
60	成都成华棚户区惠民改造建设有限责任公司	28.32	AA +
61	宜宾市叙州区国有资产经营有限公司	27.60	—
62	成都市新津县城乡建设投资有限责任公司	27.59	—
63	崇州市兴旅景区管理有限公司	27.58	AA
64	成都市瀚宇投资有限公司	27.56	AA
65	成都市新益州城市建设发展有限公司	27.43	AA
66	新津县交通建设投资有限责任公司	27.43	AA
67	成都市金牛国有资产投资经营集团有限公司	27.38	AA +
68	安岳县兴安城市建设投资开发有限公司	27.23	AA -
69	成都温江区国投兴城投资有限公司	26.88	AA
70	四川金财金鑫投资有限公司	26.78	A +
71	江油星乙停车场管理服务有限公司	26.76	—
72	简阳市现代工业投资发展有限公司	26.44	AA
73	成都市岷江自来水厂	26.43	—

排名	公司名称	得分	评级
74	眉山市东坡区益民供排水工程管理有限公司	26.22	—
75	成都成华旧城改造投资有限责任公司	25.71	AA +
76	峨眉山市汇源停车场服务管理有限公司	24.05	—

第四节 四川省地方政府投融资平台转型发展建议

当前，各项基础设施建设等城镇化举措都需要大量的资金支持，使得地方政府承受着巨大的资金压力，但相对微薄的地方政府收入和中央拨款却难以满足各项投资需求。而我国地方政府无法像西方发达国家一样通过发行政府债券等方式进行融资，地方政府融资渠道较为狭窄。

就四川省政府而言，一方面面临着已积压的大量地方债务，另一方面还肩负着持续推进城市化建设的任务，因此当前必须要实现四川省政府在举债融资和投融资平台方面的战略性转型，在帮助四川省地方政府逐渐清理地方债的同时，继续城市的基础设施建设，这对解决地方债务危机、推进城市化建设和促进区域经济发展有重大意义。综合四川当地经济发展的实际情况及特点，四川省政府投融资平台可以从以下几个方面实现转型。

一、打造市场化的投融资平台

政府投融资平台是政府为了融资而设立的企业，企业设立后，根据政府的规划主要通过负债进行融资，再按照政府的指示进行投资，融资后，企业的主要任务就是还款，政府通过出让土地使用权和各种补贴帮助投融资平台企业还款，地方政府依靠地方政府投融资平台募集资金，而地方政府投融资平台靠着地方政府的支持运营着，二者的关系密不可分。对于平台公司来说，其在转型发展过程中的任务主要有四点，包括促使地方政府项目建设资金的定期支付、重大基础设施项目建设的按期完成、避免债务风险的转嫁以及实现自身的可持续性发展。要完成这些任务，市场化转型势在必行，具体来说可以通过"市场化经营 + 市场化管理"双管齐下打造市场化投融资平台。

首先，地方政府投融资平台在融资经营过程中，应该坚持市场化法人的身份。同时，为缓解预期业绩突出、市场潜力较强的经营性项目在资金筹集方面的压力，可采取民间投资等多样化的方式进行融资，如 PPP、BT、BOT 等模式。例如四川省首个由 PPP 引导基金参股的项目，即绵竹市城乡供排水一体化 PPP 项目，该项目是国家第三批、四川省首批 PPP 示范项目。该项目以绵竹市住房和城乡建设局为实施机构，以博川水务投资有限公司为社会资本方，采用 TOT + BOT + ROT 的合作方式，以 3～4 年的建设期加 30 年的特许经营期为合作期限，共计约 7.69 亿元的投资额，目的是实现现有供排水资源体系的整合，从而提高城乡供排水的协调性、系统性和经济性。目前，该项目已成为四川省内水务 PPP 项目的典范和标杆，广泛受到行业权威机构的关注。

其次，在平台管理中需要通过逐步理清政府和投融资平台的关系，明晰各自职能，还投融资平台企业真正的市场主体地位。这样不仅能优化资源配置、促进公司发展，还有利于完善投融资平台企业的公司治理机制，降低因政企不分而滋生的腐败问题。例如，长虹集团改组为四川长虹电子控股集团有限公司，法人治理结构得到进一步完善。此次授权行为力度大、范围广，切实理顺了市委、市政府及国资部门同长虹控股集团间的政企关系，实现了政府部门由参与企业经营管理向以资本管理为主的职能转变，使企业作为市场主体的地位得到依法确立。并通过逐层在集团与子公司之间确立权责清单等相关制度，在责权下放的同时做到责权明晰和统一，从而有利于长虹更灵活地调度人事、投资等决策，充分激发企业的创造力和活力，形成企业自我经营、自我管理的内生增长动力，也使得我国的国企改革有了实质性的进展。作为四川省首批国企改革的试点企业，四川长虹电子控股集团有限公司通过公开选聘经理层、放开决策等措施推动了现代企业制度的构建和完善，不仅为自身的加速发展形成了有利环境、奠定了坚实的基础，而且其改革经验和措施对于其他国有企业的发展具有较高的借鉴意义。

二、建立规范的现代企业制度

明确政府与企业各自的职能，创新管理体制，使政府退出对投融资平台公司的直接管理，明确债务人和债权人的权责，谁借款，谁还款，在自身债务的压力下，企业会更加理性地去控制借款规模，保持合理的资产结构，提高资金使用率，促使企业向着高效、稳定的方向运转。地方政府投融资平台较一般企业有着它的特殊性，应创新投融资平台公司治理结构，并建立一套与之相匹配的公司管理制度，提高地方政府投融资平台的公司治理与企业的运营效率，从而促进地方政府投融资平台的战略转型。例如，在人才选用方面，为使管理层进一步职业化，平台公司应采用市场化的选拔任用机制，除保证董事会人员构成中有一定比例的政府委派人员外，还将日常事务的具体经营管理权限分配给职业经理人，而政府官员则不再直接参与。比如四川发展（控股）有限责任公司实行市场化选聘机制，主要通过常态化网络招聘、个性化猎头推荐、市场化公开选聘、专业化定向挖掘等方式，集聚和配置人才，实现了选人用人的市场化。目前，除上级组织任命的企业领导人员外，企业用工已 100% 实现了市场化选聘。此外，该公司还全面推行领导干部公开竞聘上岗制度，所有中层管理人员全部公开竞聘上岗，变"伯乐相马"为"赛场选马"。2016 年以来，公司先后举行了 4 次竞聘大会，通过员工参与、演讲竞聘、现场评分的方式，公开选拔出 32 名中层正职和 15 名中层副职，打破了论资排辈的习惯。

三、尝试多样化的融资方式

四川省投融资平台公司多以旅游、交通、水务及能源等重大基础设施建设项目为主要业务，资金缺口大且回收期较长，因此平台公司不仅要视具体负债情况合理规划债务规模，而且应采取多元化的融资渠道以创新融资模式，从而促进负债结构的优化。

一方面，为扩大融资规模，融资平台公司可通过上市实现境内外股市融资，如通过参股控股上市企业、公司整体完成上市，或借助兼并、重组等市场手段，从而有助于公司良性发展。另一方面，债权融资相比股权融资具有融资成本较低、融资速度较快、不易造成国有资本流失等优点，是适合四川省多数平台公司的选择。近年来伴随我国资本市场的不断发展，各种新型债务融资工具随之涌现。四川省完善绿色金融体系以更好地促进绿色产业加速发展，从而推动生态文明建设，2018 年发布《四川省绿色金融发展规划》，提出满足条件的企业和机构可以发行绿色债券和其他相关产品来筹集项目资金。该规划鼓励通过加强政策协调和工作沟通，以推动绿色公司债券"即报即审"政策得到有效实施。同时为拓宽融资渠道，可借助可续期债券和永续票据等产品来满足资金需求大、回收期限长的项目的融资需求。市级平台公司成都市兴蓉环境股份有限公司以自来水供水、污水处理为主业核心业务，同时经营垃圾焚烧发电、污泥处置等环保业务，其中公司主业核心业务具有明显的规模优势，在成都市中心城区占据垄断地位。2019 年 4 月，公司发行规模 8 亿元、发行利率 4.26% 的"19 兴蓉绿色债 01"，这是四川省公开发行的第一只绿色企业债券。拟使用本期债券募集资金中的 4 亿元用于成都市中和污水厂二期工程的项目投资，为企业项目运营的资金周转及当地的绿色发展提供了保障。

另一方面，受到新冠肺炎疫情影响，国家发展和改革委员会、中国银行保险监督管理委员会都为企业发行疫情防控类债券开放了绿色通道，大力支持企业在疫情期间发行相关债券保障当地疫情防治工作，2020 年 2 ~ 3 月也成为了四川省国有企业疫情防控债集中发行的"窗口"。例如为支持疫情防控工作，保障省内电力供应充足，2020 年 3 月 5 日，省级融资平台四川省能源投资集团有限责任公司发行了规模为 10 亿元的超短融资债券，作为我国西部地区公用事业首次发行的疫情防控超短融债券，此次部分募集资金将用于支付疫情期间川能水电的外部购电款项；3 月 10 日，省级平台四川省港航开发有限责任公司发行了规模 4 亿元、票面利率仅为 2.63％的疫情防控超短融资债券，达到了省内同评级同期限债券票面利率最低值，大大降低了企业的融资成本。

第八章　地方政府投融资平台
转型发展评价

——以内蒙古自治区为例

第一节　内蒙古自治区经济财政情况分析

一、区域概况

位于我国北部边疆的内蒙古自治区，幅员辽阔、地势较高，总土地面积为118.3万平方千米，在全国各省份中位列第三，且属于高原地貌，全区平均海拔在1000米左右。在国家"一带一路"倡议全局部署中，内蒙古自治区作为向北方开放的关键窗口具有重要的地位。近几年来，通过把握住丝绸之路经济带建设，尤其是中蒙俄经济走廊建设的历史机遇，内蒙古自治区不断加快新型开放经济体制的构建和完善，从而服务全国、走向世界的全方位开放新格局已逐步形成。

二、区域经济状况

2019年内蒙古自治区实现地区生产总值17212.50亿元，同比增长5.7%。另外，2019年内蒙古自治区第三产业所占比重有所下降，但依然占据50%左右的比重。从近四年整体来看第三产业比重呈上升趋势，第二产业则大幅下降，反映了内蒙古经济结构的优化升级。

2018年内蒙古自治区实现地区生产总值17289.22亿元。2018年地区生产总值同比增长5.3%，低于全国平均增速1.3%。2018年内蒙古自治区第一产业增长6.5%；第二产业增长6.2%；第三产业增长8.5%。2016～2019年内蒙古自治区主要经济指标数据如表 8-1 所示。

表 8-1 内蒙古自治区 2016~2019 年主要经济指标数据

指标	2016 年	2017 年	2018 年	2019 年
地区生产总值（亿元）	18632.57	16103.17	17289.22	17212.50
地区生产总值增速（%）（按可比价格计算）	4.5	4.0	5.3	5.7
第一产业（亿元）	1628.65	1647.24	1753.82	1863.20
第二产业（亿元）	9078.87	6408.58	6807.30	6818.90
第三产业（亿元）	7929.05	8047.35	8728.10	8530.50
第一产业（%）	8.8	10.2	10.1	10.8
第二产业（%）	48.7	39.8	39.4	39.6
第三产业（%）	43.3	46.8	50.5	49.6
固定资产投资	15469.5	14404.55	——	——
社会消费品零售总额（亿元）	6700.8	7160.2	7311.1	7610.9
城镇（常住）居民人均可支配收入（元）	32975	35670	38305	40782
农村（常住）居民人均纯收入（元）	11609	12584	13803	13816
居民消费价格指数（上年=100）	101.2	101.7	101.8	——
工业生产者出厂价格指数（上年=100）	98.9	110.6	103.2	——

资料来源：内蒙古自治区统计局官网。

三、区域财政状况

2016~2019 年，内蒙古自治区地方一般公共预算收入呈先下降后上升的趋势，2019 年达到近四年的最高值。整体来看，近年来内蒙古自治区各项财政收入都存在波动现象，没有保持稳定增长，说明财政收入的稳定性偏弱。2016~2019 年内蒙古自治区各项财政收入具体情况如表 8-2 所示：

表 8-2 2016~2019 年内蒙古自治区财政收入规模　　　　单位：亿元

项目	2016 年	2017 年	2018 年	2019 年
地方一般公共预算收入	2016.43	1703.2	1857.6	2059.7
其中：税收收入	1335.9	1282.1	1394.8	1539.7
政府性基金预算收入	263.38	342.77	567.5	474.6
国有资本经营预算收入	7.42	6.97	11.4	9.8

资料来源：内蒙古自治区人民政府网。

受区域经济发展状况的影响，内蒙古自治区财政收入增长也较为不稳。2016～2019 年内蒙古自治区地方一般公共预算收入呈先下降后上升的趋势，2019 年达到近四年的最高值并突破两千亿元大关。但从整体来看，近 4 年来内蒙古自治区各项财政收入都存在波动现象，没有保持稳定增长，财政收入的稳定性偏弱。同时，内蒙古自治区财政对中央补助的依赖性仍较高，2019 年中央补助收入2642.3 亿元，超过自身一般公共预算收入 28.3%。从收入构成来看，2019 年，税收收入在地方一般公共预算收入中占比为 74.75%，虽然较 2018 年的 75.09%有所降低，但税收占比仍然处于较高的水平，说明内蒙古自治区财政收入结构还有待优化，应继续贯彻国家减税降费相关政策，激发微观主体活力。

第二节 内蒙古自治区政府债务情况

一、地方政府债务情况

政府债务方面，内蒙古政府不断强化管理，成效颇丰。2019 年内蒙古实行风险等级评定，隐性债务完成年度化解任务的 270.7%，"十个全覆盖"拖欠工程款全部清偿；投放纾困基金和风险防控基金 257.4 亿元，支持 65 家企业化解债务风险。

内蒙古自治区农村牧区社会事业"十个全覆盖"工程内容包括在全区实现农村牧区危房改造、安全饮水、嘎查村街巷硬化、村村通电、村村通广播电视通信、校舍建设及安全改造、嘎查村标准化卫生室、嘎查村文化活动室、便民连锁超市、农村牧区常住人口养老医疗低保等社会保障"十个全覆盖"。内蒙古"十个全覆盖"工程是自治区党委、政府深入贯彻习近平总书记考察内蒙古重要讲话精神的具体举措，是落实"8337"发展思路的重大部署，是内蒙古自治区成立以来对农村牧区投入规模最大的民心工程、民生工程和发展工程，更是统筹城乡发展、全面建成小康社会的基础工程、保障工程。"十个全覆盖"工程浩大且属于高投入低回报的保障性工程，受制于政府的债务压力，一直以来都有部分工程尾款尚未清欠。近年来内蒙古自治区积极响应中央对化解政府债务的要求，逐步完善债务风险评估及预警机制，于 2019 年将"十个全覆盖"拖欠工程款全部清偿，保证了全区政府债务率持续下降。

专项债务方面，2019 年地方政府专项债券收入 441.7 亿元，专项债务还本支出 117.1 亿元，发行的专项债券主要集中于棚户区改造、土地储备、收费公路、集大高铁等领域。

二、城投债情况分析

2019 年，内蒙古自治区政府投融资平台（包括未在排名表内的平台）主要通过发行银行间债务融资工具进行债券融资，通过发行公司债、中期票据、定向工具和短期融资券等产品共融资 165 亿元。2019 年内蒙古自治区国企各类债券发行数量及规模如表 8 - 3 所示。

表 8 - 3　2019 年内蒙古自治区国企各类债券发行数量及规模

债券品种	细分品种	发行只数	融资规模（亿元）
企业债	一般企业债	0	0
	集合企业债	0	0
公司债	公开发行	0	0
	非公开发行	3	35
银行间债务融资工具	中期票据 MTN	3	30
	定向工具 PPN	3	30
	短期融资券 CP/SCP	7	70
合计		12	165

注：无发行金额债券未做统计。

数据来源：Wind 咨询金融终端。

第三节　内蒙古自治区及下辖区域地方政府投融资平台分析

一、国有平台公司概况

内蒙古自治区共辖 12 个地级行政区，包括 9 个地级市、3 个盟，分别是呼和浩特市、包头市、乌海市、赤峰市、通辽市、鄂尔多斯市、呼伦贝尔市、巴彦淖尔市、乌兰察布市、兴安盟、锡林郭勒盟、阿拉善盟。截至 2020 年 8 月底，内蒙古自治区城投债余额 412.98 亿元，其中呼和浩特市城投债余额位居首位，为 230.2 亿元，占内蒙古自治区总量的 55.74%；其次是包头市和鄂尔多斯市，分别为 60.2 亿元和 54.12 亿元；通辽市、赤峰市、乌兰察布市、兴安盟城投债余额在 10 亿~20 亿元之间；巴彦淖尔市、呼伦贝尔市、乌海市城投债余额小于 10 亿元；扎兰屯市、锡林浩特市、阿拉善盟城投债余额为 0 元。

从国有融资平台的地区分布来看，包头市共 4 家占比最多，鄂尔多斯市、呼和浩特市、赤峰市、通辽市、巴彦淖尔市各有 2 家国有融资平台，乌海市、兴安盟、乌兰察布市各有 1 家，国有融资平台经营范围主要以基建、交通为主。内蒙古自治区融资平台总量与其他省市仍有差距，且主要分布在呼和浩特市、包头市等人口相对密集的城市，国有融资平台设立和融资总量较不平衡。

二、排名情况

通过选取相关指标构建研究模型，中心课题组对内蒙古自治区地方政府投融资平台进行了分级排名。从主体评级来看，内蒙古自治区参与排名的 24 家企业中，评级为 AA + 级的有 4 家，AA 级的有 13 家，AA - 级的有 2 家。主体评级为 AA 级的企业占比为 54.17%，但缺少评级为 AAA 的龙头企业。从各级入榜企业的主体评级来看，内蒙古自治区共有 24 家平台企业上榜，其中省级 3 家，市级 16 家，区县级 5 家，入榜平台企业数量在西部地区处于中下游水平但涵盖了各级平台，类型完备。受制于内蒙古地理情况、人口及经济发展状况等区位因素的影响，自治区的投融资平台有很大的成长空间，较为一般的主体评级则更需要这些企业加快转型发展来为后续的成长助力。

内蒙古自治区各级地方政府投融资平台具体排名情况如下：

(一) 省级政府投融资平台排名

内蒙古自治区参与省级排名的平台共有 3 家，其中 AA + 级 2 家，AA 级 1 家，相较于内蒙古地市级、区县级的平台企业，省级平台企业的融资能力较强，其中内蒙古水务投资集团有限公司和蒙古高等级公路建设开发有限责任公司是较具代表性的省级平台。其发行私募债和中期票据、定向工具、超短期融资券等银行间债务融资工具融资超过当地其他平台公司。内蒙古自治区地方政府投融资平台省级排名如表 8 - 4 所示。

表 8 - 4 内蒙古自治区地方政府投融资平台省级排名一览表

排名	公司名称	得分	评级
1	内蒙古水务投资集团有限公司	32.72	AA +
2	内蒙古高等级公路建设开发有限责任公司	31.92	AA +
3	内蒙古国有资本运营有限公司	31.02	AA

(二) 地市级政府投融资平台排名

内蒙古自治区参与地市级排名的平台共有 16 家，其中 AA + 级 2 家，AA 级

11 家。从城市分布看，受内蒙古自治区地广人稀的特点影响，地市级平台分布较为分散，16 家平台企业分布于不同的盟市。从主营业务来看，地市级平台多以城市基础设施建设及运营为主，在当地具有较为明显的垄断优势（见表 8-5）。

表 8-5 内蒙古自治区地方政府投融资平台地市级排名一览表

排名	公司名称	得分	评级
1	呼和浩特春华水务开发集团有限责任公司	33.97	AA
2	内蒙古高新控股有限公司	33.27	AA
3	内蒙古盛祥投资有限公司	32.18	AA
4	呼和浩特市公共交通总公司	30.55	—
5	兴安盟城市发展投资经营有限责任公司	30.12	AA
6	鄂尔多斯市国有资产投资控股集团有限公司	29.89	AA +
7	包头市保障性住房发展建设投资有限公司	28.99	AA
8	赤峰市城市建设投资（集团）有限公司	28.99	AA +
9	包头市科教实业发展有限公司	28.92	AA
10	乌海市城市建设投资集团有限责任公司	28.85	AA
11	呼和浩特经济技术开发区投资开发集团有限责任公司	28.76	—
12	通辽市城市投资集团有限公司	27.99	AA
13	呼伦贝尔城市建设投资（集团）有限责任公司	27.38	AA
14	赤峰国有资本运营（集团）有限公司	25.71	AA
15	巴彦淖尔市河套水务集团有限公司	25.36	AA
16	鄂尔多斯市益通路桥有限公司	24.93	—

（三）区县级政府投融资平台排名

如表 8-6 所示，内蒙古自治区参与区县级排名的平台共有 5 家，其中 AA 级 1 家，AA-级 2 家，反映出区县级平台的整体实力较为一般，内蒙古相应地区仍需加强对投融资平台的支持和发展，引导其发挥自身在当地的业务优势，培育造血能力较强的域内大型平台公司。

表 8-6 内蒙古自治区地方政府投融资平台区县级排名一览表

排名	公司名称	得分	评级
1	内蒙古金隆工业园区开发建设有限公司	32.82	AA -
2	包头市青山住房发展建设有限公司	32.38	—
3	扎鲁特旗鲁北城市供水公司	28.93	—
4	乌兰察布市集宁区国融投资发展有限公司	28.83	AA -
5	内蒙古准格尔国有资本投资控股集团有限公司	28.72	AA

第四节 内蒙古自治区地方政府
投融资平台转型发展建议

从国家层面来说，地方政府投融资平台转型发展是我国经济发展进入经济新常态的必然要求，也是习近平新时代中国特色社会主义经济思想"坚持市场在资源配置中的决定性作用"的体现。自 2014 年 10 月 2 日国务院 43 号文《关于加强地方政府性债务管理的意见》正式对外公布起，中央正式要求地方政府加强或有债务的管理，要求剥离融资平台公司政府融资职能，融资平台公司不得新增政府债务，地方政府投融资平台公司以政府信用为担保的融资行为将受到限制，平台公司转型发展刻不容缓。2017 年、2018 年财政部后续下发的《关于进一步规范地方政府举债融资行为的通知》（财预〔2017〕50 号）、《关于规范金融企业对地方政府和国有企业投融资行为有关问题的通知》（财金〔2018〕23 号）及财政部发布《关于坚决制止地方以政府购买服务名义违法违规融资的通知》（财预〔2017〕87 号）等文件，对 43 号文的精神做了进一步延续，要求在规范地方政府举债融资的基础上，完成对地方政府投融资模式的重构。

从地方层面来说，内蒙古自治区积极响应了中央对地方政府债务管理的相关政策，对国有平台企业提出了更多细致的要求。例如，内蒙古自治区《2019 年政府工作报告》中提到的"坚决打好三大攻坚战"，要求加强政府债务管理，进一步完善考评机制和奖补政策，确保完成年度化解任务，加快政府性投融资平台债务剥离和市场化转型，重组具有实质运营性质的国有建设投资公司，确保国有资产保值增值。因此，在各种政策的倒逼下，部分实力较弱的平台公司未来业务前景和发展空间都将会受限，如果平台公司不进行相应转型，增加自身造血机制，消除债务隐患，力争在地方政府投融资模式重构的过程中占据有利地位，未来势必面临被淘汰的风险。根据内蒙古高等级公路建设开发有限责任公司 2019 年度第二期中期票据信用评级报告披露的信息，公司存在债务负担重、财务费用对盈利空间侵蚀严重以及未来计划投资规模大，加之现有债务还本付息的要求，公司筹资压力大等会对公司持续稳定经营造成影响的问题。蒙高路 2015 年利润总额低至 -18.88 亿元，2018 年第一季度利润总额及经营性现金流也都为负值，说明仅靠现有的造血机制企业可能会越来越负重前行。由此可见，在宏微观政策的双重作用下，唯有进行长期可持续性的融资并加强自身的造血能力方是地方政府投融资平台的生存之道，转型发展势在必行。结合内蒙古自治区的区域特色并综合考虑当地城投平台的实际发展水平，内蒙古地方政府投融资平台可以通过以下渠道力求转型。

一、整合产业链，做强产业深度

融资平台在地区经济发展中起着至关重要的作用，该类企业如果能通过同业合并或集团化管理的方式进行平台规模的扩张，将给地区经济发展带来很好的效果。公路属于国民经济基础设施行业，是国家近年来投资的重点领域。省级排名第一的内蒙古高等级公路建设开发有限责任公司负责建设、运营、管理内蒙古自治区大部分高速公路及其有关的主要骨干公路，在区内主要经济带形成了较完善的高等级公路交通网络，其业务的区域垄断性已经十分明显，因此简单扩张的规模效益将不再明显，更需要业务板块的拓展和内部的有机整合。作为整体实力较强的省级平台企业，蒙高路公司可以以自身的主营业务为核心，逐步转变功能定位，打造"融、投、建、管、养、运"为一体的综合服务，通过纵向一体化战略，实现从投融资平台到产业链运营平台的转变，做强产业深度。

例如，内蒙古高等级公路建设开发有限责任公司可以通过设立或控股高科技企业，以进一步承接高速公路运营管理作为起点，充分发挥投融资管理体制改革优势，将科技融入公司业务发展之中。公司可以充分利用互联网、云计算、大数据、物联网、人工智能等新一代信息技术，围绕构建智慧高速路网、提高综合运输协调能力、搭建高速公路养护管理信息系统平台框架、实现车车、车路动态实时信息交互等重点工作，不断提高公路运营管理效率，持续提升公路服务水平，培育新的社会经济增长点。

二、积极响应国企改革，创新资本运营模式

内蒙古于2019年制定出台的《内蒙古自治区深化国资国企改革两年攻坚行动方案（2019—2020年）》，明确了这两年国资国企改革发展工作任务，以"伤其十指不如断其一指"的思路，全力打好改革攻坚战，推动国有企业转型升级和国有经济布局优化，提升国资监管效能和国有企业发展活力，将国资国企改革向纵深推进。在十多年的发展过程中，市级平台鄂尔多斯市国有资产投资控股集团有限公司始终以资本运营为核心，不断创新国有资本的科学运营模式，通过投融资和项目建设，积极探索和实践混合所有制改革，出资企业中有2/3按照混合所有制模式组建运营，通过股权运作、有序进退，促进国有资本合理流动；通过股权流动实现国有资本战略布局调整，成功实现了由管资产向管资本的转变，国有资本运营效益显著提高。鄂尔多斯市国有资产监督管理委员会应继续响应国家的整体政策与内蒙古当地具有针对性的政策，深入探索和实践党的十八届三中全会关于组建国有资本运营公司的改革精神，为后续的转型发展积累经验。

三、创新融资模式，扩充融资渠道

内蒙古多数政府投融资平台主要还是以基础设施建设为主要业务，而这类业务往往需要大量的前期资金投入且资金回收期较长，因此各城投平台需要有充足的融资来源为自身业务运转提供支撑。目前来看，内蒙古各平台类国企在资本市场上的融资呈现"一家独大"的局面——2019年发行的125亿元城投债中绝大部分是由省级平台蒙高路集团发行的，而其他平台受限于主体评级较低等原因，直接融资能力相对薄弱。伴随我国金融市场的发展，各种新型债券品种也接连涌现，除了加强经营提升自身信用评级外，内蒙古平台企业也可以因地制宜，结合自身情况选择适当的债券品种进行融资。内蒙古自治区是"一带一路"和中蒙俄经济走廊的重要节点，全国三条中欧班列就有两条在内蒙古通过。根据国家发展改革委针对《内蒙古自治区建设国家向北开放桥头堡和沿边经济带规划》的批复，要求自治区充分发挥联通俄蒙的区位优势，在参与中俄蒙经济走廊建设中发挥重要作用。因此内蒙古投地方政府融资平台公司作为政府性职能的承担者，优质平台公司可以发挥自身所在地的区位优势，积极参与跨省域国家重大工程项目，并考虑发行"一带一路"专项债券等类似概念专项债券，支持"一带一路"建设的同时拓宽自身融资渠道。另外，项目收益类债券的发行更加关注债项评级，而非主体的信用评级，因此公司如果拥有一个符合国家产业政策且产生稳定现金流的项目，能够实现债券存续期内项目收益对债券本息的覆盖，便可以考虑发行此类债券进行融资。区县级平台内蒙古高新控股有限公司位于内蒙古国家级经济开发区，又涉及国家重点领域——稀土产业的各类项目的建设，应当积极承包符合发债条件的项目，从而发债融资扩充企业资本，使自身做大做强，助力平台转型。

股权融资方面，内蒙古还没有一家平台企业成功上市，而股权融资具有使企业获得长期资本、扎实扩展企业规模、加强企业竞争力、减轻企业债务压力、优化资产负债率等优点。内蒙古多数平台公司都属于国有独资企业，上市面临很多限制，如果条件允许可以尝试进行改制重组，将公司由国有独资企业改制股份制企业，随后再择机实现公司的整体上市。也可以使用控股重组、剥离重组等方式，通过控制、设立股份制子公司，推动子公司IPO，从而实现集团化运作，增强公司整体实力。

自身资产融资方面，平台企业还可以利用自身掌握的资源、资产进行资产证券化等融资。通过打包企业现金流较为稳定、未来收入可期的项目进行资产证券化，增加企业资金的流动性，转化现金流的时间序列，及时将资金再次投入企业的业务当中，从而提高企业资金的周转效率。内蒙古高等级公路建设开发有限责任公司作为自治区拥有众多的基础建设相关资产（如收费公路等），此类资产能够产生高速公路过桥费等较为稳定的收入，符合资产证券化的特点，因此自身资产融资是平台可以考虑的融资途径之一。2019 年 11 月，蒙高路公司推出平安—蒙高路高速公路通行费收费收益权资产支持专项计划，发行规模 9.00 亿元，次级档占比 11.11%（见表 8 – 7）。

表 8 – 7　平安—蒙高路高速公路通行费收费收益权资产支持专项计划情况

证券名称	发行规模（亿元）	占比（%）	评级	发行期限（年）	发行利率（%）
蒙高路 01	1.37	15.22	AA +	1.00	4.20
蒙高路 02	1.46	16.22	AA +	2.00	4.80
蒙高路 03	1.59	17.67	AA +	3.00	5.48
蒙高路 04	1.73	19.22	AA +	4.00	5.48
蒙高路 05	1.85	20.56	AA +	5.01	5.48
蒙高路次级	1.00	11.11	—	—	—

第九章 地方政府投融资平台转型发展评价

——雄安新区专题

第一节 雄安新区基本情况

一、区域概况

设立河北雄安新区，是以习近平同志为核心的党中央深入推进京津冀协调发展做出的一项重大战略部署，是继深圳特区和上海浦东新区之后的又一个国家新区，是重大历史性战略选择，是千年大计、国家大事。

雄安新区区位优势突出，交通便捷通畅，地质条件稳定，生态环境优良，资源环境承载能力较强，现有开发程度较低，发展空间充裕，具备高起点、高标准开发建设的基本条件。首先，雄安新区地处北京、天津、保定腹地，距北京、天津均为 105 千米，距石家庄 155 千米，距保定 30 千米，距北京大兴国际机场 55 千米，区位优势明显；其次，新区规划范围包括雄县、容城、安新三县行政辖区（含白洋淀水域），任丘市鄚州镇、苟各庄镇、七间房乡和高阳县龙化乡，规划面积 1770 平方千米，新区蓝绿空间占比将稳定在 70%，远景开发强度控制在 30%，建设用地总规模约 530 平方千米；最后，新区坚持城乡统筹、均衡发展、宜居宜业，规划形成"一主、五辅、多节点"的城乡空间布局，科学布局起步区城市建设组团，形成"北城、中苑、南淀"的总体空间格局，在起步区适当区域规划建设启动区，面积 20~30 平方千米，重点承接北京非首都功能疏解，形成宜居宜业现代化城市风貌。

就雄安新区的战略意义来说，其诞生恰逢当前京津冀区域协同发展的重要历史机遇。一方面，雄安新区应当承担解决北京"大城市病"、培养新区域经济增长极、加快构建京津冀世界级城市群的历史重任；另一方面，雄安新区的规划与建设旨在打造中国经济高质量发展的全国样板以及新发展理念的创新发展示范区，对于我国经济结构的深层次转型战略意义突出，对于当下中国经济发展和现代化城市建设影响深远。

二、成立始末

2017 年 4 月 1 日，中共中央、国务院决定设立雄安新区，并定义为国家级新区，规划范围涵盖河北省保定市雄县、容城、安新三县及周边部分区域，对三县及周边区域实行托管。

2018 年 4 月 20 日，中共中央、国务院就中共河北省委、河北省人民政府，国家发展改革委报请审批的《河北雄安新区规划纲要》作出批复，同意《河北雄安新区规划纲要》。批复指出，《雄安规划纲要》符合党中央、国务院对雄安新区的战略定位和发展要求，对于高起点规划、高标准建设雄安新区具有重要意义。要以《雄安规划纲要》为指导，推动雄安新区实现更高水平、更有效率、更加公平、更可持续发展，建设成为绿色生态宜居新城区、创新驱动发展引领区、协调发展示范区、开放发展先行区，努力打造贯彻落实新发展理念的创新发展示范区。

2018 年 12 月，党中央、国务院正式批复《河北雄安新区总体规划（2018—2035 年)》，要求紧扣雄安新区战略定位，按照分阶段建设目标，努力打造贯彻落实新发展理念的创新发展示范区，标志着雄安新区进入大规模发展的新阶段。

2019 年 1 月 24 日，《中共中央　国务院关于支持河北雄安新区全面深化改革和扩大开放的指导意见》公布，将系统推进雄安新区体制机制改革和治理体系、治理能力现代化。雄安新区依托《意见》，将建立"1 + N"的政策支持体系。即以《意见》为支持，雄安新区建设发展政策支持的纲领性文件，建立对外开放、财税、人才、科技创新等多个方面的支持政策。

2019 年 3 月 5 日，新区党工委书记、新区管委会主任陈刚在全国人大"代表通道"接受记者采访时表示，雄安新区规划的顶层设计已经完成，总规划和白洋淀规划已经报经党中央国务院批准。雄安新区即将转入大规模的实质性开工建设阶段，在不久的将来，雄安新区将会形成塔吊林立、热火朝天的新区建设的局面。

2019 年 5 月 7 日，雄安新区党工委委员会议批准容城县实施 2019 年第一批次城市用地转用征收工作，标志着雄安新区征迁安置工作正式启动实施。

2019 年 6 月 1～30 日，雄安新区《河北雄安新区启动区控制性详细规划》

和《河北雄安新区起步区控制性规划》现场公示，征求公众意见建议。

2019 年 8 月 30 日，中国（河北）自由贸易试验区揭牌仪式在河北雄安新区市民服务中心举行。中国（河北）自由贸易试验区实施范围 119.97 平方千米，涵盖雄安片区、正定片区、曹妃甸片区、大兴机场片区四个片区，其中雄安片区 33.23 平方千米，重点发展新一代信息技术、现代生命科学和生物技术、高端现代服务业等产业，建设高端高新产业开放发展引领区、数字商务发展示范区、金融创新先行区。

2019 年 12 月 23 日，《河北省市场监督管理局关于支持中国（河北）自由贸易试验区建设的措施》印发，其中提出，将承担国家法定计量检定机构任务的授权、计量标准器具核准和计量器具型式批准三项行政许可省级权限下放雄安新区。此外，河北将积极为雄安新区开展知识产权证券化工作提供技术支撑。

步入 2020 年以来，《河北雄安新区启动区控制性详细规划》和《河北雄安新区起步区控制性规划》陆续正式批复，顶层设计逐渐精准落位，雄安新区规划建设又迈入了新的阶段。

目前，雄安新区的规划逐渐清晰，建设逐渐落地。截至 2020 年上半年，雄安新区以规划纲要为统领，以总体规划、白洋淀生态环境治理和保护规划、起步区控制性规划、启动区控制性详细规划为主要支撑，以 10 个重点专项规划、16 个一般专项规划为补充，雄安新区一幅全域覆盖、分层管理、分类指导、多规合一的高质量规划体系蓝图已基本绘制完成，为千年大计的实现提供强力支撑。

三、发展现状

2019 年以来，雄安新区规划建设开始进入崭新阶段。《河北雄安新区启动区控制性详细规划》和《河北雄安新区起步区控制性规划》的获批，从细节上逐步完善了新区规划体系，伴随金融、开放、投资审批等 11 项顶层设计配套政策落地出台，雄安新区区位优势越发明显：京雄城际、京雄高速等 67 个重点项目开工建设；中电科、清华智能实验室等一批企业和科研机构落户新区；流域治理和生态补水统筹推进，白洋淀湖心区断面水质提升到Ⅳ类，新增造林 20 万亩，资源环境承载能力增强，发展空间更加充裕；长期稳定的资金筹措机制，配合中央财政设立的雄安综合财力补助、统筹安排的各类转移支付资金和力度加大的地方政府长期债务支持等方式，共同支持新区建设的资金需求问题，为雄安新区城市基础设施建设提供极强的资金保障。

雄安新区不断加快规划建设步伐的同时，亦积极探索前瞻创新的赋能模式，获得了中央、北京市、天津市及河北省各级政府在政策和资金等方面的强有力支持。其一，中央政府层面，除自上而下下发各类指导支持文件外，中央财政通过设立雄安综合财力补助、统筹安排各类转移支付资金和加大地方政府长期债务支持力度等方式支持新区建设外，同时支持新区优先实施符合税改和新区发展方向的税收政策，在雄安新区设立深化服务贸易创新发展试点，国家发展改革委也明确表示对新区重大项目在规划、布局和资金上给予大力支持。其二，地方政府方面，北京市、天津市亦分别和河北省签署战略发展合作协议，配合雄安新区规划建设，加强京津冀全方位对接协作；同时河北省政府有意将雄安新区打造成河北省现代服务业发展的新引擎和动力源，并通过发行一般和地方政府专项债券募集资金用于雄安新区开发建设。

此外，雄安新区还在积极开发探索新的管理制度，为新区经济的可持续健康发展奠定制度基础。第一，在创新人才人口上，积极探索实行有利于激发新区创新活力的人事、薪酬、住房、税收、养老等政策，探索实行个人所得税改革，实行开放便捷的人才引进制度，建立人才特区，实施积分落户和居住证制度，建立以居住证为载体的公共服务提供机制等。第二，在推进土地管理制度改革上，雄安新区将通过出让、划拨、作价出资（或入股）、租赁或先租后让、租让结合的多元化土地供应模式，形成长期稳定的土地财政收益。

第二节　雄安新区融资情况

一、雄安新区地方政府债券发行情况

2018 年 12 月 19 日，雄安新区自成立以来首次发行地方政府债券。该批次债券共发行 5 期债券，合计 300 亿元人民币。其中一般债券 2 期，合计 150 亿元，期限分别为 5 年期和 10 年期；专项债券 3 期，合计 150 亿元，期限分别为 10 年期、20 年期和 30 年期。其中，2018 年雄安新区建设一般债券（第一批）募集资金将用于雄安新区建设，150 亿元中有 143 亿元用于新区本级建设，其余用于雄县、容城县、安新县三县建设。用于新区本级建设的 143 亿元中，包含启动区建设 126 亿元、"千年秀林"项目 9.6 亿元、防洪工程 5.7 亿元和白洋淀综合整治 1.7 亿元。另外，2018 年雄安新区建设专项债券（第一批）募集资金将专项用于雄安新区容东片区的征拆建设及周边配套建设，容东片区规划面积约 12 平方千米，为雄安新区开发建设的先行区，担负着首期居民征迁安置、为起步区及启动区开发建设提供支撑等重要功能。

2019 年 9 月 25 日，河北省雄安新区建设专项债券成功发行 250 亿元，这是

雄安新区 2019 年度第二次发行地方政府债券，也是首次发行建设专项债券，综合 9 月 20 日已发行的 150 亿元一般债券，雄安新区 2019 年的 400 亿元额度全部发完。本批债券募资资金将用于雄安新区征拆建设及配套设施建设，助力雄安新区打造北京非首都功能疏解集中承载地，建设成为高水平社会主义现代化城市、京津冀世界级城市群的重要一极、现代化经济体系的新引擎、推动高质量发展的全国样板。具体就专项债券而言，2019 年发行的 250 亿元专项债券，其中 90 亿元用于容东片区，160 亿元用于昝岗组团，且项目偿债来源为项目对应的土地出租、出让及对应的划拨收益。

2020 年 5 月以来，河北省陆续发行新增地方政府一般债 105 亿元，新增地方政府专项债 150 亿元，继续支持雄安新区起步区及周边配套设施建设，进一步推动雄安建设增质提速。尤其值得一提的是，本次发行的 2020 年第 5 批政府债券 468 亿元，除 150 亿元用于雄安新区建设外，另有 150 亿元首次冠名"京津冀协同发展专项债券"，重点支持北京大兴国际机场临空经济区开发建设；30.64 亿元支持疫情防控及公共医疗卫生能力提升项目，保障疫情防控资金需求；137.36 亿元用于支持河北自贸试验区正定片区、沧州渤海新区等重点区域、重点经济开发区建设以及其他民生事业领域项目，很好地体现了雄安建设与京津冀协同发展的兼容并重（见表 9－1）。

表 9－1　2018～2020 年雄安新区地方政府债券发行情况

年度	债券类型	债券简称	债券代码	发行规模（亿元）	票面利率（%）	债券期限（年）
2018 年	一般债券	18 河北 41	157536	60	3.44	5
		18 河北 42	157537	90	3.74	10
	专项债券	18 河北 43	157538	30	3.74	10
		18 河北 44	157539	100	4.01	20
		18 河北 45	157540	20	4.22	30
2019 年	一般债券	19 河北债 38	1905372	50	3.24	5
		19 河北债 39	1905373	100	3.35	10
	专项债券	19 河北债 41	104715	40	3.36	10
		19 河北债 42	104716	60	3.69	20
		19 河北债 43	104717	150	3.96	30
2020 年	一般债券	河北 2022	190029	105	2.81	10
	专项债券	河北 2025	190176	150	3.76	30

二、雄安新区信用债券融资情况

截至目前，雄安新区信用债券融资主要依靠中国雄安集团。"18 雄安 PPN01"是中国雄安集团有限公司发行的首单债券融资工具，采用私募 PPN 的形式募集资金 6 亿元，票面利率 4.40%，期限 3 年，到期日为 2020 年 11 月 16 日；"19 雄安 PPN01"是雄安新区自 2019 年 4 月份成立以来，以市场化方式募集的首笔资金，有助于引导市场中长期、大额资金进入雄安，奠定了雄安新区多渠道融资的坚实基础，发行期限为 3 + N 年，票面利率为 4.15%，到期日为 2022 年 11 月 12 日，首期募集 6 亿元永续票据将用于雄安新区首个重大基础设施建设项目——京雄城际铁路项目；"20 雄安（疫情防控债）SCP001"以公募超短期融资券形式募集资金 3 亿元，发行期限为 0.49 年，票面利率 1.78%，到期日为 2020 年 9 月 19 日，募集资金 12790 万元将用于疫情期间雄安新区建设顺利开展所产生的疫情防控资金需求，1500 万元将用于偿还发行人及其子公司存量债务，15710 万元用于补充发行人及子公司流动性资金需求；"20 雄安 SCP002BC"同样以公募超短期融资券形式，预计募集资金 6 亿元，发行期限为 0.49 年，到期日为 2021 年 2 月 10 日，募集资金中 45300 万元将用于偿还发行人及其子公司存量债务，14700 万元用于补充发行人及子公司流动性资金需求（见表 9 - 2）。

表 9 - 2　2018 ~ 2020 年雄安新区信用债券发行情况

债券全称	债券简称	发行日期	发行规模（亿元）	票面利率（%）	当前余额（亿元）
中国雄安集团有限公司 2018 年度第一期非公开定向债务融资工具	18 雄安 PPN01	2018 年 11 月 15 日	6	4.40	6
中国雄安集团有限公司 2019 年度第一期定向债务融资工具	19 雄安 PPN01	2019 年 11 月 11 日	6	4.15	6
中国雄安集团有限公司 2020 年度第一期超短期融资券（疫情防控债）	20 雄安（疫情防控债）SCP001	2020 年 3 月 19 日	3	1.78	3
中国雄安集团有限公司 2020 年度第二期超短期融资券（债券通）	20 雄安 SCP002BC	2020 年 8 月 12 日	6	—	—

第三节　雄安新区投融资平台发展建议

自 2017 年雄安新区成立以来，雄安新区一直坚持世界眼光、国际标准、中国特色、高点定位，各项建设工作稳步推进，取得了一定的成效。随着雄安新区由规划期步入建设期，投融资问题必将成为新区建设的重中之重。2019年5月28日，河北省省委书记王东峰在国新办发布会上指出，雄安新区已由顶层设计转入实质性建设阶段，高质量发展的全国样板、贯彻新发展理念的创新发展示范区、全球领先的数字智能城市以及体制机制的新高地成为努力方向。在实现上述目标的过程中，投融资将发挥重要作用，是重中之重。然而，雄安新区的现状是还没有承担起投融资职能的平台，中国雄安集团作为雄安新区开发建设的主要载体，此时应在投融资方面成为主体力量。雄安新区应精准定位中国雄安集团，积极有效发挥中国雄安集团的投融资平台功能，助力雄安新区高标准高质量完成建设任务。

一、中国雄安集团应定位为投融资平台

中国雄安集团有限公司作为国有独资企业，自建设之初即秉承高起点、高标准、高要求而设立，按照"政府主导、市场运作、企业管理"的原则，谋划布局了"政务与公共服务、金融与投资、基础设施、城市发展与城市资源运营、生态环境建设和绿色发展、数字城市"六大板块，并成立了相应子公司。六大业务板块既相对独立又相辅相成，共同构成中国雄安集团新区开发建设的主体业务框架。截至2020年4月末，中国雄安集团共有控股子公司20家、相同出资人关联公司1家，组织架构相对明确且完备，且基本覆盖了新区建设及发展的各个重要方面。但从发展实践来看，中国雄安集团将精力更多地投入城市运营角色之中，承担政府与市场有效连接的角色，而投融资平台角色尚显不足，各子公司功能未能充分发挥，协调效应有待加强。

将中国雄安集团定位为投融资平台有着三方面因素：首先，自筹资金将是雄安新区建设资金的重要来源。雄安新区高质量推进重点项目建设、高起点承接非首都功能疏解的过程中，所需要的资金仅靠财政难以为继，自力更生自筹资金将成为关键出路。其次，中国雄安集团不建议仅定位为产业平台。中国雄安集团效仿国内投融资平台转型发展，直接定位为产业平台不可取。雄安新区除需导入高端产业外，更多地还应成为总部金融承接平台，这就需要充分发挥投融资职能，更加精准定位平台方向。最后，中国雄安集团作为投融资平台有很大选择空间。雄安新区的规划与地位便决定了未来城市价值不可估量。无论从项目角度、融资方式、发展模式等任何方面，中国雄安集团作为投融资平台选择的空间都很大。此外，中诚信评级公司在集团设立之时就给予了国内国有企业最高评级——AAA级，也为中国雄安集团未来的融资奠定了优质的基础。

二、中国雄安集团应勇挑支持新区发展的重任

（一）城市发展离不开投融资平台

在国内的城市化与工业化的进程中，地方政府投融资平台以国企身份发挥重要的投融资职能，合理解决了地方建设中政府投资规划目标和财政投资供给不足的矛盾。地方政府投融资平台可以充分调动并集中区域内资源，以独立经济体筹集建设所需资金，并能够根据市场情况快速寻求项目相匹配的低成本及对等期限的资金，有效推动城市建设工作快速发展，同时在参与城市运营中增值掌握的资产或者资源。中国诸多城市发展规律证明，地方政府投融资平台具有独特价值和重要历史地位。它协助运营了这座城市，解决了政府财政缺口和政府合理发展目标之间的矛盾，任何城市发展都离不开投融资平台，雄安新区的发展也不可能脱离此规律，因此也离不开投融资平台。

（二）雄安新区融资需求更为迫切

当前雄安新区已完成顶层设计规划，进入大规模建设阶段，新区建设大规模融资需求将更加迫切。随着《河北雄安新区启动区控制性详细规划》《河北雄安新区起步区控制性规划》在 2020 年初获得批复，顶层设计更加精准落位，尤其是启动区的智慧基础设施、安防与应急防灾体系必然需要在新区建设中先一步落地实施，产业功能片区搭建才能紧随其后。根据启动区规划披露，2022 年交通路网骨架即要基本成型，重点基础设施基本建成，2025 年城市基础设施和公共服务设施要基本建成投运，可见随着高质量发展向前迈进，新区建设大规模融资需求未来将更加迫切。

（三）新区建设所需大量资金离不开投融资平台的参与

新区举借债务尚处于起步阶段，可以随着建设进度加大投融资规模。截至2019 年 12 月 31 日，雄安新区本级地方政府一般债券余额 281 亿元，2020 年全省提前下达的新增政府一般债务限额中，省财政厅转贷雄安新区地方政府一般债券 105 亿元，除财政转移支付与专项债外，仍需多渠道融资以满足雄安新区高标准高质量发展的要求。在当前河北省财政资金不充裕，中央对新区的财政支持只限于发放部分债券额度的情况下，新区建设中的巨额资金缺口需要投融资平台作为与市场接轨的主体，拓宽多元化市场融资渠道。

总之，中国雄安集团作为新的投融资平台，在寻求平台可持续发展的前提下，更应做到精准定位，结合中国城投平台转型的经验去粗取精，借鉴上海城投、河北建投等转型效果良好的平台的有益经验，既要重视城投平台的债务管控，又要能发挥地方融资体系的经济增长效应，重视起投融资平台在新区建设中起到的重要推动作用，在城市运营主体、重大项目建设主体的角色上融入金融基

因，满足新区发展的巨大融资需求。

三、雄安新区投融资发展建议

作为北京非首都功能疏解的集中承载地，雄安新区要建设成为高水平社会主义现代化城市、京津冀世界级城市群的重要一极，形成高质量发展的全国样板，需要大量资金扶持。在此过程中，雄安新区可参照已有成熟经验：依托政府，通过财政收入返还、转移支付、地方政府债券等方式获取资金；吸引民间资本，通过规范的 PPP 模式融入资金；依托商业银行等金融机构，以设立产业投资基金方式进行融资。但无论如何，只依托任何一方都不足以满足国家级新区建设巨大的融资需求缺口，市场化融资步伐缓慢，光靠政府投入不切实际，新区高质量发展急需一个投融资平台实现政府与市场的资金联动，引入多元投资主体，而中国雄安集团正是不二之选。

（一）多样化融资方式

中共中央、国务院在关于雄安新区改革的文件中间明确提出，要加大对雄安新区直接融资支持力度，建立长期稳定的建设资金筹措机制，这充分体现了中央对资本市场支持雄安新区建设的要求和期待。在此背景下，中国雄安集团可摆脱体制束缚，全面参与到城市污水、管网、公共交通等相关领域运营中，增加市场化收入，积极运用平台高评级、低成本的债券融资优势，大力拓宽直接融资渠道。此外，雄安新区可尝试多样化、创新型融资路径，如资产证券化、共有产权房 REITS 等融资工具，为全国住房机制改革、未来收益变现等难题积累融资经验。中国雄安集团还应加大培育和吸引相关投融资领域专业人才的力度，把握金融市场日新月异的变化机遇。

（二）高质量发展为核心

雄安新区要以科技创新和制度创新为引擎，以高精尖产业集群和现代服务业为重点，着力打造创新驱动发展引领区、协调发展示范区，使雄安新区成为辐射周边、引领河北的创新发展高地；同时，兼顾雄县、容城、安新三县的产业特点，配合引导当地中小微企业向智能化转型，在新区形成产业链完整的特殊小镇集群。因此，产业投资基金的发展有其必要性，可以借鉴亦庄国投的产业基金运作经验，有利于构建起产业招商为根本、产业投资为引领、融资服务为支撑、产业基地为承载的一体化产融服务体系，为新区产业结构优化和可持续发展提供动力。

（三）积极发展绿色金融

绿色经济发展寓于智慧城市发展、高新技术产业集群建设之中，而绿色金融发展能够有效推动新区生产、生活、投资、消费等领域全方位，高质量发展。中国雄安集团可从白洋淀景区的污染治理、生态保障、旅游开发入手，结合新区的绿色交通、城市绿化等领域，大力推行绿色债券、绿色资产证券化、绿色 PPP 等金融产品的发行设计；引导新区碳金融交易等发展，从而不断完善和加强新区绿色金融对产业结构的引导效应；将数字城市建设与绿色金融紧密结合，既促进绿色金融产品的发展，又能对城市经济建设进行有效的拉动和实时的监控。

（四）进一步丰富雄安新区金融体系

无论是深圳特区，还是浦东新区的建设发展，都离不开金融机构的支持，离不开金融土壤的培育。目前，雄安新区金融机构较少、金融资源比较薄弱，仅依靠当地现有金融机构，难以满足新区建设发展的融资需求，必须拓展和丰富雄安新区金融体系。建议雄安新区积极引进外部金融机构，打造金融资源集聚地，引导现有银行、保险、证券等金融机构总部或区域总部落户雄安，快速补齐新区金融短板，提供综合金融服务，对接雄安新区建设发展需求；参与设立金融机构，打造"雄安"硬核金融品牌，研究设立雄安银行、雄安证券、雄安基金等一系列"雄安"品牌金融机构，进一步增强其聚集和配置资金的能力。最终，打造出雄安金融版图，各金融机构协同发展，培育出良好的金融服务与金融文化，产融结合进一步促进高新产业发展。

【案例篇】

第十章 成都香城投资集团有限公司转型发展案例分析

成都香城投资集团有限公司为进一步推动市场化进程，实现良性发展，坚持以效益为中心、以利润为目标，通过资源集中、高效运行，聚力新型城市发展、品质生活服务、高端产业聚集、绿色金融"四大主业"，实现了"四个转型"，即由投融资平台型公司转型为专业化公众型公司；由行政化管理的公司转型为现代化治理的公司；由区域性公司转型为全域化公司；由单一管理体系转型为混合型管理体系。本案例详细介绍了香投集团的基本情况，对香投集团的转型措施进行剖析，具体地阐述了"四个转型"所采取的方式方法，提出了平台未来的改进方向，为我国城投平台转型发展提供可借鉴的启示。

第一节 公司基本情况

一、公司简介

成都香城投资集团有限公司（以下简称香投集团）成立于 2017 年 3 月，是依照《成都市新都区国有企业集团化改造方案》（新都委办〔2017〕20 号）的文件精神组建的国有独资公司，整合了原区属一级平台公司 4 家、镇属平台公司 10 家、部门委托管理公司 10 家，注册资本 50 亿元。集团实际控股股东为成都市新都区国有资产监督管理和金融工作局。截至 2019 年末，香投集团资产总额为 794 亿元，净资产为 303 亿元。

为实现新都区国有企业"资源统筹、自主经营、协调发展、做强做优"的总体目标，2017 年 3 月，新都区委办公室及新都区人民政府办公室联合印发《关于成都市新都区国有企业集团化改造方案的通知》（新都委办〔2017〕20

号），由成都市新都区国有资产监督管理办公室于 2017 年 3 月出资设立成都香城投资集团有限公司，对新都区国有企业进行整合及集团化改造。截至 2019 年末，香投集团控股股东与实际控制人为成都市新都区国有资产监督管理和金融工作局。

香投集团现拥有六家一级子公司，分别为成都市新都香城建设投资有限公司（以下简称香城建设）、成都市新都区兴城建设投资有限公司（以下简称兴城建设）、成都香城城市发展有限公司（以下简称香城发展）、成都市新都区蓉桂运业有限公司（以下简称蓉桂运业）、成都市新都区兴水投资有限责任公司（以下简称兴水公司）、成都香城绿色金融控股有限公司。香投集团对六家子公司均具有实际控制力（见表 10 - 1）。

表 10 - 1　香投集团子公司情况

序号	子公司名称	注册资本（万元）	持股比例（%）		表决权比例（%）
			直接	间接	
1	成都市新都香城建设投资有限公司	100000	100	—	100
2	成都市新都区兴城建设投资有限公司	10000	100	—	100
3	成都香城城市发展有限公司	100000	100	—	100
4	成都市新都区蓉桂运业有限公司	40000	100	—	100
5	成都市新都区兴水投资有限责任公司	10000	100	—	100
6	成都香城绿色金融控股有限公司	20000	100	—	100

香投集团根据相关法律法规及《公司章程》建立了董事会、监事会、经营管理层及党群人力部、综合行政部、财务金融部、资产管理部、投资发展部、合约法务部、建设管理部、监察审计部十大经营管理机构，明确了职权范围，建立了规范有效的法人治理结构。同时公司也建立起了完善健全的组织结构，控股子公司、公司各职能部门在管理层的领导下正常有序运转，独立开展工作，具有健全、清晰的组织结构设置，体现了分工明确相互制约的治理原则。

香投集团自成立以来，始终坚持"资源统筹、自主经营、协调发展、做强做优"的集团初始目标，秉持"遵理明志、精诚善施、高效务实"的企业发展理念和"投资新都、建设新都、服务新都"的企业价值观，积极开展资本运作、对外投资、项目招标、项目投资咨询，区内土地整理与开发，市政基础设施与环境治理的投融资、建设和管理，房地产开发与销售、物业管理，教育、文化、医疗、体育等项目投资，城市公交客运、客运站经营管理、人力资源等业务，努力践行"融资平台、产业龙头、建设先锋、民生抓手"的四大集团责任和职能。

二、业务情况与经营模式分析

（一）香投集团主营业务情况

香投集团是由新都区区委、区政府批准设立，由新都区国资办出资组建的国有企业，是新都区承担基础设施建设的实施主体，也是负责新都区国有资产保值增值的运营主体。公司业务主要涵盖新都区内的基础设施建设、粮食销售、客运服务、担保及房屋销售，具有很强的区域专营性。2019 年，公司实现营业收入531447.62 万元，同比增长6.20%。从收入板块来看，主营业务收入除代建项目收入同比小幅下降0.13%外，其他均保持上升态势，其中粮食销售、运业服务、担保服务和其他业务分别实现收入 10029.05 万元、8839.49 万元、583.52 万元和29674.01 万元，同比增加58.17%、18.93%、41.36%和66.43%（见表10 - 2）。

表10 - 2　公司主营业务收入构成及毛利率情况

项目	2019 年			2018 年		
	收入（万元）	成本（万元）	毛利率（%）	收入（万元）	成本（万元）	毛利率（%）
代建项目收入	461556.77	419473.03	9.12	462141.47	396755.84	14.15
粮食销售收入	10029.05	9912.66	1.16	6340.76	6220.39	1.9
运业服务收入	8839.49	25906.46	-193.08	7432.35	27360.62	-268.13
担保服务收入	583.52	—	100	412.79	—	100
其他业务收入	29674.01	17518.97	40.96	17829.91	10297.49	42.25
其他	20764.78	13894.12	33.09	6247.18	4998.15	19.99
合计	531447.62	486705.24	8.42	500404.46	445632.49	10.95

从毛利率看，公司2019 年主营业务毛利率为8.42%，同比下降2.53 个百分点，主要原因为代建项目、粮食销售、担保服务及其他业务毛利润均有小幅下降。从毛利润构成来看，代建业务毛利润为香投集团利润的主要来源，占领绝对领先地位；粮食销售业务毛利润较低；运业服务业务公益性属性较强，处于政策性亏损状态，毛利润为负数。

（二）香投集团主营业务分析

1. 工程代建业务

香投集团承担着成都市新都区主要城市市政基础设施、安置房的代建任务。主要由下属子公司香城建设、兴城建设、香城发展、兴水公司负责，是成都市新都区最重要的城市基础设施投融资及建设主体。截至2019 年末，公司香城大道西延、绕城路、兴城大道、新都一中迁建工程等项目已完工，成都绿色循环科技产业园项目（一期）、成青苑等项目仍处于在建状态，未来公司拟对红星农贸市场、区人民医院老院区等进行改造。香投集团主营的工程代建业务虽然具有投资规模大、投资回报低、回收期长及受政策影响大等特征，但对于改善新都区城市投资环境、提高区域经济效率、发挥核心区经济辐射功能等具有积极作用，对城市土地增值、产业发展、商业服务业的繁荣及人口的增加和经济的快速增长均有显著的支持和拉动作用。

2. 粮食贸易

公司通过三级子公司成都市新都区饮马河粮油购销有限责任公司（以下简称饮马河公司）开展粮食贸易业务。饮马河公司粮食贸易业务范围集中在成都省内，主要通过向省内各个粮食储备库及粮食储备国有公司采购农副产品，批发给下游粮食加工制造商而赚取差价取得粮食贸易收入，贸易货种包括稻谷、小麦、玉米、大米、食用植物油等农副产品。2018 年，饮马河公司供货商包括四川华蓥铜堡省粮食储备库、简阳粮友粮食购销有限公司、四川省川粮油脂有限公司等，销售客户包括中粮（成都）粮油工业有限公司、宜宾尚乐商贸有限公司、四川省川粮米业股份有限公司等。饮马河公司多采取以销定采的方式，结算方式均为转账，账期 10 天。2018～2019 年，受下游客户需求量减少影响收入规模有所下降，粮食贸易业务利润水平较低，同时由于近年来饲料行业销售不景气，玉米销售收入下降，导致粮食贸易板块收入及毛利率下降。

3. 公交运营

公司公共交通运营业务主要由子公司蓉桂运业负责，蓉桂运业持有公交线路经营权。目前，公交票价分为 1 元及 2 元两种，空调车票价 2 元，非空调车票价 1 元。公交票价根据省发展改革委制定标准执行。截至 2019 年末，蓉桂运业拥有公交车班线 81 条（在营 78 条），跨区公交线路 8 条，日发班次 6669 班，线路长度 1101.9 千米，营运线路共计 8603022 千米。同时，蓉桂运业拥有公交候车亭 147 座，站牌 804 个。2019 年，香投集团运输服务实现收入 8839.49 万元，较上年增加 18.93%。

4. 担保业务

公司通过其三级子公司成都市香城中小企业融资担保有限责任公司和成都市新都区金亨融资性担保有限责任公司开展对外担保业务，担保对象主要为新都区范围内的中小微企业。

截至 2019 年末，香投集团对外担保余额为 212795.50 万元，合计 80 笔，单笔最大 61284.50 万元，最小 88 万元，担保对象分散度较高，均有反担保措施。

5. 其他业务

香投集团其他业务收入主要包含房屋销售收入和租赁收入等，租赁业务收入是公司持有的商铺、厂房、写字楼、道路等资产对外出租而产生的收入。截至2018年末，公司持有物业可出租面积约为38.36万平方米，其中香城大厦（兴城时代）等写字楼共12.12万平方米，商铺1.97万平方米，其余为厂房等。写字楼出租率约在70%左右，商铺已全部出租。

三、财务概况

根据香投集团提供的2019年度财务报表，对其财务状况做出如下分析。

（一）财务综合情况

截至2019年末，香投集团资产总额794.62亿元，所有者权益合计303.36亿元（其中少数股东权益1.32亿元）。2019年，公司实现营业收入53.14亿元，利润总额2.96亿元（见表10-3）。

表10-3　截至2019年末香投集团资产情况

项目	2019年		2018年	
	金额（万元）	占比（%）	金额（万元）	占比（%）
货币资金	404607.16	5.09	340496.55	5.06
应收账款	1862734.91	23.44	1545911.29	22.97
其他应收款	1407218.33	17.71	1060265.04	15.75
存货	2958504.84	37.23	2835763.78	42.13
流动资产合计	6657766.47	83.79	5813578.53	86.37
长期股权投资	149631.67	1.88	140702.87	2.09
投资性房地产	256196.22	3.22	176448.03	2.62
固定资产	655169.50	8.25	410144.76	6.09
在建工程	74088.73	0.93	708.51	0.01
非流动资产合计	1288472.12	16.21	917604.23	13.63
资产总计	7946238.59	100.00	6731182.76	100.00

香投集团公司资产规模保持稳定增长，主要构成为流动资产。流动资产中应收类款项和存货占比较高；从所有者权益和负债分析，香投集团所有者权益持续增长，以资本公积和实收资本为主，公司有息债务快速增长；在盈利能力方面，公司利润总额对政府补贴依赖程度较高；从现金流分析，香投集团受政府回款进度影响，公司收入实现质量一般，经营和投资活动现金流持续净流出，考虑到未来仍有大规模的在建和拟建项目投资支出，公司对外融资需求大；在偿债能力方面，考虑公司在新都区基础设施建设及国有资产运营领域的地位，以及新都区政

府的持续支持，公司整体偿债能力很强，同时公司资产和收入主要来自下属子公司，母公司收入规模较小，所有者权益稳定性较好，整体债务负担较轻。

（二）资产质量

截至 2019 年末，公司资产总额为 7946238.59 万元，同比增长 18.05%，其中流动资产占 83.79%，非流动资产占 16.21%，结构较上年末变化不大，公司资产仍以流动资产为主。

（三）流动资产

截至 2019 年末，公司流动资产为 6657766.47 万元，同比增长 14.52%，主要是货币资金、其他应收款和存货增长所致（见表 10 - 4）。

表 10 - 4 香投集团受限资产情况

项目	期末账面价值（万元）	占比（%）	受限原因
货币资金	34000.33	3.00	保证金/借款质押
应收账款	223666.16	19.71	质押借款
其他应收款	60000.00	5.29	质押借款
存货	721635.57	63.58	抵押借款
投资性房地产	80883.26	7.13	抵押借款
固定资产	14760.30	1.30	抵押借款
合计	1134945.62	100.00	

截至 2019 年末，公司货币资金为 404607.16 万元，同比增长 18.83%，主要是融资借款增多所致。同期，货币资金主要由银行存款构成；其他应收款为 1407218.33 万元，同比增长 32.72%，其他应收款逐年增加，主要是与新都区其他国有企业往来款增加所致，2019 年末其他应收款欠款前五名分别为成都市新都区竹韵投资有限公司、成都市新都区财政局、成都市香都投资有限公司、成都市三河互助建设投资有限公司、成都市禾登投资有限公司，主要为当地政府、事业单位及国有企业，集中度较高，回收风险不大，但对资金有所占用。

截至 2019 年末，公司存货为 2958504.84 万元，同比增长 4.33%，主要由于房地产和土地开发成本增加所致。公司存货主要包括代建项目 1354011.94 万元、库存商品 7257.02 万元、周转材料 57.69 万元、待开发土地 1211169.99 万元以及库存商品 80411.05 万元。

（四）非流动资产

截至 2019 年末，公司非流动资产为 1288472.12 万元，同比增长 40.42%，主要是长期股权投资、固定资产和在建工程增加所致。截至 2019 年末固定资产账面价值合计 648688.78 万元，同比增长 58.16%；在建工程为 74088.73 万元，较上年增加 103.57 倍，主要是新增轨道产业园标准化厂房（一期）、军民融合产业配套园标准化厂房（二期）、香城体育中心等工程所致；2019 年末，公司受限资产为 1134945.62 万元，主要由受限的应收账款、存货、投资性房地产、固定资产构成，占公司总资产比重为 14.28%。

整体来看，公司资产结构仍以流动资产为主；货币资金较为充裕，流动资产中存货和应收类款项占比较大，对资金形成占用；非流动资产中固定资产占比较大。公司受限资产规模较小，整体资产质量尚可，流动性较强。

（五）所有者权益

截至 2019 年末，公司所有者权益为 3033583.36 万元，同比增长 14.54%，公司所有者权益主要由实收资本（7.25%）、资本公积（91.44%）、其他综合收益（0.32%）、未分配利润（0.55%）和少数股东权益（0.44%）构成。公司所有者权益结构较 2018 年末变化不大。总体来看，公司所有者权益主要由资本公积构成，所有者权益整体稳定性较好。

（六）负债

截至 2019 年末，公司负债总额为 4912655.23 万元，同比增长 20.33%，其中流动负债占 42.74%，非流动负债占 57.26%。截至 2019 年末，公司流动负债为 2099533.48 万元，同比增长 50.10%，流动负债主要由短期借款（11.42%）、其他应付款（15.55%）和 1 年内到期的非流动负债（68.17%）构成。短期借款为 239773.24 万元，同比增长 2312.05%，主要是香投集团 2019 年扩大融资所致；预收款项为 31184.32 万元，同比增长 267.81%，账龄主要集中在 1 年以内（99.99%）；其他应付款为 326547.31 万元，同比下降 21.44%，主要是收回部分 1~3 年往来款所致。其他应付款（剔除应付利息和应付股利部分）为 315906.71 万元，同比下降 22.51%，账龄主要集中在 1 年以内（37.50%）；1 年内到期的非流动负债由一年内到期的长期借款、应付债券和一年内到期的长期应付款占据，2019 年末余额为 1431213.13 万元，同比增长 58.06%，公司长期借款主要是为项目建设而举借的银行借款，以信用借款为主。公司一年内到期的应付债券共计 163275.31 万元，主要为 "欧元债 - 9000 万" "兴业银行美元债 - 2000 万" "19 新都香城 SCP001" "19 新都兴城 CP"。公司长期应付款主要为融资租赁款。

截至 2019 年末，公司非流动负债为 2813121.75 万元，同比上升 4.81%，主要由长期借款（64.92%）、应付债券（10.67%）和长期应付款（23.71%）构成。2019 年末公司长期借款为 1825941.20 万元，同比下降 25.13%，主要由保证借款、保证 + 抵押借款和质押借款构成，占公司长期借款比重分别为 44.83%、18.59% 和 14.36%；应付债券为 297437.15 万元，同比增长 100.60%，主要由欧元债、美元债、短期融资券、超短期融资券、定向工具和中期票据构成；长期应付款为 666949.98 万元，同比上升 746.30%，由于 2019 年末将成都市新都香城建设投资有限公司纳入公司合并报表范围，导致香投集团长期应付款大幅增长。

截至 2019 年末，公司全部债务为 3800882.35 万元，同比增长 8.51%。在债务构成中，短期债务占 44.13%、长期债务占 56.87%。从债务指标看，受集团债务增长影响，公司资产负债率和债务资本比率分别为 61.82% 和 55.61%，公司有息债务仍以长期债务为主（见表 10-5）。

表 10-5 香投集团有息债务构成情况

项目	2019 年	2018 年
短期债务（万元）	1677504.00	915441.71
长期债务（万元）	2123378.36	2587199.92
全部债务（万元）	3800882.35	3502641.63
资产负债率（%）	61.82	60.65
债务资本比率（%）	55.61	56.94

（七）盈利能力

2019 年度，公司实现主营业务收入 510682.84 万元，主要来自代建项目、粮食销售、运业服务、担保业务和其他业务的收入；营业成本为 472811.12 万元，同比增长 7.30%，增速略高于营业收入；税金及附加为 4390.23 万元，同比增长 13.70%；期间费用为 103715.21 万元，同比增长 26.78%，其中管理费用增加 98.86%。公司期间费用占营业收入比重为 19.52%，较上年下降 3.17 个百分点。公司利润总额对政府补助存在较大依赖，2019 年公司实现利润总额 29615.95 万元，香投集团获得政府补助 88871.77 万元，其中 47517.24 万元计入其他收益、41354.53 万元计入营业外收入。

从主要盈利指标看，2019 年公司平均总资产回报率为 1.43%；同期，公司加权平均净资产收益率为 0.79%。

（八）现金流分析

从经营活动看，2019 年公司经营活动现金流入量为 833759.68 万元，其中销售商品、提供劳务收到的现金为 253573.20 万元，收到其他与经营活动有关的现金 580130.40 万元；经营活动现金流出 919234.84 万元，其中购买商品、接受劳务支付的现金 388485.30 万元。2019 年公司经营活动产生的现金流量净额为 -85475.15 万元，较上年减少流出 44745.15 万元，但依旧为负。

从投资活动来看，2019 年公司投资活动现金流入为 13582.79 万元，主要是收回投资收到的现金12001.87万元，以及取得到期理财等投资收益为1580.92万元。同期，公司投资活动现金流出为216810.66万元，主要原因是子公司及其他营业单位支付的现金净额共计110256.70亿元，以及购建固定资产、无形资产和其他长期资产所支付的86463.91万元，2019年度公司投资活动产生的现金流量净额为-203227.87万元。

从筹资活动来看，2019年公司筹资活动现金流入为2073599.19万元，主要是取得借款收到的现金和收到其他与筹资活动有关的现金。同期，公司筹资活动流出1660965.37万元，主要是偿还债务支付的现金流出所致。2019年公司筹资活动现金流量净额为412633.81万元。

2019年公司现金及现金等价物净增加额为123314.78万元，截至2019年末公司现金及现金等价物余额为369573.37万元，公司现金收入质量较好（见表10-6）。

表10-6　香投集团现金流情况　　　　　　　　单位：万元

现金流	2019 年	2018 年
经营活动现金流入小计	833759.68	547315.90
经营活动现金流出小计	919234.84	677536.21
经营活动产生的现金流量净额	-85475.15	-130220.30
投资活动现金流入小计	13582.79	457237.99
投资活动现金流出小计	216810.66	279432.56
投资活动产生的现金流量净额	-203227.87	177805.43
筹资活动现金流入小计	2073599.19	1289476.47
筹资活动现金流出小计	1660965.37	1202747.45
筹资活动产生的现金流量净额	412633.81	86729.02

（九）偿债能力

截至2019年末，公司流动比率和速动比率分别为3.17和1.76，较上年均出现下降。公司经营现金流净额为负，实现净流出。

公司对外担保余额为212795.50万元，对外担保的对象包含成都市新都区自来水公司、成都兴龙源投资有限公司、成都市新都区百泉投资有限责任公司、成都市新都区兴丰城建投资有限公司。上述单位均为成都市政府部门或国有企业。公司或有负债风险仍处于可控状态。考虑公司在成都市新都区城市基础设施建设领域的地位及成都市新都区政府对公司给予的较大力度支持，公司整体偿债能力极强。

四、政府支持

香投集团是成都市新都区主要的城市基础设施建设及公用事业运营主体，其经营发展受成都市整体及新都区经济及财力水平影响很大。根据 2016～2017 年《成都市新都区国民经济和社会发展统计公报》及《2018 年新都 12 月统计月报》，2016～2018 年，新都区经济保持较快增长，分别实现地区生产总值 632.2 亿元、722.7 亿元和 799.2 亿元，同比增长 8.0%、8.9% 和 8.9%。三次产业结构逐步调整，新都区产业结构以第二产业为主，第三产业比重有所上升。同期，新都区固定资产投资总额持续增长，2018 年为 408.14 亿元，同比增长 8.2%，其中工业投资 134.04 亿元，同比增长 24.6%。

面对经济发展的新常态和宏观形势的新要求，新都区通过实施"154"总体部署，即 1 个城市战略定位、5 大城市功能支撑、4 大城市发展目标，向高质量发展转型，实现以轨道交通、航空、现代物流为主导的现代产业体系的基本构建，初步建成成都市城北新中心城区。围绕该总体目标，新都区抢抓融入成都大都市经济圈、大港区一体化、成德同城化机遇，突出"一心四区"，即成都大都市经济圈北部中心、大港一体先行区、成德同城枢纽区、智造服务引领区、公园城市典范区建设，全面提升城市核心竞争力。综合来看，成都市新都区的财政实力进一步增强，经济发展保持较快增长势头，为公司营造了优良的外部经营环境。

香投集团作为国有独资公司，主要经营政府相关项目和资源，近年来整合了新都区几乎全部优质国有资产，是新都区最大的国有企业。成都市委提出了建设"全域成都"的战略构想，将加快成都的都市圈建设。新都区位于成都都市圈的中心发展区位，在未来建设发展中将与成都市核心区域进行全方位融合，形成高度一体化，这将为香投集团提供更加丰富的项目资源。2019 年，公司收到财政补贴 88871.77 万元，主要为公司承担基础设施建设业务收到的补贴。考虑香投集团作为新都区最重要的城市基础设施投融资及建设主体，预计未来将会得到股东及各方的大力支持。

第二节　转型发展分析

一、资产整合重组、发挥专营优势

根据新都委办〔2017〕20 号文件，香投集团是新都区整合区属国有资产的唯一平台。自成立以来，公司得到新都区国资金融局无偿划转的 5 家区属国有企业的股权，各家子公司已在新都区相关业务领域做出突出贡献，整合后公司业务范围涵盖城市基础设施及配套建设、保障房建设、公交运营、粮食贸易、物业租赁等方面，在新都区基础设施投资建设及运营领域具有明显的专营优势。香投集团经过多次资产整合，既实现资本金快速注入，又实现实际控制人层级上调，预示香投集团将承担拉动新都区甚至成都市经济发展的重要角色。

为加快推动公司发展，区委区政府下发《关于支持香投集团做强做优做大的若干意见》（新都委发〔2018〕26 号），提出公司需着力发展城市发展、生活服务、产业投资、绿色金融四大板块，明确未来五年内将不低于全区土地出让收入的 20%、不低于一般公共预算收入增量的 20% 作为注册资本逐步注入公司，有望为公司整体实力增强提供保障。

二、拓宽多元业务、延伸产业链条

公司本部作为集团化管控部门，不直接参与具体业务的实施，主要通过下属 6 家一级子公司承担各业务职能。在业务分工方面，子公司香城建设侧重土地拆迁安置补偿及市政基础设施建设；子公司兴城建设侧重安置房建设及配套基础设施建设；子公司香城发展侧重产业园的基础设施建设；子公司兴水公司侧重水务方面的基础设施建设。蓉桂运业负责公共交通运输业务，成都市新都区绿色金融控股有限公司负责金融业务。作为新都区重要的融资平台与公共设施运用主体，香投集团在推动自身转型升级的同时促进了新都区经济发展。

公司主营业务收入主要源于代建收入、粮食销售收入、运业服务业务、担保业务、房屋销售业务和其他收入。公司业务类型逐步多元化，在盘活资产的同时也实现了较好的收益，公司产业链条进一步延伸、产业类型进一步优化，自身造血能力逐步增强。

三、突破融资渠道，优化债务结构

在中央和地方有关政策的倒逼下，城投公司的市场化转型逐渐进入新阶段，以往主要依靠银行借款的间接融资模式将难以为继，因此城投公司必须更多地开辟直接融资渠道以解决企业经营的资金问题，公司债、企业债等债权融资或股权融资等直接融资方式成为城投公司融资"新宠"。直接、间接融资并举的方式既可以丰富公司的手段、充实企业资本，也可以帮助公司更好地控制财务风险、优化债务结构。

香投集团有效促进了新都区国有资产的优化组合，充分发挥了子公司之间的协同效应。作为集团化管控部门，香投集团在转型过程中探索了通过金融机构贷款以外的融资方式，如通过发行债券进行融资，或积极参与合规 PPP 项目进行资金筹措等，其中债券融资取得了较大的突破和进展。香投集团在整合新都区国有资产后，资产体量和盈利能力迅速增强，获得了联合评级给予的 AA + 主体评级，发行了包括欧元债、美元债、短期融资券、超短期融资券、定向工具和中期票据等多种债务融资工具，发行票面利率屡创新低（见表 10 - 7）。

表 10 - 7　香投集团（除子公司）债券融资情况（截至 2020 年 6 月 30 日）

证券名称	起息日	到期日期	发行金额（亿元）	票面利率（%）
20 香城投资 CP001	2020 年 6 月 11 日	2021 年 6 月 11 日	5.00	2.80
20 香城投资 SCP002	2020 年 4 月 30 日	2021 年 1 月 25 日	5.00	2.14
20 香城投资 SCP001	2020 年 4 月 20 日	2021 年 1 月 15 日	5.00	2.40
20 香城投资 MTN001	2020 年 2 月 12 日	2025 年 2 月 12 日	10.00	3.70
19 香城投资 MTN001	2019 年 12 月 18 日	2024 年 12 月 18 日	10.00	4.17

四、提质转型发展，打造第一梯队

根据中共成都市新都区委、成都市新都区人民政府《关于支持香投集团做强做优做大的若干意见》，香投集团坚持以效益为中心、以利润为目标，通过资源集中、高效运行，聚力新型城市发展、品质生活服务、高端产业聚集、绿色金融"四大主业"，将香投集团打造成在省市有影响力的国有企业，最终实现"规范管理、做大做强"。

香投集团立足"两降两提"，实现"四个转型"：由投融资平台型公司转型为专业化公众型公司；由行政化管理的公司转型为现代化治理的公司；由区域性公司转型为全域化公司；由单一管理体系转型为混合型管理体系，形成更加优化的资本布局、更加高效的决策机制、更加有力的执行机制、更加规范的管理体制、更加先进的经营模式、更加科学的投融资机制和更加灵活的人才机制。

香投集团近期目标是力争到 2021 年，资产规模突破 1200 亿元，实现 1 家子企业上市，进入全市国有企业第一梯队。远期目标是力争到 2030 年，资产规模突破 2500 亿元，营业收入突破 1200 亿元，成为全区重大战略实施、重大民生项目建设、重大产业发展的引领示范企业，经营效益位居全市国企前列。

（一）新型城市发展

香投集团紧扣城市发展战略，围绕城市规划建设、地产开发运营、市政空间管护，打造一流的一体化现代城市建设运营商，提高基础设施承载力和城市公共服务能级，塑造良好的城市发展内在机理，树立体现新发展理念的新型城市典范。香投集团力争到 2021 年，城市建设板块资产规模突破 500 亿元；到 2030 年，该板块资产规模突破 1300 亿元，营业收入突破 600 亿元。

（二）品质生活服务

香投集团坚持以人为本的基本理念，以教育、医疗、文旅、商贸和社区服务等板块为核心，逐步发展成为当地顶尖的城市品质生活服务商，提升城市居民的生活品质，打造富有人文关怀的城市形象，将城市建设成一个幸福宜居的现代化大都市。香投集团力争到 2021 年，该板块资产规模突破 400 亿元；到 2030 年，该板块资产规模突破 400 亿元，营业收入突破 200 亿元。

（三）高端产业聚集

香投集团紧扣产业生态圈培育，围绕轨道交通、航空、现代物流三大主导产业，构建多元化产业发展投资运营平台，逐步将新都区产业链、创新链、价值链、生态链向高端延伸，增强高端产业的国际竞争力与区域带动力。香投集团力争到 2021 年，该板块资产规模突破 200 亿元；到 2030 年，该板块资产规模突破 400 亿元，营业收入突破 200 亿元。

（四）绿色金融科技

香投集团紧扣绿色金融中心建设，围绕股权运营管理、全产业链金融服务、金融科技发展、产融结合发展，打造全牌照、全产业链的金融混业经营控股集团，提升金融要素服务实体经济能力，为新都区打造具有影响力的新兴金融增长极提供有力支撑。香投集团力争到 2021 年，基金管理规模突破 250 亿元，基金设立规模突破 500 亿元，资产规模突破 100 亿元，控股（相对控股）1 家、参股 1 家主要金融牌照机构；到 2030 年，取得包括银行、证券、信托、保险等在内的金融行业全牌照资质，资产规模突破 400 亿元，营业收入突破 200 亿元。

第三节　转型经验启示

一、建立现代化公司管理架构

地方政府投融资平台在成立之初主要是由政府主导，资金、人力乃至事权都来自政府，因此在执行项目时政府牵涉较多，平台企业的市场功能发挥受限较大。企业想要优化升级就需要厘清政企关系，建立健全现代企业制度，完善公司的法人治理机构。首先，平台应当主动剥离为政府融资的职能，发挥其市场作用；政府也不得再以任何形式为平台举债提供担保，不得以平台的名义进行举债。这样一来，平台就能够根据市场情况与自身经营目标选择承接相应的项目，逐步成为"收益自享，风险自担"的市场化投融资主体。其次，平台应当优化法人治理机构。通过在平台内部建立合理的法人机构，形成"决策层—管理层—执行层"架构以及股东（大）会、董事会、监事会和经营管理层三位一体的法人治理结构，破除"政企不分"的现象。以这样的思路进行转型后，政府与平台的职能互相分离，明确权利与责任，有利于提升平台的管理水平。

此外，城投公司应建立健全用人机制，完善市场化的人才选拔机制，遴选有益于企业发展的人才。第一，改善人才发展环境，营造充满活力、独具创造力的环境更加有利于人才发挥众智，为公司实现市场化转型谏言献策。第二，完善市场化人才选拔机制。地方政府投融资平台以往的人才任用受政府影响较大甚至直接由政府指派领导层，打击了人才积极性，不利于人才培育。应当着力突破局限，推行人才引进优惠政策，吸引更多人才的加入。第三，要建立健全现代化人才管理体制，根据市场实情及公司业务发展的需要，建立完备的人才激励制度，激发人才活力、创造力，推动公司实现创新发展。

在为实现新都区国有企业"资源统筹、自主经营、协调发展、做强做优"的总体目标的背景下，香投集团由成都市新都区国有资产监督管理办公室出资设立，2019 年 6 月，公司股东由新都区国资办变更为成都市新都区国有资产监督管理和金融工作局，股权结构发生重要变更，其职能确定为根据政府授权，履行出资人职责；推动国有经济结构和布局战略性调整；指导和推进国有企业改革、重组，促进国有企业现代企业制度建设；推进地方金融体制改革创新等。对于法人结构的优化和职能的完善，国资监管领导认知从公共管理者思维向企业出资人（股东）思维转型，使得香投集团从原有平台公司运作模式转型成现代化企业运管模式迈出重要一步。

香投集团在出资人成都市新都区国有资产监督管理和金融工作局授权的范围内，进行公司的经营和管理，公司与成都市新都区国有资产监督管理和金融工作局之间在资产、人员、机构、财务、业务上做到了完全的分开，在业务及资产独立、机构完整、财务独立，在经营管理各个环节保持应有的独立性，这有利于明确政府（国资监管机构）与城投权责边界，实现政企分离、政资分开、所有权与经营权分离。

同时，香投集团立足于"两降两提"，实现"四个转型"目标：由投融资平台型公司转型为专业化公众型公司；由行政化管理的公司转型为现代化治理的公司；由区域性公司转型为全域化公司；由单一管理体系转型为混合型管理体系，形成更加优化的资本布局、更加高效的决策机制、更加有力的执行机制、更加规范的管理体制、更加先进的经营模式、更加科学的投融资机制和更加灵活的人才机制。

二、创新融资模式与渠道

我国地方政府投融资平台成立之初主要依靠银行贷款等间接融资渠道进行融资。以往政府与城投平台关系不清、责任不明，存在政府为城投公司提供"隐性担保"的问题。随着中央政策与地方政府债务管理力度的不断加强，城投公司转型发展、市场化运营成为主流，仅依靠银行借款融资难以满足公司不断扩张的业务需求，因此城投公司必须迈入资本市场，创新融资模式，拓宽融资渠道，如通过债权融资的方式，发行公司债、企业债等进行融资或进行股权融资等。融资渠道的拓宽不仅能够保障企业生产经营的资金来源，同时还能降低财务风险、优化债务结构，促进企业持续发展。

香投集团作为集团化管控部门，在转型过程中明晰政府投资与企业投资边界，不断整合新都区国有资产，资产体量和盈利能力迅速增强，于2019年获得了联合评级给予的AA+主体评级。香投集团开始探索通过金融机构贷款以外的融资方式，不断由以政府背书式融资为主向依靠企业自身融资转型，如通过发行债券进行融资，或积极参与合规PPP项目进行资金筹措等。其中香投集团在债券融资方面取得了较大的突破和进展，发行了包括欧元债、美元债、短期融资券、超短期融资券、定向工具和中期票据等多种债务融资工具，发行票面利率屡创新低。香投集团融资模式的创新极大地提升了自身造血能力，使公司在融资市场上能够实现与政府背书的脱钩，这既有效降低了地方债务风险，又保障了城投融资需求。

三、推动业务多元化发展

目前，工程代建、土地开发依然是多数城投公司的主要业务。城投平台若想进一步深化市场化转型，就应当考虑多元化的发展方向。例如，可以通过兼并、控股重组、剥离重组等方式设立股份制子公司，这样既能够推动被兼并企业发展，也能助力城投公司实现集团化发展，增强整体实力。除此以外，城投公司以提升资产运作效率为发力点，拓展新型业务板块，孵化新兴业态。科学、教育、高新技术以及文化等领域是当前经济发展的重点领域，将公司业务向这些领域延伸能够盘活公司存量资金，使平台公司逐步成为业务多元化的综合性资产管理运营主体，实现横向拓展的产业链条，从而增强自身造血能力与风险抵御能力。

香投集团本部作为集团化管控部门，不直接参与具体业务的实施，从建立至今，不断有不同领域的国资企业划拨到集团内部，逐步形成了主要的6家一级子公司，承担多项业务职能，商业经营模式逐渐清晰多元。根据城投行业发展规律并结合外部形势判断，城投转型方向上基础设施建设是核心，公共服务是重点，金融板块是必需，发展新型业务是拓展。而香投集团内各子公司业务不仅分工明确，集团从土地拆迁安置补偿及市政基础设施建设、安置房建设及配套基础设施建设、产业园基础设施建设、水务方面基础设施建设到公共交通运输业务、金融板块等各方面都有相应的涉及，同时商业模式还不断优化、不断多元，既服务于当地产业发展，也符合当地产业发展规划要求，在盘活资产的同时实现了较好的收益，公司产业链条进一步延伸，产业类型进一步优化，自身造血能力逐步增强。此外，作为新都区重要的融资平台与公共设施运用主体，香投集团在推动自身转型升级的同时也促进了新都区经济发展。

第十一章　曹妃甸国控投资集团有限公司转型发展案例分析

曹妃甸国控投资集团有限公司是河北唐山市曹妃甸区最重要的国有资产投资运营主体，业务覆盖曹妃甸区范围内的基础设施建设、围海造地、大宗商品交易以及港口业务等，近年来逐步转型为当地综合性国有投资控股集团。公司成功发展转型主要依托"历史机遇＋资产重组"相结合。一方面，公司紧抓京津冀协同发展以及自由贸易区的重大历史机遇，不断探索多元化的经营模式和产业结构；另一方面，公司自成立以来受到当地政府的高度重视，通过一系列的股权划转以及资产划入不断整合全区优质资源从而提升公司的区域专营能力。

第一节　公司基本情况

一、公司简介

曹妃甸国控投资集团有限公司（以下简称曹妃甸国控）前身为曹妃甸国控投资有限公司，由唐山市曹妃甸区财政局国有资产管理办公室（以下简称曹妃甸国资办）于2017年10月出资设立，初始注册资本为50亿元。2017年11月，公司股东变更为唐山市曹妃甸投资有限公司。2017年12月，曹妃甸投资有限公司以货币资金对公司增资50亿元。当月，公司股东经历两次变更，最终变更为唐山市人民政府国有资产监督管理委员会（以下简称唐山市国资委）。截至2020年4月末，公司注册资本和实收资本均为100亿元，唐山市国资委仍为公司唯一股东和实际控制人。

曹妃甸国控现有4家100%直接控股的一级全资子公司，分别为唐山曹妃甸发展投资集团有限公司、曹妃甸港集团有限公司、曹妃甸金融控股集团有限公司和唐山曹妃甸农业发展集团有限公司。公司作为唐山市曹妃甸区最重要的基础设施建设、土地开发及港口运营主体，从事曹妃甸区范围内的围海造地及土地开发、基础设施建设和曹妃甸港口货物装卸等业务，同时也负责曹妃甸国家级经济技术开发区的建设和运营。

二、业务情况与经营模式分析

(一) 主营业务情况

曹妃甸国控作为曹妃甸区最重要的基础设施建设、土地开发及港口运营主体，公司业务涵盖曹妃甸区内的围海造地、土地开发、港口运营、基础设施建设、土地及经济技术开发区运营，相关业务具有很强的区域专营性。2019 年，公司实现主营业务收入 116.68 亿元，同比增长 28.11%。从收入板块构成看，2019 年公司主营业务板块收入中，大宗贸易、基础设施回购及港口业务提升较大，分别实现收入 43.81 亿元、27.54 亿元和 26.78 亿元，同比分别增长 4.28 倍、1.73 倍和 23.35%。同期，公司实现毛利润 13.20 亿元，毛利率为 11.31%，较上年末均有所下降，主要是毛利较低的大宗商品贸易业务收入占比提高所致（见表 11 - 1）。

表 11 - 1　曹妃甸国控主营业务收入结构　　　　　单位：万元

项目	2019 年	2018 年	2017 年
大宗交易	438081.58	82845.33	29086.40
基础设施回购	275386.97	101001.24	111833.55
港口业务	267826.94	217150.02	214997.86
围海造地及土地开发	127685.56	278522.57	310875.34
通行费	21601.67	5354.08	487.45
供暖收入	15859.34	8407.54	10583.29
土地资产	—	155664.03	194406.79
其他	20356.99	61853.10	31053.59

(二) 主营业务分析

1. 大宗商品贸易业务

大宗商品贸易业务是发行人重要主营业务之一，主要由曹妃甸国控子公司唐山曹妃甸海乾贸易有限公司及河北港禾实业发展有限公司负责开展。

公司主要贸易品种均采取以销定购的业务模式，资金结算上以现金结算和承兑汇票结算为主。2019 年，公司实现大宗商品贸易收入 43.81 亿元，毛利润

0.43 亿元。随着京津冀协同发展和曹妃甸工业区各规划功能的逐步完善，公司持续扩展多元化的大宗商品贸易业务。未来公司将继续依托曹妃甸港口优越的自然地理条件和多年的开发建设结果，发掘曹妃甸港口资源优势、税收优势、综合保税区优势、国家级经济技术开发区优势及河北自贸区优势，持续开展多元化的商品贸易业务。

2. 基础设施回购业务

作为曹妃甸区的重要基础设施建设平台，曹妃甸国控受曹妃甸工业区管委会委托，对曹妃甸区范围内的基础设施及公共配套设施开展建设。本业务由曹妃甸国控子公司唐山曹妃甸发展投资集团有限公司负责建设。

根据东方金诚对曹妃甸国控 2020 年度跟踪评级报告统计数据，截至 2019 年 9 月末，公司累计完成基础设施建设投资项目 243 个，实际投资金额共 150.72 亿元。2019 年 1~9 月公司基础设施建设业务收入主要源于装备制造区工程设施、武汉道、纳潮河北岸公园等项目，合计确认收入 8.20 亿元，毛利润 0.61 亿元。

3. 港口业务

曹妃甸国控是曹妃甸港口建设和运营主体，其港口业务具有较强竞争优势和市场地位，由曹妃甸国控子公司曹妃甸港集团有限公司负责运营。

东方金城 2020 评级报告对公司业务运营的统计表明，2019 年 1~9 月，曹妃甸港集团完成吞吐量 6510.00 万吨，主要经营产品包括矿石、钢材、焦煤、水渣等。其中，矿石完成吞吐量 3784.28 万吨。公司港口业务实现营业收入 18.41 亿元，毛利润 3.59 亿元，毛利率 19.49%，主要来自散货和代理业务。

4. 围海造地及土地开发

曹妃甸国控围海造地及土地开发业务具有很强的区域专营性，由公司下属子公司蓝海曹妃甸有限公司运营。截至 2019 年 9 月末，蓝海公司共承接 131 项造地及土地平整项目，完成造地面积 234.23 平方公里（其中，曹妃甸工业区 197.98 平方千米，曹妃甸新城 36.25 平方千米），完成土地一级开发 47.21 平方公里，完成围海造地及土地平整总投资约 477 亿元。

5. 其他业务

公司其他业务主要包括供暖业务以及车辆通行业务等。其中，公司供暖业务由子公司唐山曹妃甸新城国泰热力有限公司和唐山曹妃甸热力有限公司共同负责。供暖业务具有很强的区域专营性。2017~2019 年，公司供暖业务收入分别为 1.06 亿元、0.84 亿元和 1.59 亿元。

车辆通行业务主要来自公司拥有的经营性收费公路运营，2016~2017 年，公司通行费收入分别为 0.10 亿元和 0.05 亿元，主要来自滨海大道收费；2018 年公司车辆通行费收入为 0.54 亿元，同比增长 980%，主要是公司于 2018 年下半年将唐曹高速纳入合并报表所致。此外，滨海公路曹妃甸新城至汉沽段已建成通车并实现收入，待公司计划建设的遵曹公路等相继建成收费后，公司的通行费板块将有望继续增长。

三、财务概况

根据曹妃甸国控公开对外披露的近三年审计报告，公司主要财务数据和财务指标情况如下。

（一）资产负债结构和偿债能力

截至 2019 年末，曹妃甸国控总资产规模为 13689234.59 万元，负债总额为 6517951.03 万元，所有者权益合计 7171283.56 万元，资产负债率为 47.61%，处于较为合理的水平。

公司为曹妃甸区最重要的基础设施建设、土地开发及港口运营主体，业务具有很强的专营性，得到了股东及相关各方的大力支持，综合偿债能力很强。

从短期偿债指标来看，2019 年末，公司流动比率、速动比率分别为 2.58%、2.44%，比率仍然很高（见表 11 - 2）。总体来看，公司流动资产中应收项目结算款、往来款和受限资金占比仍偏高，存在一定的流动性风险，对流动负债的保障能力一般。

从长期偿债能力指标来看，2019 年末，公司长期债务资本化比率为 30.97%，较上年末降低 2.56 个百分点，债务水平一般；2019 年，EBITDA 利息保障倍数为 1.91 倍，处于行业正常水平。

表 11 - 2　公司偿债能力相关财务指标

科目	2017 年	2018 年	2019 年
流动比率（%）	1.91	2.71	2.58
速动比率（%）	1.76	2.44	2.48
经营现金流动负债比（%）	2.81	22.39	4.55
长期债务资本化比率（%）	32.59	33.53	30.97
EBITDA 利息倍数（倍）	1.45	1.99	1.91
资产负债率（%）	52.41	44.83	47.61

"19 曹妃国控 CP001" 和 "19 曹妃国控 CP002" 合计发行额为 15 亿元，2019 年，公司经营活动现金流入量偿债倍数为 8.33 倍，现金类资产偿债倍数为 6.47 倍。公司经营性现金流入和现金类资产仍能够对 "19 曹妃国控 CP001" 和

"19 曹妃国控 CP002"的到期偿付提供很强的保障。

综合来看，公司在增资、资产划拨、财政补贴等方面已得到且预计未来将持续得到股东及相关各方的大力支持，公司综合偿债能力很强。

（二）盈利能力

2019 年，公司营业收入为 120.42 亿元，主要来自大宗贸易、基础设施回购、港口业务和围海造地及土地开发，分别占据主营业务收入的 37.55%、23.60%、22.95% 和 10.94%（见表 11-3）。公司期间费用为 14.34 亿元，占营业收入的比例为 12.02%，主要为财务费用和管理费用。

表 11-3 公司盈利能力相关财务指标 单位：亿元

科目	2017 年	2018 年	2019 年
营业收入	92.56	95.23	120.42
营业利润率	13.17	11.68	9.92
期间费用	10.58	11.24	14.34
利润总额	13.11	13.38	13.39
其中：财政补贴	3.96	7.54	10.92
总资产报酬率	1.51	1.52	1.51
净资产收益率	2.26	2.30	2.32

公司利润总额对政府补助仍存在较大依赖。2019 年，公司利润总额为 13.39 亿元，其中收到政府补助 10.92 亿元，占利润总额的比例为 81.57%，表明公司利润总额对政府补助存在较大依赖，盈利能力仍较低。

（三）现金流状况

2019 年，公司经营活动现金流入主要为政府支付的项目建设款、财政补贴和大宗商品贸易等业务所形成的现金流入，公司经营活动现金流出主要是子公司与其他单位的往来款、支付的项目建设款，大宗商品贸易等形成的现金流出，公司经营性净现金流仍然表现为净流入。同期，公司投资活动现金转为净流出，主要是在建工程投资所致。2019 年，公司筹资活动净现金流由上年大幅净流出转为净流入，主要是期内公司到期债务规模大幅下降，同时公司新增债券、银行借款融资所致。整体来看，2019 年，公司投资性现金流为净流出，现金来源仍主要依赖于筹资性现金流（见表 11-4）。

表 11 - 4　公司现金流量相关财务指标　　　　　　　　单位：亿元

科目	2017 年	2018 年	2019 年
经营活动现金流入	88.42	128.75	124.99
经营活动现金流出	78.14	88.15	114.62
投资活动现金流入	11.92	196.56	41.60
投资活动现金流出	65.00	79.29	118.97
筹资活动现金流入	243.62	73.67	167.14
筹资活动现金流出	189.01	255.74	74.12

四、政府支持

公司作为曹妃甸区最重要的基础设施建设、土地开发及港口运营主体，在增资、资产划拨和财政补贴等方面得到了股东的大力支持。

2019 年，唐山市经济总量在河北省 11 个地级市中排在第一位，经济实力很强。2019 年，唐山市全社会固定资产投资同比增长 10.0%；分产业来看，第一产业和第三产业投资有所下滑，主要依靠制造业和采矿业等第二产业拉动。战略性新兴产业投资同比增长 16.70%，基础设施投资同比增长 18.20%。在房地产开发方面，房地产投资同比增长 0.5%，其中，住宅投资增长 10.2%，办公楼投资增长 7.60%。

2019 年，唐山市规模以上工业增加值同比增长 8.7%。从支柱产业来看，2019 年，四大支柱产业增加值增长 5.7%，占规模以上工业比重的 84.70%。其中，精品钢铁产业同比增长 6.3%，装备制造产业同比增长 6.7%，现代化工产业同比增长 2.2%，新型建材及装配式住宅产业同比增长 2.7%。受环保监管压力增加等因素影响，唐山市建材和化工业增长乏力。

唐山市大力实施创新驱动战略，不断进行过剩行业去产能和产业结构转型升级。2019 年，以轨道交通装备、机器人、电子及智能仪表、动力电池和节能环保为主的五大新兴产业增加值增长 48.1%，占规模以上工业的比重为 7.7%。

曹妃甸区作为京津冀协同发展和"一带一路"的重要交会点、国家级经济技术开发区和非首都功能疏解重要的产业转移承接地，2019 年地区生产总值、人均地区生产总值继续以较快速度增长。其中，第一产业实现增加值 30.57 亿元，比上年增长 4.0%；第二产业实现增加值 331.53 亿元，比上年增长 9.6%；第三产业实现增加值 268.34 亿元，比上年增长 9.1%，三次产业比重为 4.85∶52.59∶42.56。

综合来看，唐山市经济保持较快发展势头，财政实力进一步增强，为公司提供了良好的外部经营环境。在资产划拨方面，2020年1月唐山市曹妃甸区国有资产管理局，将其持有的唐山市曹妃甸区城市建设投资集团有限公司99.75%股权、曹妃甸控股集团有限公司56.03%股权和曹妃甸金融控股集团有限公司100%股权划转至公司。在财政补贴方面，2019年，公司收到的财政补贴达9.42亿元，主要为公司承担围海造地、基础设施建设等业务收到的补贴以及招商引资奖励资金等。考虑公司在曹妃甸区基础设施建设、土地开发及港口运营领域中的重要地位，预计未来仍将得到股东及相关各方提供的大力支持。

第二节　转型发展分析

曹妃甸国控是唐山市曹妃甸区最重要的基础设施建设、土地开发及港口运营主体，主要从事曹妃甸区范围内的基础设施建设、围海造地、曹妃甸港口货物装卸等业务，也负责曹妃甸国家级经济技术开发区的建设和运营，公司业务多元化，且具有很强的区域专营性。公司作为曹妃甸国有资产投资、运营的主体，全身心致力于整合区域优质资源，通过发挥国有资本的影响力和带动力，提高国有资本的运营效率，逐步打造成为对区域产业发展具有核心带动力、对金融服务体系建设具有重大影响力、对关键领域具有较强控制力的综合性国有投资控股集团。

一、以京津冀协同发展为契机，产业结构升级优化

随着京津冀协同发展的推进和雄安新区的确立，河北"三区一基地"功能定位已经确立，而石家庄、唐山将打造京津冀世界级城市群的两翼，辐射周边城市，形成京津冀协同发展的重要支撑。唐山曹妃甸区位于环渤海中心地带，面向大海，背靠京津，具备得天独厚的地理位置、丰富的石油天然气等自然资源和已经发展形成规模的工业、物流业，自2015年曹妃甸获批京津冀协同发展先行试验区以来，对推进京津冀协同发展发挥了重要作用。曹妃甸作为京津冀协同发展和"一带一路"建设的重要交会点、国家级经济技术开发区和非首都功能疏解重要的产业转移承接地，依托资源优势和综合性政策叠加支持，经济发展速度不断加快，未来发展空间广阔。

自2014年曹妃甸协同发展示范区开始建设以来，曹妃甸在承接非首都功能疏解和对接京津产业项目转移上主动作为，曹妃甸国投作为区域经济发展的重要支撑平台，积极整合区域资源要素，不断谋求推进区域产业布局清晰化，充分利

用公司银行、资管、担保、融资租赁、产业投资基金等投融资禀赋，着力发展先进制造业、战略性新兴产业、现代服务业三大产业。第一，支持曹妃甸区域资源节约型产业发展，作为国家首批发展循环经济产业的试点，曹妃甸在建设中应当充分发挥自身突出优势，在原有产业布局基础上构筑了钢铁、石化、装备制造、港口物流等主导产业群，促进经济与资源环境双赢的友好型新型工业化。第二，积极发展战略新兴产业，致力于打造新能源产业集群，推动原有支柱产业——装备制造业与科技紧密融合，持续改进技术、管理，树立品牌，实现由传统产业向新兴产业转型升级。第三，加快配套基础设施建设进程，作为未来建设的"一港双城"海滨城市，教育、医疗等服务行业的发展既是刚需，也是必然趋势。曹妃甸国投借助产业结构优化转型，增强了自身的市场化运营能力，培育未来公司高利润增长点。在有效化解存量债务风险的同时促进区域经济高质量增长，这有利于曹妃甸区域的产业结构未来进一步降低重工业、高耗能企业占比，以科技拉动产业结构升级优化，大力发展物流与轨道交通基础设施，强化曹妃甸区域与唐山市区、雄安新区乃至整个京津冀地区的交通联系，为商贸服务的蓬勃发展培育土壤。

二、以自由贸易区为突破，探索跨境经营模式

2018 年 7 月，唐山获批国家第三批跨境电子商务综合试验区，自此曹妃甸逐渐成为"新丝绸之路"的重要出海口。曹妃甸国投依托钻石大港，借助曹妃甸综合保税区的政策优势，通过整合海运、铁路物流运输资源，谋求打通蒙古、俄罗斯乃至欧洲腹地的贸易新通道，以曹妃甸综合保税区为核心，规划建设集通关、物流、贸易、展示、金融、创新创业为一体的综合性跨境电子商务产业园，为曹妃甸跨境电商业务的历史机遇提供基础设施保障。

2019 年 8 月 31 日，中国（河北）自由贸易试验区曹妃甸片区正式挂牌。这标志着国务院印发的《中国（山东）（江苏）（广西）（河北）（云南）（黑龙江）自由贸易试验区总体方案》（以下简称《总体方案》）在曹妃甸片区进入具体落实阶段。作为全省唯一的临海片区，按照《总体方案》中的功能划分，曹妃甸片区的任务是重点发展国际大宗商品贸易、港航服务、能源储配、高端装备制造等产业，围绕片区的功能定位，曹妃甸国投积极响应，努力建立和发展国家电子商务综合试验区，开展汽车平行进口试点，发展进境指定口岸贸易，完善冷链物流产业等。曹妃甸国投把握电商综合试验区及自由贸易区的政策红利，贯彻"不负韶华、只争朝夕"的精神，全方位推进集团的高质量发展，探索产业跨境经营模式，培育大宗商品跨境电子商务土壤，构建东北亚经济合作引领区、临港经济创新示范区，助推曹妃甸区域，乃至环渤海地区经济加速发展。

三、以"一港双城"为格局，经营领域多元化

2018 年 1 月 14 日，唐山市委第十届四次全会确定在全市范围内实施"一港双城"建设格局。"一港"指唐山港，具体包含三个港区，分别为曹妃甸港区、京唐港区和丰南港区；"双城"指唐山市主城区和曹妃甸滨海新城。其中，曹妃甸区域的发展是重中之重，曹妃甸国投牢牢把握和践行"一港双城"建设的本质，以全资子公司曹妃甸港集团有限公司、唐山曹妃甸发展投资集团有限公司、曹妃甸金融控股集团有限公司为主要依托，因地制宜设定符合地方特色的港、产、城融合发展战略。

第一，做大做强港口，打造世界一流综合贸易大港。以港口发展带动产业聚集，以产业聚集催动城市崛起，这是大部分港口城市选择的最优发展路径。第二，加速产业聚集，建设尖端临港产业阵地，充分发挥现有中粮等明星品牌，首钢、国投等大型国有企业、中央企业的引导示范作用，吸引更多优质的企业和项目落户曹妃甸，加速产业聚集和转型升级。第三，完善城市功能，创建宜居宜业的滨海之城，大力推动曹妃甸滨海新城发展和建设。做到"双城"的平衡发展，是真正将发展港口、产业和城市三者相融合，充分利用国家对沿海地区、经济技术开发区、循环经济示范区、综合保税区等方面的政策支持，充分释放唐山市自身优势和政策红利，助推区域快速发展的必行之路。

2020 年 2 月支持曹妃甸国控高质量发展的专题调度会在曹妃甸召开，会议高度肯定了曹妃甸国控作为曹妃甸主要的开发建设主体，在承担区域开发建设职责、市场化转型、自主经营发展方面取得的卓越成绩。公司自 2017 年成立以来，综合发展实力越来越强，经营业务涵盖城市运营、港口开发及运营、园区开发、资产运营、金融服务、农业综合开发、旅游文化等多个领域，已成长为资产总额超千亿、收入超百亿的综合性国有投资控股集团。

四、以"资产划入"为依托，整合城投平台资源

城投所在区域行政级别越高、经济财政实力越强，进行资产划转或并购重组的可能性就越大。即使划入的是非盈利资产，往往也会因政策性职能大增而有利于公司的偿债能力的提升，巩固和提升公司信用评级，增强资本市场融资的认可度。若划入的是营利性资产，则更加有利于扩大公司资产规模，拓宽公司经营领域，增强公司的盈利能力，充分调动各子公司在经营范围、人才技术等领域的协同发展。曹妃甸国控自成立以来，即秉承高标准运营，高规格定位，借助唐山市政府的大力扶持快速整合平台资源。

首先，曹妃甸国控成立于 2017 年 10 月，注册资金 50 亿元，由曹妃甸国资

办 100% 控股。2017 年 11 月，根据曹妃甸国资办《唐山市曹妃甸区财政局国有资产管理办公室关于将曹妃甸国控投资有限公司无偿划转至唐山市曹妃甸投资有限公司的批复》（唐曹国资复〔2017〕32 号），公司股权 100% 无偿划转给国有独资企业——唐山市曹妃甸投资有限公司，并由后者以现金的方式增资 50 亿元，注册资金增加至 100 亿元。随后，2017 年 12 月，根据曹妃甸国资办《唐山市曹妃甸区财政局国有资产管理办公室关于将曹妃甸国控投资有限公司由唐山曹妃甸投资有限公司无偿划转至区国资办的批复》（唐曹国资复〔2017〕33 号），公司股东变更回曹妃甸国资办。同期，根据唐山市人民政府《唐山市人民政府关于〈唐山市曹妃甸区人民政府关于申请将曹妃甸国控投资集团有限公司 100% 股权无偿划转至唐山市人民政府国有资产监督管理委员会的请示〉的批复》（唐政字〔2017〕131 号），公司股东变更为唐山市国资委。曹妃甸国控经过一轮控制权划拨，既完成了资本金的翻倍，同时新任实控人在行政层级上有所提升，预示着曹妃甸国控将以更广阔的视角拉动区域经济发展。

此后，2019 年区国资局又将其持有的唐山市曹妃甸区城市建设投资集团有限公司 99.75% 股权及曹妃甸控股集团有限公司 56.03% 股权无偿划转至曹妃甸国投子公司唐山曹妃甸发展投资集团有限公司。同时，将区国资局持有的曹妃甸金融控股集团有限公司 100% 股权划转至曹妃甸国控。曹妃甸国控得以在基础设施建设和金融业务领域增强实力，新增子公司将与公司原有经营活动协同发力，共同铸造产融结合的综合性投融资平台。

五、以"业务优势"为支点，开辟转型升级道路

曹妃甸国投充分开发利用自身主营业务所属行业的发展阶段、周期性特点及行业地位，立足区域专营性的优势，推进自身转型升级。

曹妃甸国投依托曹妃甸区的区域优势位置以及港区的快速建设发展，积极开展围海造地、港口运营以及基础设施建设等业务。其中，公司围海造地及土地开发业务对增加曹妃甸区可开发利用土地起到重要作用，近年来，通过债务转移、财政补贴和政府债务置换等形式逐步收回了投资成本和合理报酬。此外，大宗贸易、基础设施回购、港口业务也有着较大提升，2019 年分别实现收入 43.81 亿元、27.54 亿元和 26.78 亿元，同比分别增长 428.79%、172.66 和 23.35%。通过区域专营性的优势，曹妃甸国投在实现自身发展、推进转型升级的同时也促进了曹妃甸区域的建设发展。

曹妃甸国控作为曹妃甸国有资产投资、运营的主体，国控集团致力于整合区域优质资源，通过发挥国有资本的影响力和带动力，提高国有资本的运营效率，逐步打造成为对区域产业发展具有核心带动力、对金融服务体系建设具有重大影响力、对关键领域具有较强控制力的综合性国有投资控股集团。未来，曹妃甸国控集团将紧紧围绕唐山市委、市政府建设发展曹妃甸的总体思路及"三个努力建成"的发展方向，助力"一港双城"和世界一流大港建设，不忘初心、牢记使命，为曹妃甸产业发展、基础设施建设和全市沿海经济发展贡献力量，逐步发展成为国内具有较强实力的大型国有投资控股集团。

六、以"主体评级"为基础，拓宽外部融资渠道

针对城投公司的业务尤其是城市基础设施的建设、港口建设运营等业务，具有周期长、回款慢、财务风险大等特点。同时，伴随政府信用从城投平台逐渐剥离，外部融资能力客观上决定了城投平台转型顺利与否，也决定了整个区域经济发展速度的快慢。因此，地方城投平台谋求建立现代化、市场化的运营机制，通过资产划拨或并购重组扩大平台公司规模，提升平台公司主体评级，将会是平台转型面临的必然路径。

融资能力有两个评判维度：一是融资业务能力；二是维持公司业绩的能力。首先，融资业务能力主要包括对市场趋势走向的把握、对金融政策的研读、对行业发展的预测、对风险的管理控制能力以及金融产品的创新和更新。其次，维持公司已有的业绩需要企业加强公司管理，设法盘活资产存量，即把闲置的固定资产转化为经营性资产，如利用资产证券化或基础设施 REITS 等产品。最后，提高直接融资比重是降低融资成本的有效渠道。直接融资对比间接融资具有成本低、期限长的优点，更有利于企业发展业务规模。直接融资手段包括发行企业债券、公司债券、中期票据、短期融资券等。通过提高直接融资比例，逐步扩充资产，提升企业发展水平，直到具备上市标准，进而可通过股权大规模融资，为城市基础设施建设提供充足有保障的资金来源。

曹妃甸国投自成立以来，积极通过公司债券等直接融资手段获取资金，大大降低了融资成本。2018 年末，公司偿还大量借款，短期有息债务由 2017 年底的 234. 32 亿元降至 2018 年底的 50. 91 亿元。截至目前，公司存续债券包括曹妃甸发展集团发行的"13 曹妃甸债""15 曹妃甸 MTN001""16 曹妃投资 MTN001""17 曹妃投资 MTN001"和"17 曹妃投资 MTN002"，以及公司本部发行的"19 曹国 01""19 曹国 02""19 曹国 03""19 曹国 04""19 曹国 06""19 冀曹国控 ZR001""20 冀曹国控 ZR002""20 曹国 D1"等，债券余额合计约 198 亿元，相比短期有息债务直接降低了大量融资成本。

七、以"专项债"为撬板，加速重大项目建设

随着疫情的不断蔓延，全球经济形势严峻，传统拉动经济的"三驾马车"

通道受阻，积极财政政策视角下的新"三驾马车"——地方政府专项债券、特别国债、财政赤字率横空出世。其中，地方政府专项债作为今年财政最大增量来源，截至2020年5月21日，新增专项债限额已提前下达2.29万亿元，提效扩容明显。曹妃甸国控积极配合财政政策调整，专项债券发行节奏不断加快，同比发行规模扩大，专项债券使用灵活度不断提升，进一步巩固公司在曹妃甸区域的建设主导地位，打造有市场竞争力的优质运营平台。第一，项目收益专项债使用额度不断扩大，项目适用领域持续拓宽，专项债用于资本金的比例大幅放松，有利于地方政府城投平台在承建政府投资项目的同时，更好地履行财政与市场资金的联结角色，吸引更多社会资金和金融机构资金参与建设，提高财政资金使用效率、加速重大基础设施建设项目落地并加速平台公司自身市场化运营转型。第二，专项债资金即强调"快发快用"，又精准定位国家重点领域、重大项目、民生短板，对于承担区域建设重任的城投平台来说，既是有效工具，也是重要指导。例如疫情期间，鼓励进行应急医疗、公共卫生、产业园区复工复产和招商引资等领域基础设施建设。第三，地方政府专项债由于存在准政府信用背书，受到投资者追捧，具备融资成本低、全场倍数高、融资期限较长的特点，更加合理地匹配城投平台的各类项目。第四，专项债资金大力支持新基建领域项目，旨在推进区域消费升级和产业优化，促进新产业、新服务、新业态的出现，与城投平台未来打造高新技术产业集群，强化自身造血功能紧密契合。

2020年，曹妃甸国投积极把握地方政府专项债的政策窗口，加快曹妃甸区域基础设施建设投资，进一步巩固了区域专营优势。其中，公司专项债项目的承建主要通过曹妃甸发展投资集团有限公司、唐山曹妃甸农业发展集团有限公司两个全资子公司实施，包括现代水产种业中心项目、曹妃甸城区再生水回用及污水输送管网工程、曹妃甸装备制造区承载能力提升基础设施建设项目（一期）、曹妃甸港前物流站一期工程起步区配套工程项目、曹妃甸区省道滨海公路（原沿海公路）曹妃甸新城至汉沽段改建工程等，均是交通基础设施、农林水利、物流设施、市政和产业园区基础设施等政策倾斜的重大项目领域，共计金额193000万元。公司专项债的发行使用占据了唐山市本级曹妃甸区地方政府专项债发行使用额度的绝大部分，加快了曹妃甸区域产业结构优化升级的步伐及民生基础设施短板的补充，承担起了政府项目部分投资、建设、运营和管理功能，强化了地方国有资产和城市资源运作能力，也推动了曹妃甸国投自身向市场化、实体化、规范化和多元化平稳转型。

第三节　转型经验启示

一、整合平台公司资源，提升公司融资效益

在宏观经济下行的环境下，实力强劲的地方政府城投平台对于整体经济的拉动作用不言而喻。自《国务院关于加强地方政府性债务管理的意见》（国发〔2014〕43 号）的出台及新《预算法》的正式实施，地方政府债券正式成为地方政府举债的唯一合法途径，城投平台与地方政府信用被割裂，"城投信仰"被逐渐削弱，地方政府投融资平台的隐性担保、融资举债及经营运作都受到约束。随后《关于进一步规范地方政府举债融资行为的通知》（财预〔2017〕50 号）、《关于做好 2018 年地方政府债务管理工作的通知》（财预〔2018〕34 号）、《政府投资条例》（国令〔2019〕第 712 号）等法规政策相继出台，昔日拉动地方经济发展的投融资平台面临全面整顿、清理及规范，地方平台亟须通过增强外部融资能力"活下去"，进而谋求转型发展。

在此背景下，各地方政府应当发挥主导作用，通过区域城投平台之间施行资产划转、资产置换、并购重组等有效推动区域经济发展。第一，有利于打造具有区域专营性的平台公司，增强平台公司的资产规模、业务能力的同时，避免多平台公司下功能定位不明晰、职能交叉重叠。平台公司规模小往往无法站在全市全局角度上统筹区域经济发展规划，呈现资产分散、资金分散、人力分散、管理分散的局面，不利于平台开展资本运作和多元化融资，无法满足市场化城市运营资金的需求，同时也阻碍融资平台市场化转型进程。第二，有利于增强平台公司的主体信用评级，提升市场认可度。平台量多质弱，融资能力往往堪忧，丧失了平台重要的财政杠杆和融资放大效应。平台的信用等级水平直接与筹资能力和筹资成本挂钩，信用等级高、资质优良的城投平台更容易获得贷款和发行债券，且成本低廉，而信用等级低、资信状况差的城投平台则不容易获得贷款和发行债券，且成本较高。

二、创新融资渠道，强化投融资平台职能

长期以来，我国各融资主体习惯于通过银行贷款等间接融资渠道进行融资，而伴随城投平台隐性债务监管收紧，城投公司"被迫"进入市场化发展新阶段，过度依赖银行借款的融资模式已难以为继，城投公司必须拓展融资渠道，才能跟

得上区域经济高质量发展的步伐。随着新《证券法》的实施和债券市场、股权市场注册制的推行，公司债、企业债等信用债券融资工具扩容，以科创板、创业板领衔的多层次资本市场不断完善，资产证券化、基础设施 REITs 等创新性融资工具获得快速发展。在此背景下，地方城投平台一定要抓住政策环境的机遇，丰富公司的融资方式、扩展融资渠道，既有利于公司管控财务风险、优化债务结构，也有利于加快城投公司的转型发展。

第一，积极通过债券融资来化解平台存量债务风险。新《证券法》下取消了债券余额占资本 40% 的限制条件，发行明显提速增效，平台公司可以抓住此契机，积极通过企业债、公司债、中期票据、短期融资券、PPN 等一系列债券市场工具补充平台资金缺口。第二，产业投资基金的发展有其必要性，可以借鉴亦庄国投的产业基金运作经验，积极利用产业基金、城市建设基金等表外融资形式，有利于构建起产业招商为根本、产业投资为引领、融资服务为支撑、产业基地为承载的一体化产融服务体系，引导更多社会资本、金融资本参与到区域产业结构优化和可持续发展中来。第三，城投平台作为国有资产运营主体，通常拥有大量优质资产，可积极关注基础设施 REITs 工具的政策发展情况，未来有机会实现存量基础设施资产的盘活，通过将优质资产真实出售给社会基金，实现前期投资资金回流和补充。第四，要积极用好地方政府专项债，尤其是利用专项债发行使用迅速、支持领域向重大项目倾斜、融合公益性与收益性的特点，拉动区域经济发展。2020 年，专项债在原交通基础设施、能源项目、农林水利、生态环保、民生服务、冷链物流设施、市政和产业园区基础设施七大领域的基础上，新增了应急医疗救治设施、公共卫生设施、城镇老旧小区改造等领域项目。同时，针对当前产业结构转型，经济高质量发展的需求，专项债也进一步将 5G、大数据为代表的新基建领域纳入重点倾斜项目。地方政府城投平台可以以专项债资金为撬板，撬动更多社会资金参与到优质项目建设中来。

三、推动平台业务多元化，契合区域发展政策

城投公司的业务不能仅仅以传统的基础设施建设为主，应当在合理保存平台作为市场与政府有效联结点的基础上，推动城投公司市场化进程，促进业务多元化发展。一方面，可以促进城投平台扩充利润增长点，增强自身化解存量债务能力和造血能力，实现平台与城市共同发展。另一方面，有利于促进平台公司项目分类监管和运营机制的完善，将公益性项目、准经营性项目和经营性项目加以区分，既有利于风险管控，也有利于项目配套资金和参与主体的落实。

除此之外，城投公司还应当把准时代发展脉搏，契合国家产业政策和区域发展政策，在此基础上，优化平台战略定位，将平台命运与区域经济发展命运紧密

联结。城投公司作为地方政府进行区域经济建设的重要力量，其本身在履行公司的基本职责外，还承担着一定的宏观社会责任。因此，城投公司的发展离不开区域经济的稳定发展，二者之间相互依托、互利共赢。城投公司只有明确自身战略定位，坚定履行国家及地方发展政策，方可实现平台顺利转型升级，推动平台及区域经济健康发展。

第十二章 扬州市邗江城市建设发展
有限公司转型发展案例分析

邗江城建自成立以来，不断进行业务多元化扩张及转型发展，目前已形成了包括市政工程、工程代建、商品房销售、建材销售、物业管理和租赁业务等多元化的业务经营模式，并已从单一的政府融资平台转型为面向市场独立经营的、社会效益与经济效益同时兼顾的国有控股集团公司。邗江城建的成功转型是通过典型的业务多元化扩张以及融资渠道的多样化来进行的。转型的基础条件得益于两点：第一，平台自身盈利能力较强，不是纯粹做公益性项目的载体，具备了一定的转型条件；第二，平台为当地最主要的城市建设投融资主体，在转型过程中得到当地政府的有力支持。

第一节 公司基本情况

一、公司基本概况

扬州市邗江区城市经济建设发展迅速，2019年实现地区生产总值995.09亿元，可比价增长7.30%，全区实现一般公共预算收入58.43亿元。2019年10月，邗江区被评为全国综合实力百强区排行榜24名。扬州市邗江城市建设发展有限公司（以下简称邗江城建或公司）为邗江区内规模最大、实力最强的区属国有企业，负责邗江区内的城市基础设施建设。

邗江城建前身为扬州市邗江城市建设置业有限公司，最初由扬州市邗江区国有集体资产管理局及扬州市邗江安厦房地产开发中旬出资设立，经过历次股权变更，现有股东为扬州市邗江区人民政府国有资产监督管理办公室、扬州盛裕投资发展有限公司及扬州市邗江城建集团有限公司。公司主要经营范围为房地产开发，国有资产经营管理及投资，城乡基础设施建设、市政公共设施管理、环境保护工程、建筑安装、装饰装潢、园林建筑、环境设计，新农村建设投资，小城镇建设投资，水利基础设施建设与投资，生态旅游资源开发，市政道路建设、园林绿化等。

公司下设办公室、督查工作部、人力资源部、财务管理部、内部审计部、经营核算部、综合管理部、发展营销部、工程管理一部、工程管理二部 10 个部门；下辖扬州金谷园林景观绿化有限公司、扬州正中建设置业有限公司全资子公司；扬州市邗江国有资产经营有限公司、扬州市邗江图腾置业发展等有限公司、扬州新能源邗城置业有限公司、扬州都市田园绿化有限公司等控股公司；扬州广润发超市有限公司、扬州新牧投资管理有限公司等参股公司。并相继成立了党组织和工会、妇联等群团组织，常态化开展相关工作。

二、公司开展业务情况

作为扬州市邗江区主要的基础设施建设与国有资产管理的综合性运营实体，邗江城建主要承担了邗江区域内重大基础设施和保障性住房建设，同时兼营商品住房业务。公司的主营业务收入主要由市政工程收入、工程收入、商品房销售收入、建材销售收入、物业管理收入和租赁业务收入等构成。

根据邗江区人民政府授权，邗江城建主要负责邗江区域内的基础设施建设，建设内容包括规划范围内市政工程、城市绿化工程、路管网等，业务具有较强的区域专营性。自成立以来，邗江城建先后承担了扬州市一系列重大市政建设，业务得到了飞速发展，具体包括"三路一环"城市环境综合整治电力线路迁移工程，扬子津路与邗江北路工程等项目建设，为邗江区的经济发展水平及城镇化水平的提高做出了重要贡献。

邗江城建在发展城市基础设施建设的主营业务同时兼营少量房地产业务，以提升盈利空间。邗江城建具有二级房地产开发资质，通过竞拍土地、施工开发、商业营销等常规地产业务模式参与市场竞争，拓展市场业务。2017 ~ 2019 年，邗江城建共获得商品房销售收入 52007.26 万元、18761.14 万元和 12593.06 万元（见表 12 - 1）。

表 12 - 1　邗江城建近三年来公司业务收入情况

业务/板块	2019 年		2018 年		2017 年	
	金额（万元）	占比（%）	金额（万元）	占比（%）	金额（万元）	占比（%）
物业管理	892.60	0.70	746.56	0.58	511.44	0.42

业务/板块	2019 年		2018 年		2017 年	
	金额 （万元）	占比 （%）	金额 （万元）	占比 （%）	金额 （万元）	占比 （%）
市政工程	54764.84	42.89	37352.00	29.14	57757.90	47.71
工程收入	57398.15	44.95	67855.58	52.93	—	—
土地转让	—	—	—	—	9636.19	7.96
建材销售	856.41	0.67	899.51	0.70	584.75	0.48
商品房销售	12593.06	9.86	18761.14	14.64	52007.26	42.96
租赁业务	1045.44	0.82	665.74	0.52	528.27	0.44
服务费	4.60	0.00	96.83	0.08	44.58	0.04
其他	144.65	0.11	1811.73	1.41	—	—
合计	127699.76	100.00	128189.09	100.00	121070.40	100.00

公司其他业务收入包括物业管理、土地转让、建材销售、租赁业务及服务费收入等，均占营业收入比重较小。

三、公司财务状况

（一）资产负债结构及公司偿债能力

扬州市邗江城市建设发展有限公司资产具有较强的流动性，且盈利能力较强。

2017～2019 年，邗江城建资产总额分别为 1758694.81 万元、2898505.51 万元和 3451676.08 万元。截至 2019 年 12 月末，公司合并报表的流动资产合计为 3153517.32 万元，占资产总额比例为 91.36%。公司资产总额保持稳定增长趋势，整体资产变现能力略有上升且保持在较高水平。2017～2019 年，公司营业收入分别为 121070.40 万元、128189.09 万元和 127699.76 万元，实现净利润 1.48 亿元、1.58 亿元和 1.81 亿元，盈利能力保持较高水平。

在偿债能力方面，邗江城建近年来发展迅速，债务规模扩大，但公司资产流动性强，仍具有较强的偿债能力。

2017～2019 年，公司总负债分别为 869101.20 万元、1376503.38 万元和 1860106.03 万元，全部债务逐年增加，其中以流动负债为主，近三年流动负债分别为 454403.53 万元、837718.07 万元和 1033176.38 万元，占总负债比重分别为 52.29%、60.86% 和 55.54%。公司仍具有较强的偿债能力，在短期偿债能力方面，2017～2019年，公司的流动比率分别为3.38倍、3.12倍和3.05倍，速动比率分别为1.72倍、1.37倍和1.33倍，公司流动比率保持在较高水平。公司拥有较充足的货币资金，同时加强了对存货、应收账款和其他应收款等流动资产的管理，提高了短期资产流动性。在长期偿债能力方面，2017～2019年，公司资产负债率分别为49.41%、47.49%和53.89%，资产负债率整体较稳定并保持在合理水平，说明公司资产结构较合理，财务风格比较稳健。

（二）公司运营能力

从整体看，公司运营能力较稳定。2017～2019年，公司应收账款周转率分别为0.58次/年、0.51次/年和0.44次/年，存货周转率分别为0.16次/年、0.10次/年和0.06次/年，总资产周转率分别为0.07次/年、0.06次/年和0.04次/年，均处于较低水平，主要是公司开发成本建设周期较长、前期需垫付较多资金且项目回款较慢所致。未来随着公司开发成本陆续完工结算及其他业务的逐步开展，公司运营能力将得到进一步的提升。

（三）公司现金流量状况

在现金流量方面，2017～2019年，公司经营活动产生的现金流量净额分别为-59397.96万元、1674.24万元和-93555.76万元。2019年经营性现金流净额为负，主要由于公司垫资开发建设业务相关项目，支付其他与经营活动有关的现金较多。2017～2019年，公司投资活动产生现金流净额分别为-5318.48万元、68092.99万元和-23694.32万元。2018年末，公司投资活动产生的现金流量净额较上年同期大幅度增加，主要原因为2017年公司合并扬州维扬发展投资有限公司股权。2017～2019年，公司筹资活动产生的现金流净额分别为2018.22万元、34120.65万元和168615.98万元。2018年末，公司筹资活动产生的现金流量净额较上年增加较大，主要是2018年以来因业务发展需要而新增大量借款所致。

从现金流量整体情况分析，公司目前处于快速发展期，融资渠道较畅通，具有较强的现金获取能力。随着代建工程的陆续完工，公司现金流情况将有所改善。

综上，邗江城建主营业务收入维持在较高水平，经营状况稳定，具备较好的盈利能力。公司未来两年营业收入及净利润将呈现稳步增加的态势。

四、公司融资情况

公司直接融资渠道逐渐多样化，已发行债务融资工具包括一般中期票据、私募债及企业债等。截至2020年6月，邗江城建及并表子公司已发行未兑付的债券、其他债务融资工具及偿付情况如表12-2所示。

表 12 - 2 邗江城建债券融资情况

序号	发行主体	债券简称	发行日期	发行规模（亿元）	当前余额（亿元）	发行期限（年）	票面利率（％）	证券类别
1	扬州市邗江城市建设发展有限公司	G20 邗江	2020 年 4 月 10 日	5	5	5	3.90	私募债
2		20 邗江 01	2020 年 3 月 4 日	5	5	5	4.09	私募债
3		19 邗江 01	2019 年 11 月 19 日	15	15	5	4.75	私募债
4		17 邗江城建 MTN001	2017 年 6 月 1 日	5	5	5	6.40	一般中期票据
5		15 邗城建债	2015 年 6 月 12 日	10	4	7	5.88	一般企业债
6	扬州维扬发展投资有限公司	19 维扬债	2019 年 5 月 17 日	4	4	3	6.50	私募债
	合计			44	38	—	—	

在银行借款方面，公司资信状况良好，与各大商业银行均建立了长期稳定的业务关系，具有较强的间接融资能力。截至 2019 年 12 月末，公司共获得授信额度 131.40 亿元，其中已使用的授信额度为 94.59 亿元，剩余未使用额度为 36.81 亿元。公司银行授信情况具体如表 12 - 3 所示。

表 12 - 3 截至 2019 年 12 月末邗江城建银行授信情况 单位：亿元

序号	银行名称	综合授信额度	已使用情况	剩余额度
1	光大银行	5.76	4.31	1.45
2	广发银行	0.55	0.55	0.00
3	华夏银行	3.80	3.80	0.00
4	建设银行	12.00	9.00	3.00
5	江苏银行	15.18	14.98	0.20
6	交通银行	7.20	7.20	0.00
7	民生银行	7.10	7.10	0.00
8	南京银行	25.30	21.90	3.40
9	农发银行	3.20	3.20	0.00
10	农业银行	7.16	7.16	0.00
11	厦门国际银行	2.50	2.50	0.00
12	紫金农商行	1.34	1.29	0.05
13	浙商银行	0.85	0.85	0.00
14	浦发银行	0.30	0.29	0.01

续表

序号	银行名称	综合授信额度	已使用情况	剩余额度
15	中信银行	3.86	3.86	0.00
16	工商银行	3.50	3.50	0.00
17	招商银行	0.30	0.30	0.00
18	兴业银行	27.50	2.80	24.70
19	常熟农商行	2.00	0.00	2.00
20	渤海银行	2.00	0.00	2.00
	合计	131.40	94.59	36.81

2017~2019 年，公司短期借款分别为 13000 万元、67540 万元和 226948 万元，占总负债比重分别为 1.50%、4.91% 和 12.20%。2019 年，公司短期借款较上年大幅增加，变动比例达 236.02%。公司短期借款具体明细如表 12-4 所示。

表 12-4 邗江城建短期借款情况 单位：万元

项目	2019 年 12 月 31 日	2018 年 12 月 31 日	2017 年 12 月 31 日
质押借款	26050	9340	—
抵押借款	4900	—	—
保证借款	175998	49100	8000
信用借款	20000	9100	5000
合计	226948	67540	13000

2017~2019 年，公司长期借款分别为 195040 万元、249693 万元和 402519 万元，分别占公司总负债的比重为 22.44%、18.14% 和 21.64%。2019 年末较上年末增加了 61.21%。公司长期借款具体明细如表 12-5 所示。

表 12-5 邗江城建长期借款情况 单位：万元

项目	2019 年 12 月 31 日	2018 年 12 月 31 日	2017 年 12 月 31 日
信用借款	14250	26000	109885
保证借款	243130	192460	69400
抵押借款	—	—	25000

项目	2019 年 12 月 31 日	2018 年 12 月 31 日	2017 年 12 月 31 日
质押借款	109400	59755	19755
保证 + 抵押借款	54994	48000	—
保证 + 质押借款	77500	25713	—
减：一年内到期的长期借款	96755	102235	29000
合计	402519	249693	195040

2019 年，公司借款规模扩张，主要是由于公司经营规模扩大，需要大量资金支持业务规模的发展。

第二节 转型发展分析

一、公司转型发展战略

扬州市邗江城市建设发展有限公司作为邗江区政府整体开发建设的主体，是依托并服务于区政府的政府服务型企业，具有城市基础设施建设、国有资产经营管理职能，承担了邗江区和自身发展的双重责任，因此通过市场化运营和管理实现邗江区和自身的协调发展是公司转型发展的主要目标。公司在转型过程中将进一步提高管理水平，充分发挥自身优势，在市政项目建设投融资、国有资产保值增值、促进区域发展等方面为邗江区经济与社会的可持续发展贡献力量。公司的主要转型发展战略如下：

（一）提高项目建设管理能力，满足经济与社会发展要求

根据邗江区城市发展总体规划，围绕邗江区城市建设的总体目标，公司将在市政基础设施建设、城市环境改造、安置房等方面超前规划，加大投资力度，以满足城市发展需求。主要目标如下：

1. 在市政基础建设方面

按照市区道路的布局对影响交通通畅的路网进行改、扩建，并根据城市总体规划的实际情况，新建相应的市政干、支道，并配套建设给、排水管网，以适应城市快速发展的需要。

2. 在城市环境改造方面

按照城市创建的要求和规划采用多元化建设战略，进行环境综合整治，新建

和扩建公园、绿化、娱乐等设施，对城市建筑立面进行系统改造，对牌匾进行综合治理，以提升城市的品位，改善城市的形象。

3. 在安置房建设方面

为满足新城区快速发展的需要，进一步加大安置房的建设力度，确保城市的设施完善。

（二）做大做强市场化主体，拓宽融资渠道

公司作为扬州市重要的投融资主体，努力拓宽自身融资渠道，尤其是通过发行债券等方式进行直接融资，逐渐实现业务经营的市场化，主要措施包括：第一，通过挖掘和整合原邗江区、维扬区国有资产，利用城市资源，组合优质资产，做大做强邗江城建公司，强化公司市场化主体职能；第二，以政府有效资产为依托，按市场化运作方式，积极探索直接和间接融资等多种融资方式，为降低融资成本，在银行信贷渠道畅通的同时，开拓资本市场融资，为推动邗江区城乡一体化建设，打造新兴城市提供强大的资金保障；第三，规范公司资金管理，提高资金使用效益，保持较强的持续融资能力。以稳定的现金流，确保到期债务的按时偿还，形成成熟的债务偿还机制，从而保持主体良好的信用水平。

（三）业务多元化发展，实现产业化转型

邗江城建致力于拓宽业务模式，在以城市基础设施建设业务为主的同时，以多元化发展格局实现自身产业化转型，以瓜洲国际旅游景区开发建设为契机，完善景区规划基础设施配套，加大对景区建设的投入，将瓜洲打造成集江河风情、古镇风貌、生态休闲于一体的"中国运河第一镇"，实现公司旅游开发业务的拓展。

同时，公司未来将加大土地整理开发、商贸物流等业务的投资运营，实现自身多元化发展格局，同时亦实现自身产业化转型，逐渐发展成为面向市场独立经营的、社会效益与经济效益同时兼顾的国有控股集团公司。

二、公司转型发展过程中的优势

尽管在邗江城建转型的过程中，存在一定的风险与问题，但公司仍具有明显的优势。首先，位于经济建设快速发展的扬州市邗江区，拥有良好的区位优势；其次，为邗江区规模最大的基础建设投融资主体，具有一定的垄断优势，有利于支持公司经营规模的扩大与稳定经营；再次，建立了完善的法人治理结构与管理制度，有利于各项业务的合理决策与顺利开展；又次，虽然债务规模随着经营规模而扩大，但信用评级较高，凭借良好的信用水平，可以顺利拓宽融资渠道，缓解资金周转问题；最后，作为邗江区政府重点构建的综合性投融资主体，当地政府将会稳定地提供多方面支持。邗江城建的具体优势如下：

（一）区位经济发展迅速

邗江城建地处的扬州市邗江区位于中国经济最具活力的长三角地区，是长三角地区辐射苏北、鲁南、皖东地区的重要节点区域，是宁镇扬都市圈的重要节点。近年来，扬州市邗江区城市建设步伐明显加快。"十一五"期间全区城镇基础设施建设累计完成投资 120 多亿元，城镇建成区面积由 42.80 平方千米增加至 62.60 平方千米。

围绕着精致城区建设，邗江区先后实施了文昌西路街景提升、背街小巷整治工程，城区形象和人居环境进一步提升；围绕着城镇绿化建设，邗江区先后完善提升了来鹤台广场、府后广场等公用绿化，城区绿化覆盖率已达44.8%；围绕着道路改造建设，邗江区先后完成了邗江路、百祥路、幸福河路、望月路、同泰路等道路建设改造工程，城区路网密度逐年提高，交通状况进一步改善。同时，邗江区按照"两年基本完成大市政，三年基本结束大拆迁，五年初见大成效"的改造开发思路推进了蒋王片区市政道路建设，完成了兴城西路、文汇西路、中心东路西延段和站南路、西三环路等道路建设工程，"三横五纵"道路交通网逐步成形，实现了与邗上片区、新城西区的无缝连接；按照以"镇园合一"定位目标，完成了经济开发区 5 条道路及配套工程建设，经济开发区北园日趋成熟，南园和汉河片区已初具规模。

未来，邗江区将以转型升级为动力，进一步推进主城区建设，在完善、提升邗上片区的同时，加快蒋王片区、汉河片区建设，打造以现代服务业和现代科技产业为特色的现代都市。同时，将以"超前谋划、策划规划、适时启动"为原则，结合瓜洲旅游景区规划建设，积极谋划"运河邗城"建设，努力打造成为长三角有名的"旅居城镇"和扬州重要的城市副中心。

综上，在邗江区经济与城市建设快速发展以及邗江区经济财政实力不断增强的大环境下，邗江城建作为邗江区投资开发建设主体将获得更多的业务发展机会，公司业务也会进入持续、稳定、快速的发展阶段。

（二）公司经营发展稳定

邗江城建作为扬州市邗江区辖区内最大的国有资产经营平台和最大的基础设施建设平台，在项目运作、资产规模、区政府支持、经营管理等方面具有令同业其他公司难望项背的优势，因此公司在邗江区范围内具有一定的垄断优势。作为当地非常重要的综合性平台，邗江城建的投资和经营范围覆盖了旅游开发、保障房建设等多个领域，数年来，公司在其覆盖的领域里为行业做出了突出贡献，很好地改善了扬州邗江的城市环境，也促进了当地的经济发展。邗江城建由于处于行业的垄断地位，几乎没有外来竞争，在相对稳定的市场环境下，公司茁壮地成长，具备着稳定的持续盈利的能力。

截至 2019 年末，公司合并报表的流动资产合计为 3153517.32 万元，占资产总额的 91.36%，这些流动资产主要是货币资金、应收票据及应收账款、其他应收款、预付款项和存货，致使资产整体流动性较强。即使公司未来出现偿付困难的情形，可通过应收账款催收或转让等方式实现资产的变现来偿还债务，较多的可变现资产是偿债所需资金的坚实后盾。

后续随着邗江区划逐步调整，新邗江基础设施建设会面临新的发展机遇，邗江城建会逐步扩大业务规模，也将逐步显现自己的垄断地位。

（三）内部治理机制健全

根据国家颁布的有关法律如《公司法》及邗江城建的《扬州市寒江城市建设发展有限公司章程》，完善了法人治理结构，建立了现代企业制度。公司按照法律设立了董事会、监事会、股东会，各个管理层的人员按照工作规则各司其职，各负其责。

近年来，随着各项业务的不断发展，公司实力得到进一步增强，经营能力及范围得到了较大的提升。为了规范公司管理，完善各项工作制度，提高经济效益，公司依据国家法律法规及相关管理部门的规定，并结合自身特点和管理需要，从财务管理、资产管理、投融资管理、对外担保管理、内部控制五个方面建立并完善了各项管理制度，通过制度化建设，加强业务管理、财务管理和风险控制，达到全面管控和规范运营。

邗江城建为了加强自身的财务管理，使自身财务行为规范，根据相关法律，如《会计法》《企业会计制度》《公司章程》等规定，结合公司实际，制定了《扬州市邗江城市建设发展有限公司财务管理制度》。公司建立了系统、健全的财务管理制度，做好财务基础工作，如实反映财务状况，依法计算和缴纳税款，保证国有资产的保值增值。

（四）良好的信用及外部融资能力

良好的信用评级是企业在金融市场上必不可少的"通行证"，企业自身的主体信用等级更体现了企业发展的质量与姿态。不管企业进行债券融资还是申请贷款，都必须通过具备资格的独立第三方专业机构的规范评估。邗江城建具有较高的信用级别，2018 年 12 月 21 日，公司主体信用等级成功晋升 AA＋，成为邗江区首家主体信用 AA＋企业。2019 年，东方金诚维持公司的主体信用等级为 AA＋，公司评级展望为稳定。

因为具备 AA＋的优质信用级别，公司才能顺利拓宽融资渠道，调整和优化了融资结构的方式，在将融资计划合理化后，控制和降低了贷款额度及融资成本，提高了资金的使用效益。一方面，公司通过扩展发行企业债、城投债的渠道，参与银行间市场交易，吸引更多的业务伙伴，赢得更多的市场机会，拓宽企业的发展空间。另一方面，公司积极地与商业银行、国有银行以及担保公司等金融机构合作，通过各个渠道全面筹集主营业务所需资金，较好地保障了邗江区城市建设的资金需求。数年来，公司与相关的金融机构都保持着良好的合作关系，更是在国内银行间市场拥有着良好的信用记录，与光大银行、厦门国际银行等机构保持着良好的长期合作关系。如果公司遇到任何突发性的资金紧张问题，也可利用其自身一贯的信用好评以及与各金融机构之间的信任来间接融资筹措还本付息所需资金。截至 2019 年 12 月末，公司合并口径共获得授信额度 131.40 亿元，其中已使用的授信额度为 94.59 亿元，剩余未使用额度为 36.81 亿元。

（五）股东和地方政府的大力支持

邗江城建作为当地市政府重点建设的综合性投融资平台，背负着城市基础设施建设与旅游开发等重大的任务，同时也履行着国有资产经营及项目融资建设等职责，其业务发展自然被邗江区政府大力支持。邗江区政府首先使用注入优质资产、项目委托开发等形式，使邗江城建的业务逐渐扩大，从而提高业务效率，扩大规模；其次返还收益、补贴财政给邗江城建公司，用这样的方式予以全方位的支持，使公司具有优良的持续盈利能力。公司股东扬州市邗江区人民政府国有资产监督管理办公室等多次扩充公司资本金，自公司成立以来通过货币注资等方式使得公司注册资本从 2000 万元增加至 26 亿元，公司资本实力得到显著增强。此外，公司股东还在政策、业务、技术等方面持续给予公司有力支持。

第三节　转型经验启示

一、公司转型发展的经验借鉴

邗江城建的转型发展战略以及它在转型发展过程中保持优势而采取的措施，都对现有融资平台的转型提供了一定的经验借鉴。

（一）优化公司内部治理机制

在市场化转型过程中，邗江城建完善的内部治理机制为其顺利开展投融资项目提供了保障。为了更好地进行市场化转型，现有的地方投融资平台必须尽快建立与市场主体地位相匹配的管理体制和公司治理结构。

第一，地方投融资平台应该在最短的时间内建立健全的现代企业制度，使产权更清晰、权责更明确、政与企分开、管理更科学，成为独立的市场主体；也应切实按照《担保法》《公司法》等法律法规来完善自身的管理结构，建立董事会、监事会、股东会，正式明确股东构成与资本结构，特别是要厘清政企关系，尽量避免公司决议被行政命令替代的情况。投融资平台要按照自身设立的现代企业制度规范运作，同时也不能松懈对高管人员的内部绩效考核，更不能按照绩效以外的标准来决定高管人员的任免。

第二，地方投融资平台应该把内部的决策程序尽快完善，公司正在进行的每个项目都应该具有相应的投融资决策程序，确保每个项目的投融资行为都合理合法，还需要保证公司整体的投融资方向符合政府机关的建设目标。考虑平台的可承受范围有限，平台需要保证与之能力相匹配的融资规模，因此平台内部应设立相关的审批权限制度、授权制度，应有严格的审批程序来监管资金划拨。

第三，地方投融资平台亟须建立风险预警机制，控制平台自身的债务风险。平台公司可以密切地观察所在地区经济增长情况、测算经济增长速度、推演政府财政能力，也可以仔细关注公司内部的现金流情况、资产负债比等重要的财务指标，来分析潜在风险，并且可以从获得的数据中提炼相应的风险化解方案。例如，有突发情况，平台应及时报告。

（二）提升公司信用，扩展融资渠道

我国地方投融资平台的主要资金来源还是银行贷款，整体上融资平台融资渠道单一，造成融资成本较高。面对融资渠道狭窄的问题，地方政府融资平台公司要进一步创新融资模式，拓宽融资渠道。

邗江城建依托地方政府的大力支持以及自身良好的信用，多方面扩展融资渠道，这也为现有地方融资平台的转型提供了借鉴意义。现有融资平台一方面可以进一步利用相关的政府背景带来的信用优势，另一方面也应通过市场化转型，提升自身盈利能力以及偿债能力，改善自身信用水平，拓展市场化融资渠道。在信用水平提升的情况下，融资平台可以积极探索市场化多渠道融资方式，降低融资成本，提高融资效率。融资平台可以发行债券与多种债务融资工具，通过这种低成本的方式直接向社会融资；部分地方政府投融资平台还可在证券市场整体上市，利用股权来进行低成本市场化融资。此外，融资平台还可以通过利用地方政府配置的资产资源，运用资产证券化、产业基金等融资方式。通过拓展市场化融资渠道，降低对银行贷款的依赖。

（三）开展多元化经营，拓展公司业务领域

邗江城建在以市政工程建设为主营业务稳步推进的同时，也在大力推进旅游景区开发建设，土地整理开发及商贸物流等业务，从而实现盈利来源的多元化，提升自身盈利能力。

地方投融资平台的业务主要集中在基础设施建设和城市公用事业建设上。在转型的过程中，一方面地方投融资平台应当继续发展重点业务如城市基础设施建设，这是发挥自身优势；另一方面平台也需要更加积极地开拓市场化业务，按照实际情况来制定适当措施，结合当地城市发展的状况与需求，借助平台自身的资源，向金融控股、资产管理、城市运营等市场化的业务转型，同时也拓展城市化配套管理业务，将平台公司打造成当地独具特色的城市运营管理机构，从不盈利的公益企业转变为公益商业二合一的国有类企业。平台公司会因为多元化的经营方式而拥有更强的自我发展能力，而更强的自我发展能力会给平台带来更高的利润，如此良性循环，地方公益事业得到发展的同时政府财政压力也会减小。

（四）盘活存量资源，创造增量资产

对于平台公司的存量资源，平台公司要注重对其进行统筹规划和合理利用，如可以利用公共交通、停车场、地下管网等基础设施提供广告宣传、会展服务等，采取多举措来盘活平台公司资产。融资平台可以通过产业嫁接，在实行市场化改革以后，以社会资本方的身份参与规范化PPP项目建设。未完全进行市场化运营的平台公司或由于主营业务性质及项目建设周期原因短时期难以完全进行市场化改制的平台类公司，可积极参与政府预算内市政建设项目，如地方政府专项债券募投项目的建设工作等。

在创造增量资产方面，一方面，融资平台可以通过注入优质资产进行优良化运行。对区域内各类国有资产、经营管理权和存量土地等资源经评估后，按行业分类归为集团公司或相应子公司，为组建后的集团公司注入优良资产，改变一些平台公司有形无实的运作状态。通过进行合理分工化，合理安排各类政府项目投资，使各项建设业务能够更好地发展。另一方面，平台公司还可以创新运营模式，通过采取土地入股、赋予特许经营权、项目入股等方式，引进社会资本和战略投资者，重点支持当地的基础设施建设、产业集聚区的经营性和准公益性项目建设的运营。

二、公司转型发展可适用的平台类型

邗江城建作为扬州市邗江区规模最大的基础设施投融资主体，它的转型发展战略给类似的融资平台提供了相应转型发展的借鉴经验。总体来说，邗江城建的转型发展核心方向为市场化转型，具体手段为在以基础设施建设业务为基础的情况下，拓展其他如物流、房地产、旅游等商业化领域业务，从而成为公益性和商业化相结合，采取市场化运作方式的综合性区域投融资主体。

该种转型发展模式适用于和邗江城建相类似的区域性主要投融资平台。对于主营业务为区域基础设施建设的投融资主体，可以依托区域经济资源与当地政府的支持，在稳步推进基础设施建设业务，成为区域建设投融资主要平台的同时，开拓与所在地区特色相结合的其他商业化业务领域，实现业务多元化发展以及产业化转型，成为市场化运作的区域特色投融资主体，从而实现自身发展和区域发展的双赢。

第十三章 十二师国资（集团）公司转型发展案例分析

新疆生产建设兵团是履行屯垦戍边使命、实行党政军企合一的特殊组织，接受中央人民政府和自治区政府双重领导，其下辖的十二师辖区是首府城市北扩、西进的重要战略地带，区位及地缘优势显著。新疆生产建设兵团第十二师国资（集团）是十二师最早成立的一个投融资平台，代表十二师国资委整合并被授权经营国有资产，在盘活存量资产的同时充分发挥投资导向作用。重组后的国资（集团）公司在工业制造板块、农副产品市场管理板块、现代物流供应链管理板块、资产管理板块四个方面进行战略布局。十二师国资（集团）公司转型发展主要路径有：推动旗下子公司上市，实现市场化转型；拓展融资渠道，积极发行新品种债券；贯彻落实供给侧结构性改革；深耕资产管理模块等。经过一系列市场化转型发展，十二师国资公司已具备极强的自身造血能力。

第一节 公司基本情况

一、新疆生产建设兵团基本情况

新疆生产建设兵团成立于1954年，当时为积极响应毛主席号召，10万大军集体就地转业，开始了艰苦创业历程。1997年中央正式发文明确规定：兵团是履行屯垦戍边使命、实行党政军企合一的特殊组织，接受中央人民政府和自治区政府双重领导，享有省级的权限，实行国家计划单列，纳入国家一级预算，税收由自治区分管，行政、司法、经济、财政由中央直管，自行履行司法职能。兵团下辖各师大多都与自治区的地区行政中心对应，14个师185个团场遍布新疆各地呈嵌入式发展的分布，驻守2077千米边境线。

兵团十二师是唯一一个位于新疆首府乌鲁木齐市的综合师，乌鲁木齐位于丝绸之路经济带核心区，是新疆的政治、经济、文化、科技、医疗和交通中心。十二师充分发挥其地缘优势，以建设"生态智慧新区"为契机，确立发展优势，努力把十二师打造成为首府地区的"科技转化基地、商贸物流基地、文旅休闲基地、总部经济基地、生态智慧新区"。加强基地建设、培植基础财源，"两园两区一核心""八大城镇板块""两大集团公司""八大专业市场"的以混合经济为主体的开放式、多元化、全方位发展格局已基本形成。2019 年全师全年实现地区生产总值 228.85 亿元，同比增长 12.70%，经济总量连续六年在兵团排名第 4 位。

十二师辖区是首府城市北扩、西进的重要战略地带，这使得其区位、地缘优势更加显著。师域土地总面积为 3048.75 平方千米（耕地面积为 213.54 平方千米），其中乌昌腹地、城市周边可利用建设用地高达 60 余万亩，是自治区首府未来打造"1000 万 + 人口""10000 亿 + GDP"最重要的战略承载空间。

近年来，按照习近平总书记指出的"发展是兵团增强综合实力、实现拴心留人、履行特殊使命的关键"的要求，十二师党委以培育现代优势产业群为目标，全力做好"工业集群化、农业现代化、服务业专业化、团场特色化、城镇精致化"五篇大文章，力争一年全面起势、三年取得突破、五年塑成优势，逐步形成以实体经济为基础、创新驱动为主导、产城相互融合的十二师现代化经济体系，凝心聚力把十二师建设成为"现代产业强师、生态智慧新区"。

二、十二师国资（集团）公司"四大产业"板块发展情况

十二师国资（集团）公司成立于 2002 年，作为十二师最早成立的一个投融资平台，是由新疆生产建设兵团第十二师国有资产监督管理委员会出资设立的国有独资管理型公司，注册资本 7.21 亿元，代表十二师国资委整合并被授权经营国有资产，在盘活存量资产的同时发挥投资导向作用。

为贯彻落实党中央、国务院关于深化国有企业改革重要部署，更好地履行国家赋予兵团的使命、抢抓"一带一路"核心区建设的关键时机、更好地深化整合十二师各类资源要素、增强十二师自身竞争力和影响力，在十二师党委的指导下，公司按照国有资本运营公司属性要求，整合重组师域内优质资源，在原国资（集团）公司基础上重新组建十二师国有资本运营公司，重新组建后的国资（集团）公司在工业制造板块、农副产品市场管理板块、现代物流供应链管理板块、资产管理板块四个方面进行战略布局。

（一）工业制造板块

十二师国资（集团）公司工业制造板块以天润乳业、宝新盛源、芳婷公司、希望电子、希望爱登堡电梯公司为主体，对十二师原有的食品加工、机械和新兴材料制造等相关资产、资源进行重组整合，提高了整体资源配置能力和资源利用效率。经过多年深耕细作、扩大市场份额，十二师工业板块以乳品生产加工、矿渣微粉生产销售、针织服装生产销售、新能源产品研发销售、电梯运维服务等领域为主，2019年，公司工业制造板块实现营业收入18.9亿元。

1. 绿色食品产业方面

控股公司天润乳业于2013年成功上市，是国家农业产业化重点龙头企业、自治区高新技术企业，并且成为国家经济动员办公室在西北地区设立的唯一乳制品动员中心。通过资本市场的助力，天润乳业已发展成为西北唯一一家集饲养种植、原料生产乳制品研发、生产和销售为一体的全产业链专业化乳品企业。

天润乳业通过采取"直销+经销商"的销售模式，按照差异化传播理念，在全国均建立了销售渠道，已在各省会和一线城市设立近300家天润专卖店、打造了自身的样板市场、核心市场，在全国各省市布局了747家经销网点（疆内379家，疆外368家），新疆当地市场占有率高达40%，稳居疆内第一。

2. 高端装备制造方面

十二师国资（集团）公司权属企业新疆希望爱登堡公司是新疆唯一一家从事电梯生产的国有控股企业，集电梯、扶梯、机械车库的研发、制造、销售、安装和维护保修于一体，是西北地区最大规模的现代化电梯、扶梯和机械车库的生产、物流和营销基地，同时也是新疆唯一的电梯维修保护安监培训基地。

在电梯生产制造的基础上，该公司充分利用世界先进的柔性机械加工生产线，以全疆维保为未来市场布局，同时搭建电梯远程监控系统。公司依托兵团乌鲁木齐工业园，辐射新疆乃至西北工业企业，打造高端机械装备制造开发平台、电梯远程监控维保平台、电梯专业化人才培训平台，为新疆、西北乃至全国培养优秀的产业工人，由生产制造型向生产服务型转换。

3. 新能源产业方面

十二师国资（集团）公司权属企业希望电子公司是一家集研发、设计、生产、销售于一体的专业电子节能科技公司，致力于节能节电产品、绿色光源产品的研制与生产。该公司是国家级高新技术企业、国家发展改革委认定的新疆唯一一家"合同能源管理服务公司"、新疆首家"节能电子产品技术研究服务中心"、自治区"两化融合重点支撑单位"，拥有享受国务院特殊津贴专家1人。公司已取得国家专利113项、地方标准6项、企业标准24项。

（二）农副产品市场管理板块

权属企业新疆九鼎农业集团有限公司于2012年投资建设，2013年正式运营，是全疆最大的农产品一级批发平台，同时也是国家在新疆唯一一家农产品物价指数监控平台。公司以农产品商贸流通为主，业务涉及干鲜果品加工和销售、农产品进出口贸易、农产品电商、冷链物流等农产品产业链。其所经营管理的乌鲁木齐九鼎农产品批发交易市场被自治区及乌鲁木齐市两级政府列为重点"菜篮子工程"基地，并确定为农业部在新疆的首批"定点鲜活农产品中心批发市场"。2018年10月，九鼎国际食品城投入运营，紧邻九鼎农产品批发交易市场，两个市场业态互补、上下联动，共同形成农副产品一站式采购中心。

十二师农产品交易以新疆九鼎农业集团有限公司为主体，农副产品市场开发与运营为主业，依托九鼎市场平台优势、信息优势和品牌优势，按照"依托城市、服务城市、配套城市"的发展思路，整合重组农产品市场相关的业务和优质资源，统筹蔬菜、果品、冻品、副食品市场，对现已建成的乌鲁木齐、伊犁、克拉玛依、石河子、北屯"五大市场"进行规范化运营管理，打造全疆人民的"菜篮子""果盘子"工程。

（三）现代物流供应链管理板块

以新疆中瑞恒远商贸集团有限公司为主体，聚焦"商贸＋物流＋供应链"主业，整合师域内物流业务板块和供应链贸易资源，积极开展各类商贸物流供应链、农产品供应链、大宗商品供应链业务。十二师现代物流供应链管理模式已形成钢材、石材、机电、家居"四大市场"；聚鑫交通物流港、中瑞德盈国际物流园、三葛庄国际内陆港、乌鲁木齐集装箱中心站"四大物流园区"；中瑞恒远仓储、天恒基仓储"两大供应链平台"，2019年实现营业收入35亿元。

（四）资产管理板块

以天宏资产管理公司和国运天成资产管理公司为主体，紧密围绕资产处置、股权转让、资产盘活等工作，对十二师老旧国有企业、团场移交团办企业现有的土地资源及优质资产进行重组整合。公司通过招商引资，盘活企业存量资产，实现资本溢价，2019年实现营业收入3.37亿元。

除大力发展四大支柱性产业外，国资（集团）公司还在师党委的领导下，按照兵、师党委国资改革的总体部署，在坚持稳中求进的总基调基础上，对部分产业中长期资源分散、层次不高、发展力不强、经营效益低下的企业进行关停并转。同时还积极通过改造升级、产业聚焦、管理提升等方式推动企业理念、目标、制度、经营等全方位提高企业发展质量，增强企业核心竞争力。

三、十二师国资（集团）公司财务状况

十二师国资（集团）公司成立于2002年，是十二师国资委出资设立的国有独资公司，注册资本6.71亿元，资产总额275亿元，负债总额177.7亿元，资产负债率64.62%，现有全资、控股、参股二级企业55户，托管企业2户，是十

二师重要的投融资平台之一。

自 2012 年战略重组以来，国资（集团）公司共出资设立全资控参股企业 29 家（二级企业），合并范围内企业 16 家（二级企业），其中全资企业 7 家、控股企业 3 家、参股企业 6 家，涉及食品加工、农产品贸易、节电新能源、新型建材、装备制造和商贸物流等领域。近几年经济和产业规模都有了较大发展提升，至 2019 年末资产总额达到 275.02 亿元，净资产 97.31 亿元，资产负债率 64.62%，负债水平稳定。2019 年公司营业收入 64.03 亿元，同比提升 12.19%；净利润 3.00 亿元，同比提升 10.51%；归属于母公司净利润 1.22 亿元，同比提升 23.67%。

公司整合集团内部资源，提高资金使用价值，在集团内对国资、九鼎、中瑞三家资金力争做到相互融通，力争做到提高资金使用效率，降低集团整体财务成本；各集团在融资工作中发挥各自优势，力争达到集团合并后结构调优，成本降低的目标，2019 年公司流动比率为 1.29，经营性现金流净额 14.76 亿元，公司现金流量较充足。

集团非常注重产业培育和提升，在资本市场树立了良好形象，也得到了广大投资人的认可。至 2019 年末，集团融资总额为 98.13 亿元，资本市场融资 41.79 亿元，占比 42.59%，长期资金 52.99 亿元，占比 54%，四大核心板块：乳制品加工板块占 25.41%，农产品贸易板块占 65.52%，电子制造板块占 14.73%，建筑施工板块 12.50%。这极大地支持了产业的发展，也逐步形成了自身的核心业态。

在公司不断发展的过程中，已经推行全面预算的财务运作模式。2020 年财务预算预计营业收入 69.14 亿元，其中贸易板块 37.94 亿元、乳制品加工板块 18 亿元、建材市场销售 1.41 亿元、电器制造板块 1.89 亿元、服装生产 0.47 亿元、建筑施工板块 6.04 亿元、运输服务板块 0.24 亿元、其他业务 3.15 亿元。

2020 年预计利润总额 4.68 亿元，其中贸易板块 2.21 亿元、乳制品加工板块 1.6 亿元、建材市场销售 0.09 亿元、电器制造板块 0.02 亿元、服装生产 0.02 亿元、建筑施工板块 0.68 亿元、运输服务板块 0.06 亿元、其他业务 0 亿元。

2020 年预计净利润 3.40 亿元，其中贸易板块 1.57 亿元、乳制品加工板块 1.36 亿元、建材市场销售 0.05 亿元、电器制造板块 0 亿元、服装生产 0.01 亿元、建筑施工板块 0.39 亿元、运输服务板块 0.03 亿元、其他业务 0 亿元。

2020 年预计归属于母公司净利润 1.36 亿元，其中贸易板块 0.58 亿元、乳制品加工板块 0.50 亿元、建材市场销售 0.01 亿元、电器制造板块 0.01 亿元、服装生产 0.01 亿元、建筑施工板块 0.12 亿元、运输服务板块 0.04 亿元、其他业务 0.09 亿元（见表 13 - 1）。

表 13 - 1 十二师国资（集团）公司财务情况

项目	2019 年末/度	2018 年末/度	2017 年末/度
营业总收入（万元）	640322.21	570760.42	330114.50
营业总收入同比（%）	12.19	72.90	- 0.39
营业成本（万元）	537618.69	458342.01	255679.48
营业利润（万元）	40111.15	35765.34	22320.96
营业利润同比（%）	12.15	60.23	94.93
利润总额（万元）	41031.08	42476.70	23133.97
利润总额同比（%）	- 3.40	83.61	14.42
净利润（万元）	29961.98	27113.21	16360.96
净利润同比（%）	10.51	65.72	10.40
归属母公司股东净利润（万元）	12233.79	9892.67	6443.82
归属母公司股东净利润同比（%）	23.67	53.52	- 4.96
货币资金（万元）	217156.71	183513.69	85281.41
流动资产（万元）	1386089.61	1400164.98	984992.68
固定资产（万元）	293355.22	272925.30	155094.85
长期股权投资（万元）	29859.54	25539.45	9390.78
总资产（万元）	2750174.95	2771412.86	1661494.36
总资产同比（%）	- 0.77	66.80	- 3.65
流动负债（万元）	1075865.27	1047857.59	571904.80
非流动负债（万元）	701187.15	728767.24	422961.04
总负债（万元）	1777052.43	1776624.63	994865.84
总负债同比（%）	0.02	78.58	- 7.24
归属母公司股东权益（万元）	658072.91	641088.16	461192.71
归属母公司股东权益同比（%）	2.65	39.01	- 0.49
资本公积（万元）	397475.61	395399.54	305625.77
经营活动产生的现金流量净额（万元）	147587.30	171552.27	68708.18
投资活动产生的现金流量净额（万元）	- 6550.13	- 52002.95	- 42141.75
筹资活动产生的现金流量净额（万元）	- 147100.32	- 109346.64	- 41066.68
现金及现金等价物净增加额（万元）	- 6063.79	11173.95	- 14500.25

四、十二师国资（集团）公司融资状况

十二师国资（集团）公司所发行的债券类别具有较强的多样性。根据 Wind 数据库的统计，截至 2020 年 4 月末，十二师国资（集团）公司未到期债券一共有 7 只，发行规模总计 82 亿元，当前余额总计 40.85 亿元，公司发债明细如表 13-2 所示。

表 13-2　十二师国资（集团）公司债券融资情况　　单位：亿元

债券简称	债券类型	起息日	到期日	发行规模	当前余额
20 农十二师 MTN001	一般中期票债	2020 年 3 月 13 日	2023 年 3 月 13 日	5.00	5.00
20 新师 01	私募债	2022 年 1 月 15 日	2025 年 1 月 15 日	3.00	3.00
19 农十二师 SCP002	超短期融资债券	2019 年 10 月 17 日	2020 年 7 月 13 日	5.00	5.00
19 农十二师 SCP001	超短期融资债券	2019 年 3 月 25 日	2019 年 12 月 20 日	5.00	0
18 农十二师 MTN002	一般中期票债	2018 年 7 月 19 日	2021 年 5 月 18 日	6.00	6.00
18 农十二师 MTN001	一般中期票债	2021 年 2 月 6 日	2023 年 2 月 6 日	6.00	6.00
17 农十二师 CP001	一般短期融资券	2017 年 7 月 21 日	2018 年 7 月 21 日	5.00	0
16 新师 01	私募债	2016 年 11 月 10 日	2021 年 11 月 10 日	10.00	0
16 十二师	一般公司债	2021 年 4 月 11 日	2023 年 4 月 11 日	8.00	8.00
16 农十二师 CP001	一般短期融资券	2016 年 2 月 26 日	2017 年 2 月 26 日	5.00	0
15 农十二师 PPN001	定向工具	2015 年 4 月 23 日	2018 年 4 月 23 日	2.00	0
14 农十二师 PPN002	定向工具	2014 年 12 月 16 日	2017 年 12 月 16 日	4.00	0
14 十二师	一般企业债	2014 年 6 月 3 日	2021 年 6 月 3 日	8.00	7.85
13 农十二师 CP001	一般短期融资券	2013 年 11 月 13 日	2014 年 11 月 13 日	5.00	0
12 农十二师 CP001	一般短期融资券	2012 年 8 月 29 日	2013 年 8 月 29 日	5.00	0
合计				82	40.85

第二节　转型发展分析

在 18 年的发展历程中，新疆生产建设兵团第十二师国有资产经营管理（有限）责任公司代表十二师国资委整合并被授权经营国有资产，盘活存量资产的同时充分发挥投资导向作用，在新疆生产建设兵团屯垦戍边、开创现代化事业、建

成大规模农业、兴办大型工业产业的过程中扮演了重要角色。同时，十二师国资（集团）公司也积极响应中共中央 43 号文、50 号文等中央政策精神和新疆生产建设兵团出台的《关于成立新疆生产建设兵团政府性债务管理领导小组的通知》（新兵办发〔2017〕158 号）、《新疆生产建设兵团党委关于深化国资国企改革的实施意见》等文件的精神，通过整合产业链、打造全产业竞争优势和全面深化国企改革、确立自身市场主体地位等方式稳步进行转型，并已取得一定成效，但同时也面临着一些难题。

一、十二师国资（集团）公司转型的核心路径

（一）深化国资国企改革，理顺政企关系

一方面，兵团推进国资国企改革的步伐从未减缓。2018 年新疆生产建设兵团出台的《新疆生产建设兵团党委关于深化国资国企改革的实施意见》中提到，将在混改、跨所有制跨区域并购重组、搭建国有投融资平台引领下进一步全面深化国企改革，按照行政引导、市场主导、企业主体、政策支持的原则，充分确立企业的市场主体地位，推进企业跨兵团、师局和团场、跨区域、跨所有制并购重组、合资合作。

2019 年末，在十二师党委的指导下，十二师国资集团按照国有资本运营公司属性的要求，对师域内优质资源进行了整合重组，在原国资（集团）公司基础上重组组建了十二师国有资本运营公司，将原国资集团、九鼎农业集团、中瑞恒远商贸集团、昌平矿业公司整合，并围绕农产品经营、物流供应、资产管理进行重新布局。这一举措满足了当前深化国企改革的需要，能够更好地发挥国有资本的引领作用。

十二师国资在十二师党委的领导下组建国有资本运营公司，统筹运营师国有资产，将国有企业资本所有权与企业经营权分离，实行了国有资本市场化运作，为政企分开划出了一个清晰的"隔离带"。"隔离带"的一端是政府职能部门加大放权力度，由"管资产"向"管资本"转变，以战略管控和财务管控为主，对所出资企业履行出资人职责，行使股东权利，重点管好资本投向、运作、回报和安全；而另一端是国有企业在明确市场主体地位的基础上得到松绑，进一步加大了国有资本的市场化运作程度，是十二师国资（集团）公司转型发展所迈出的一大步。

另一方面，十二师国资（集团）公司明晰了政府与集团公司、集团公司与下属企业的产权关系，在转型发展的过程中探索构建了现代化的内部治理结构，完成集团重组后对下属公司形成以"股权管控、财务管控、风险管控"为主的管理架构，构建混合型战略管控模式，具体包括：

1. 建立股权管控模式

公司按照国有资本投资公司的职责定位，以资本为纽带，逐步实现以资本管控为主的管控方式。一是从调整资本结构、提升国有资本流动能力和财务收益、完善公司治理结构等方面对控股公司加强战略管控，并结合该企业所属的行业标准、业务规模和具体的发展情况，建立科学合理的薪酬激励考核机制等，形成"总部统筹、分业经营、高质发展"的混合型管控模式；二是对参股公司严格按法律法规及章程约定履行股东义务，不干预企业正常的经营行为，充分尊重企业市场主体地位。

2. 依法行权履职

为保证国有资产的保值和增值，依法维护公司权益，公司根据持股情况，通过派出董事、监事依法履职的方式，积极承担股东的职责。并通过送达《管理建议函》和《风险提示函》等市场化方式积极发挥股东作用。

3. 合法自主经营

公司所出资企业均拥有独立法人财产权和自主经营权，并按照《公司法》的规定和《公司章程》的约定尊重该公司的企业定位和目标任务，支持其开展专业化运营活动，通过引导其不断提高市场竞争能力、价值增值能力来提高集团公司投资回报水平。

4. 执行财务监督制度

公司建立了财务委派制度，通过对控股企业财务管控和监督的方式，提高控股企业财务活动的合法合规水平，以此达到强化风控制度保障体系、将风险防范贯穿经营管理全过程的目的。公司建立了集团资金预算会议制度，谋划集团资金集中归集工作，对下属子公司债务、资金管控情况全面掌控，并对下属子公司给予及时的资金支持和流动性备付。

（二）立足"十四五"规划，紧抓政策机遇

2020年是第十三个五年规划的收官之年，第十四个五年规划即将启航。在过去的发展中，十二师国资集团大力发扬中央的政策精神，紧跟兵团的政策指引谋求了自身的转型，而今也立足于新时代的规划，在平台转型的浪潮中力争上游。根据《中共中央关于制定国民经济和社会发展第十四个五年规划的建议》以及自治区、兵团、乌鲁木齐和第十二师国民经济和社会发展第十四个五年规划要求，集团公司不断增强协助第十二师服务新疆和兵团的能力，助力乌鲁木齐国际大都市、乌鲁木齐（十二师）亚欧自由经贸合作试验区、兵地深度融合合作试验区建设，在原有产业融合发展的基础上紧抓国家频频出台的各项政策、方案及实施意见，实现新的兵团大宗物流基地与存量基础设施融合，国际物流、贸易与新基建等高质量综合服务融合等的发展方向。

例如，集团公司下属新疆中瑞恒远商贸集团有限公司积极围绕自治区党委提出的"一港""两区""五大中心"建设，凭借自身现有"商贸＋物流＋供应链"主业优势，依托已建成运营的五大专业市场，计划提升"智慧物流园区"，实现传统批发零售市场的转型升级，给园区商户提供从前端运输到后端交易的整套服务。

（三）整合资源要素，有序推进业务板块扩张

新疆生产建设兵团第十二师为深化整合十二师各类资源要素，增强十二师自身竞争力和影响力，在原有基础上组建了十二师国有资本运营公司。这极大地支持了产业的发展，也逐步形成了自身的核心业态。在全球疫情不断反复，宏观经济下滑的背景下，公司四个战略板块也寻求扩张与发展，主要途径是：

工业制造板块：新疆天润乳业股份有限公司发展迅速，2019年实现公司工业制造板块实现营业收入18.9亿元，利润总额1.36亿元，对公司利润贡献大。在支持其在稳步扩大疆内市场占有率的同时，进一步扩大天润在西北区域及东部区域的市场占有率，推进向南发展力度，布局南疆市场。继续以创新为引领，实施强城市型市场体系与全产业链两大核心战略，统筹推进产业化协调发展，实现种养产业提升水平，乳品工业体质增效，市场服务提档升级的发展目标，构建产业化战略布局，打造疆内优质乳业平台。

农副产品市场管理板块：以新疆九鼎农业集团有限公司为主体，依托九鼎市场的品牌影响力，整合重组农产品市场相关的业务和优质资源，2019年实现营业收入7.26亿元，利润总额0.88亿元。未来发展途径着力于对现有板块进行转型升级，实施平台化发展战略，加强关键流通领域的控制力，强化农产品市场的社会示范效应和知名度，统筹蔬菜、果品、冻品、副食品市场，对分项业务进行转型升级，打造"九鼎农副产品市场服务平台"。

现代物流供应链管理板块：以新疆中瑞恒远商贸集团有限公司为主体，集中力量发展钢材、石材、机电、家具、汽车、医药等专业市场，2019年实现营业收入35亿元，利润总额1.78亿元。公司抓住了丝绸之路经济带核心区建设机遇期，依托乌鲁木齐国际陆路港、集装箱编组站和综保区，整合师域内的物流业务板块和供应链贸易资源，发展市场化运作模式。公司通过积极开展大宗贸易，加强与有供应链服务需求的中央企业、国有企业、上市公司开展多层次、多领域的合作，扩大产业链条，为客户企业上下游提供供应链服务。公司定位"互联网＋贸易＋金融"的现代物流供应链产业，整合优化市场板块、物流板块的资源优势，实现由交易额向贸易额的转型升级。

资产管理板块：重点对现有的土地资源及出清企业的优质资产进行重组整合，实现资本溢价，2019年实现营业收入3.37亿元，利润总额0.46亿元。待相

关板块业务发展成熟后，公司还将通过股权运作、基金投资、培育孵化、价值管理、有序进退等方式，围绕股权管理、资产管理、金融投资（新谋划）三个板块进行战略布局，使国有资产保值增值的同时，引导和带动社会资本共同发展，实现业务板块的良性扩张，增强集团公司的造血能力。

（四）依托良好资信水平，实现多渠道融资

投融资平台公司要进行市场化转型，最重要的一点就是需要打破以往平台为政府违规融资、政府为平台违规担保的乱象，平台公司不得再以政府信用融资筹资，而应转型为"自主经营、自负盈亏、自担风险、自我发展"的市场化运营主体。十二师国资（集团）公司在发展过程中注重厘清自身债务与政府债务的关系，逐渐提振了市场形象，为扩大自身融资规模、扩充企业资本打开道路。

在融资方式方面，十二师国资（集团）公司采用直接融资与间接融资结合的融资方式，以在资本市场发行债务与银行融资为主要手段实现了融资渠道的多样化。在直接融资方面，集团对产业培育和提升十分重视，在资本市场树立了良好形象，也得到了广大投资人的认可。至2019年末，集团融资总额为98.13亿元，资本市场融资41.79亿元，占比42.59%。在间接融资方面，截至2020年一季度末，国资（集团）公司授信总额109.21亿元，已使用授信75.16亿元，剩余授信额度34.05亿元，表内授信额度十分充裕。

上级政府及股东还通过向公司工业制造板块（希望电子、希望爱登堡等）、农副产品市场管理板块（九鼎）、现代物流供应链管理板块（中瑞恒远）等企业发专项债的方式提供支持，进一步拓宽了融资渠道。

在债务偿还方面，十二师国资（集团）公司目前的公司债务都是企业自身通过营业收入、银行融资、发行债券等多种渠道获取资金偿还债务，没有政府贴息。良好的信用状况为集团公司未来力争打造资本市场AA＋平台，为成为兵团具有代表性的公众公司创下良好基础。公司注重债务期限的匹配，债务长短期比例63：37，整体长期资金60%左右，长期资金布局较多。长短期安排一是考虑要和资产端期限相对匹配，九鼎是重资产投入企业，回报周期相对长，二是出于资金成本的考虑。间接融资的长期资金取得并不容易，需要的资料较全，比发债困难。

未来，公司还计划准备在资本市场发行一些中长期的债券，如永续中票、公司债等，来优化和调整债务结构，保证资金链安全；在银行通道方面也将进一步与行业业态契合，选择一些中长期的产品，调优结构、降低偿债风险，进一步优化金融机构的结构，并重点与五大行、政策性银行和股份制银行开展合作。

二、十二师国资（集团）公司转型的具体操作与面临的问题

（一）具体操作

1. 推动旗下子公司上市，实现市场化转型

十二师国资（集团）公司旗下的主要业务板块为乳业板块，乳制品加工业为公司创造了超过 50% 的收入。乳制品加工业主要由十二师国资（集团）公司下属子公司新疆天润乳业股份有限公司经营，新疆天润乳业股份有限公司于 2013 年上市，将原上市公司主营业务从造纸业务变更为乳制品的生产和销售业务，同时通过重大资产重组置入资产，其产品包括巴氏奶、UTH、酸奶、乳饮料和其他乳制品五大系列 100 余个品种，同时还拥有奶啤、卡瓦斯等具备较高技术含量和附加值的产品。

成功上市后，新疆天润乳业股份有限公司通过定向增发和配股等融资方式实现股权再融资 8.67 亿元，积极拓宽自身的融资渠道，而非通过十二师国资（集团）公司实现资金融资，努力成为自主经营、自负盈亏的市场主体。天润坚持以疆内市场为核心，向疆外市场不断延伸，整合调整营销体系，推进企业战略由"产品力—品牌—生命力"向"制造力—创造力—发展力"的转变。

2. 拓展融资渠道，积极发行新品种债券

十二师国资（集团）公司现已通过发行公司债、企业债、中期票据及短期融资券等债券进行融资，积极拓宽融资渠道，丰富融资手段。同时，十二师国资（集团）公司积极发行新品种债券，如为应对受疫情影响蔬菜供应量相对减少、运输成本增加，市场蔬菜价格有所上涨这一突发情况，确保新疆区域内重要农产品物资供应，十二师国资（集团）公司通过发行疫情防控债，将募集资金中 1.5 亿元用于农产品及储备菜的采购，较好地发挥了"菜篮子"作用，有力应对了疫情的冲击。

十二师国资（集团）公司还于 2020 年 2 月发行过可交换债，转股期间为 2020 年 7 月至 2023 年 1 月，在转股期间内，债券持有者有权按预先约定的条件用所持有债券与十二师国资（集团）公司交换天润乳业的股票。本期可交换债券发行利率仅为 1%，远低于同一条件下的普通债券利率，降低了公司的融资成本；且可交换债券也是一种较为灵活的融资方式，到了债券转换期，股价较高时，债券持有人按约定价格转股，便能解除企业还本付息的负担。

未来，公司也应继续拓宽融资渠道，探索更多创新品种。例如，十二师国资（集团）公司应积极把握机会，尝试通过发行"一带一路"专项债等方式进行融资。新疆作为"一带一路"沿线省份，急需借助这一政策红利实现快速发展；同时十二师国资（集团）公司股东——兵团十二师是唯一一个位于新疆首府乌

鲁木齐市的综合师，拥有"一带一路"核心区和五大中心建设区的地缘和政策优势，更应抢抓丝绸之路经济带核心区建设重大历史机遇，参与"一带一路"建设。

3. 贯彻落实供给侧结构性改革，深耕资产管理模块

自2015年供给侧结构性改革提出以来，十二师国资（集团）公司深入研究、积极贯彻落实了改革要求，以去产能、去库存、去杠杆、降成本、补短板五大任务为抓手，深耕集团公司资产管理模块，实现自身发展模式的转型升级。公司以优化经济产业布局、开展资本运作，做好所控股企业管理，注重国有资本的结构调整和价值增值，重组整合和退出部分不符合战略发展的业务，快速发展壮大符合战略发展的新业务为自身主要任务，统筹整合了原国资集团、九鼎集团、中瑞恒远、昌平矿业计划出清的企业和资产，在化解过剩产能、推进僵尸企业退出等工作的同时，加快国有资产生产要素分解，形成有序高效的国有资产接收、盘活、利用管理模式。通过分类管理、剥离重组、发展混合所有制、招商引资和公开处置等方式，充分挖掘资产价值与效用，为国有资产市场化配置和资产证券化创造条件，实现平稳化解金融债务风险。

（二）公司转型面临的问题

1. 经济周期导致的经营业绩不稳定风险

公司业务范围主要涉及乳业、贸易批发、建材、电器设备、纺织、建筑施工和矿业等板块，这些行业多数为传统产业，容易受经济周期影响，导致公司经营业绩存在一定的不确定性和周期性。

我国经济发展已经进入新常态，国民经济总体增速放缓，调整经济发展结构、提升经济发展质量成为当前和今后一段时期的主要课题。在此背景下，资源密集、劳动密集等传统行业发展面临较大压力。公司的矿业、建材、纺织等板块的发展受到明显影响，主要表现为下游需求不足、产品价格下降，营业利润率下降，根据2017年年报至2019年三季度财报，公司主营业务净利润与主营业务利润率均有所下滑，利润率从6.76%下降至5.39%。

乳制品加工业和贸易批发业是公司发展的重点业务，现有收入占公司总收入比重超过70%。乳制品加工业受行业周期及市场价格波动的影响较为明显，未来如果经济周期变动，极有可能会带来乳制品价格的波动；同样贸易批发业主要是经营各种农产品的批发，而农业受宏观经济影响更为明显，宏观经济周期、国内外市场供求关系、国内产业政策以及能源等生产资料价格等因素的变化均可能引起农产品价格的变化，这些因素导致公司面临一定的经营业绩不稳定风险。

2. 资产整合力度大，存在管控不足风险

十二师国资委为十二师国资（集团）公司的控股股东及实际控制人，出资

比例为 100%，自 2017 年起，十二师范围内进行了部分国有企业资产整合，十二师国资（集团）公司旗下子公司也在频繁变化，最新数据显示，公司旗下现有 18 家子公司。同时 2019 年末，为了适应当前深化国企改革的需要，发挥国有资本的引领作用，优化公司的产业布局，十二师国资委将其持有的 96% 中瑞恒远股权无偿划转至公司，因中瑞恒远 2018 年末总资产、营业收入占十二师国资（集团）公司 2018 年末总资产、营业收入的比例超过 50%，故而构成重大资产重组。

资产大幅度整合完成后，十二师国资（集团）公司作为控股型集团公司，投资了包括乳业、矿业、建筑施工、电器设备、贸易批发和纺织在内的多个产业。但各产业板块之间的相关度较低，而各产业板块主要是由子公司负责具体运营，十二师国资（集团）公司通过制度和人事两个层面进行管理，管控力度相对较弱。同时随着公司经营范围和规模进一步扩大，管理难度也相应加大，对优秀人才的需求进一步提高，在机构设置、内部控制、资金管理和人员安排等方面均面临更高的要求。

第三节　转型经验启示

一、结合政策背景，落实发展需要

十二师国资（集团）公司作为新疆生产建设兵团十二师国有资本运营主体的角色不会随着公司市场化转型而改变，公司扎根边疆、屯垦戍边、助力西部地区快速发展的使命也不会动摇。十二师国资集团充分运用中央及地方的政策利好，精准对接当地发展需要，成功走上市场化转型的道路。例如，十二师国资集团有机结合《中共中央关于制定国民经济和社会发展第十四个五年规划的建议》和自治区、兵团、乌鲁木齐、第十二师国民经济与社会发展第十四个五年规划的要求，积极承接域内大型基础设施项目的建设，由集团下属的新疆九鼎农业集团有限公司和新疆中瑞恒远商贸集团有限公司负责建设的兵团（乌鲁木齐）商贸物流中心项目以及兵团（乌鲁木齐）商贸物流中心（大宗物流产业基地）项目是未来五年十二师乃至兵团的重要经济增长点。

公司项目坐落于丝绸之路经济带和西部大开发核心区、乌昌经济一体化核心区、天山北坡经济带核心区及空港、路陆港、综合保税区、兵地融合试验区和宝武钢正中心，具备独特的区位优势，依托现有的已经形成的产业集中度和商流、物流基础，进一步通过智慧园区提质升级，充分发掘核心区区位优势和政策红利，打造"丝绸之路经济带"核心区的一颗耀眼明珠。在十二师党委的带领下，十二师国资集团抓住了丝绸之路经济带核心区建设重大历史机遇，以产业发展促进城市建设与区域经济发展，倾力打造产城融合的"产业高地"。

公司立足新疆及兵团农业发展，深化农产品供给侧改革，持续挖掘市场资源。十二师国资（集团）公司以新疆九鼎农业集团有限公司为主体，以农副产品市场开发与运营为主业，以品牌建设为核心，以农产品流通平台为基础，以科技创新推动市场转型升级为手段，贯彻落实"依托城市、服务城市、配套城市"的发展思路，整合重组农产品市场的相关业务和优质资源，统筹蔬菜、果品、冻品、副食品市场，对已建成的乌鲁木齐、伊犁、克拉玛依、石河子、北屯"五大市场"进行规范化运营管理，打造全疆人民的"菜篮子""果盘子"工程，承担国有企业的社会责任。

我国多数平台企业仍以基建项目为主要业务，十二师国资（集团）公司很好地把握了新时代的城市基础设施升级与服务功能升级等城镇化建设带来的新机遇，精准对接城市规划与发展战略，主动争取了当地的重大项目、示范项目，值得此类平台学习。

二、因地制宜，建立优势产业经营体系

首先，对于城投平台来说，因地制宜发展优势产业是核心方向。十二师国资（集团）公司的工业制造板块、农副产品市场管理板块、物流板块等都能与新疆的发展特色很好地匹配，满足了当地城镇化建设、农产品贸易以及物流、交通协同发展的需求。其次，发挥科技的引领作用，强化集团产业经营体系是必要条件。集团公司通过全力支持工业制造高质量发展、快速发展农产品市场管理业务、积极培育现代物流供应链产业、深耕资产业务管理模块等手段，向四大支柱性产业注入新的发展动力。最后，发展高附加值板块。作为兵团十二师的国有资本运营主体，公司强化了股权管理板块。公司根据资本运营的需要和兵师深化国资国企改革的实际，重组整合并做精做强控股业务板块，以资产证券化为目标，对难以实现资产证券化的业务加强对外合作或坚决予以清理退出，逐步创新扩展金融业务以产促融、以融兴产，实现产融结合的良性发展模式。

不同地区、不同类型的平台公司有其独特的发展特点，转型方式也不可一概而论。但是，因地制宜、立足于当地发展实际与自身优势产业实际是平台公司转型发展的"硬道理"，国有资本管理类公司可以学习十二师国资集团的优秀经验，按照以优势产业为核心、以高新技术产业为引领、以高附加值板块为拓展的思路实现自身市场化转型。

三、多措并举，实现融资渠道多元化

西部地区虽然不乏主体评级为 AAA 级或 AA＋级的优质平台企业，但大多数平台企业的主体评级仍以 AA 级为主，2019 年西部地区评级为 AA 级的地方政府投融资平台企业占全部平台公司的 60% 以上。通过集团的组合调整，开拓市场化业务，依托其地缘的优势和股东背景，十二师的盈利能力逐步提升，转型发展取得了良好的效果，2020 年十二师国资（集团）公司的主体评级已为 AA＋，并且其在资本市场有十分畅通的融资渠道，截至 2019 年末，集团融资总额为 98.13 亿元，资本市场融资 41.79 亿元，占比 42.59%。其发行的 20 农十二师（疫情防控债）MTN001、可交换债 20 国资 EB 等都是新型的债券品种，对主体评级没有严格要求且能为企业以较低成本融入资金。集团公司仍在着力推进融资渠道的多元化，如积极推进新疆九鼎农产品经营管理有限公司股改相关工作，计划通过 2~3 年运作实现 IPO 或借壳上市，重组或退出九鼎集团现有不符合农产品市场管理业务的企业和不良资产以实现九鼎农产品公司上市目标；以资产证券化为目标，对难以实现资产证券化的业务加强对外合作或坚决予以清理退出等。

伴随我国资本市场的不断发展，主体评级相对一般的平台企业也有了更多的融资选择，应当摒弃以往依靠政府信用担保进行融资或向政府"要钱"的思维定式，加强业务运营，提升"造血"能力，形成良好的资信水平与市场形象，为进入资本市场融通资金打通渠道。

第十四章　江苏润城资产经营集团有限公司转型发展案例分析

近年来,地方政府融资平台投融资问题引起了监管层的高度重视,投融资平台转型发展、剥离政府融资职能等得到越来越多关注,针对投融资平台的监管越来越严格。江苏润城集团作为邳州市最大的投融资平台,充分利用所在地区优势,在保持主营业务板块良好运行的同时,积极拓展自主经营类的市场化业务,进一步完善所处区域内的产业规划布局、形成金融控股、园区产业(运营)、城市运营、现代农业+文旅板康养"4+1"业务板块。由过去以完成政府任务、实现社会效益为主要目标的业务模式,转向市场化、专业化、集团化公司的定位。

第一节　公司基本情况

一、公司概况

江苏润城资产经营集团有限公司(以下简称润城集团或公司)成立于 2008 年 6 月 3 日,下属 17 家全资子公司,公司控股股东与实际控制人均为邳州市财政局。截至 2019 年末,江苏润城资产经营集团有限公司总资产 5380974.71 万元、净资产 2012268.64 万元,资产负债率 62.60%。2019 年度营业收入 247459.50 万元,营业利润 32765.88 万元,净利润 24788.94 万元。

润城集团作为邳州市政府下属最重要的集基础设施建设与公用事业经营于一体的综合类国有资产运营实体,接受地方政府委托承担重大项目的投融资及建设、管理工作,并在政府授权范围内对直接控股、出资企业依法进行管理和监督。经过多年的发展,润城集团的业务范围已涵盖基础设施建设、水利建设、保障房建设、门票服务等多个领域，已成为推动邳州市经济社会持续发展的重要力量，为邳州市城市基础设施的完善、投资环境的改善、社会公共服务功能的提升做出了突出贡献。

公司围绕服务城市功能提升、服务园区建设、服务企业发展，重点打造金融平台、园区产业（运营）平台、城市运营平台、现代农业产业化平台，逐步发展成为制度健全、管理规范、自主经营、主业清晰、市场化程度较高的现代化国有企业，力争成为产业平台多元化、资本运营健全化的一流城市投资建设公司。

二、公司业务板块

润城集团因改革而生、凭创新而兴，始终以"民有所想、我有所为、水润之城、民享之地"为使命，围绕服务城市功能提升、布局园区运营、助力企业发展、引领农业生产方式变革，形成金融控股、园区产业（运营）、城市运营、现代农业＋文旅康养的"4＋1"业务板块。

（一）金控平台

产业是立足之本，润城集团围绕"资本＋产业"的发展方向，始终践行金融服务实体的发展道路，坚持产业融资、闭环融资理念，逐步构建起产业基金管理、科技小贷公司、私募股权投资、担保、不良资产处置等金融体系，开展供应链金融等业务，搭建好金融服务实体经济和企业自身经营发展的载体。目前，已参与投资前海母基金、上海矽睿科技、顾家集团、上海物联网三期等项目。

（二）园区产业（运营）平台

润城集团瞄准邳州主导产业、战略新兴产业等领域；建设润微科技产业园、官湖木制品木结构产业园、润客食品产业园、临港建材产业园。以园区为载体，促进高新技术与市场融合、资本与产业对接，努力培育科技型企业，助推产业转型升级，培育核心竞争力。

润微科技产业园一期10万平方米投入使用，与中国科学院上海微系统与信息技术研究所达成战略合作协议，对接其成果（产业）转化平台——上海新微科技集团。润城集团、新微集团和新华润城共同成立运营公司，借助新微集团在半导体材料相关领域人才、资金、资源要素积聚的优势及丰富的孵化培育项目经验，引入及培育优质的半导体材料企业，为园区企业提供全方位服务。新微集团投资的矽睿科技下属子公司驭芯电子车载传感器项目已经落户，后续还将有一批项目持续入住园区。和江苏益客集团合作润客食品产业园，投资建设生态饲料项目、肉鸡生态养殖项目，将进一步增强公司的综合竞争力和盈利能力。和扬州邯建集团（国资）、新华报业传媒集团、天鸿集团联合打造临港建材产业园，探索邳州建筑产业工业化进程。

（三）城市运营平台

润城集团业务涉及城市土地一级开发、安置房（定销房）开发、商品房开发，金融中心运营管理，城市热力和能源（风能、光伏）运营，商业（物业）运营管理及教育文化医疗等公共基础设施建设等。现已成功建设了云鼎新宜家、赵坝、瑞和苑、新福地等 10 多个城市安置房项目，建筑面积在 260 万平方米以上，改善近 8 万人的居住环境。闽江路小学、解放路小学已投入使用；正在建设中的金融街将会成为邳州金融机构集聚区。

（四）现代农业＋文旅康养

探索乡村振兴大课题，把工业化理念融入全过程，着力解决食品安全、农业产业化等问题。引入科技、设备和现代管理要素，与农科院合作开发首个物联网精准化管理系统，率先用于新河有机稻米和热带水果种植基地，"苏润禾邦"系列有机米已经投放市场，获得高端客户者一致好评。占城、戴庄大生态苗木基地种植蓝杉、红枫、元宝枫等珍贵苗木，打造生态景观，发展绿色经济。未来，润城集团将继续跟进农业产业招商，全力引进龙头型、旗舰型、基地型农业大项目，不断延伸产业链、提升价值链、守护生态链，加快打造润城农业产品"金品牌"。牢固树立和践行绿水青山就是金山银山的理念，建设设施完备、功能多样的大生态系统，发挥国有企业社会责任感，扎实做好未来旅游开发基础产业。

三、所在区域情况

（一）交通便利

润城集团所在地——邳州市地处江苏省北部，东临连云港，西依徐州，北接齐鲁，南通江淮，是我国陇海产业带上重要的节点城市。邳州交通条件优越，连霍、京沪、京福、宁徐高速公路纵横交织，京杭大运河穿境而过，京杭运河邳州港、连云港港口以及徐州观音、连云港白塔埠、临沂三座机场架设了各地客商汇集邳州的桥梁。邳州市发达的交通吸引了更多的资本投入到城市的建设中来，给润城集团发展提供了有力支撑。

（二）经济平稳向上发展

2019 年，邳州全市地区实现生产总值 959.70 亿元，跃居全国综合实力百强县 37 位、全国工业百强县 30 位、全国绿色发展百强县 33 位、全国投资潜力百强县 18 位、全国科技创新百强县 36 位、全国新型城镇化质量百强县 51 位。其中一般公共预算收入 42.86 亿元。固定资产投资完成同比增长 7%，其中工业固定资产投资同比增长 5%；工业应税销售收入 468 亿元、同比增长 26.2%，进出口额完成 136 亿元、同比增长 34.6%，实际到账注册外资 2.8 亿美元、同比增长 19.7%，城乡居民人均可支配收入分别增长 8.5% 和 9%。邳州市强大的经济实力给润城集团的发展打下了坚实的基础。

（三）坚定"工业立市、产业强市"战略不动摇

2019 年，全市共新签约项目 226 个，协议投资额 795.97 亿元，98 个项目已开工。全市"765"新签约项目完成注册 89 个，完成全年计划的 104.7%，总投资额 429.4 亿元，在徐州市的五县两区中完成率排名第一。

在项目建设方面。列入省重大项目 3 个，均按序时推进。列入徐州市重大产业项目 29 个，"2040"重大工业项目开工率 85%，投资数量和质量双提升。

在园区平台方面。"两主三特四重一港"十大园区共投资 102.4 亿元，建成标准厂房 150.1 万平方米；建有省级以上功能平台 138 家，国家级 14 家。开发区获批国家级绿色园区、国家创新人才培养基地、国家知识产权示范园区；开发区电子信息装备产业园获批省高端装备制造业示范基地，全省唯一。高新区获批国家高新技术产业化基地、国家级节能标准化试点园区、国家级循环经济产业基地。

在乡村振兴方面。乡村公共空间治理综合效应持续放大，获批全国乡村治理体系建设试点县。三产融合加快推进，新增省市级农业龙头企业 10 家、省农业产业化联合体 3 家，获批创建国家现代农业产业园、国家农村产业融合发展示范园。农业品牌持续打响，"邳州白蒜"荣获江苏省十强农产品区域公用品牌。

邳州市一直将工业产业的发展作为全市发展的重心，实体经济迈出了坚实的步伐。润城集团的主营业务发展同邳州市的发展重心在方向上保持高度一致，这也必将给润城集团的发展带来新的机遇。

四、融资情况

（一）直接融资短期兑付压力大

截至 2019 年末，润城集团存续的标准化债券共 7 只，余额共计 47.70 亿元，其中私募债存续期债券余额为 12.00 亿元，占润城集团最近一期末净资产的比例为 7.33%（见表 14 - 1）。

表 14 - 1　润城集团债券融资情况

债券简称	发行金额（亿元）	存续余额（亿元）	发行日	到期日	发行利率（%）	债券性质
18 润田 01	10.00	10.00	2018 年 1 月 16 日	2025 年 1 月 16 日	7.00	私募公司债
18 邳州润城 PPN001	10.00	10.00	2018 年 11 月 9 日	2021 年 11 月 9 日	6.85	定向工具
17 邳州润城 PPN001	4.00	4.00	2017 年 9 月 12 日	2020 年 9 月 12 日	6.90	定向工具
17 邳润债	17.00	13.60	2017 年 4 月 19 日	2024 年 4 月 19 日	5.65	企业债券

续表

债券简称	发行金额 （亿元）	存续余额 （亿元）	发行日	到期日	发行利率 （%）	债券性质
16 邳润城	10.00	2.00	2016 年 2 月 25 日	2021 年 2 月 25 日	7.20	私募公司债
15 邳棚改项目 NPB	11.00	5.50	2015 年 12 月 17 日	2020 年 12 月 18 日	5.90	项目收益债
14 邳州润	13.00	2.60	2014 年 4 月 16 日	2021 年 4 月 16 日	7.88	企业债券

2020 年，润城集团面临一只项目收益债券和一只定向工具债到期。2021 年集团面临一只企业债、一只私募公司债及一只定向工具债到期。可见，未来 1～2 年润城集团面临直接兑付债务达到 26.70 亿元，具有一定的债务偿付及资金流动性的压力。

（二）间接融资渠道畅通

润城集团作为邳州市重点构建的综合性投融资主体，拥有良好的信用。公司与中国农业发展银行、国家开发银行、进出口银行、中国建设银行、江苏银行、民生银行等金融机构建立了良好的业务关系。截至 2019 年末，润城集团共获得国内各家银行授信额度 182.93 亿元，已使用额度 137.25 亿元，剩余未使用额度 45.68 亿元。

在融资活动中，公司一直按时偿还贷款本息，保持着良好的信用记录，通畅的融资渠道为润城集团的经营发展提供了良好的资金保障。

五、发展成就及展望

（一）"十三五"成就

润城集团作为邳州市最大的国有资产授权经营的国有企业，代表市人民政府对国有资产实施经营和管理。"十三五"期间，润城集团按照邳州市发展规划的要求，坚持为邳州市城市建设与经济社会发展切实履行好城市基础设施建设职能。

同时，润城集团在市政府授权范围内积极整合资源、壮大资产，围绕服务城市功能提升、服务园区建设、服务企业发展，重点打造了金融平台、城市运营平台、园区产业（运营）平台、现代农业产业化平台，已经发展成了制度健全、管理规范、自主经营、主业清晰、市场化程度较高的现代化国有企业。成功地把自身的"融资能力"转化为"投资能力、发展能力、盈利能力"。

（二）未来发展规划

2020 年是"十三五"规划的收官之年，润城集团已经基本完成了目标，发展成了一个现代化的国有企业，这也将为"十四五"开局打下良好基础。

展望"十四五"，润城集团将继续以政府主导、市场化运作为原则，优化业务布局，提升管控水平，增强盈利和抗风险能力，为邳州市城市建设提供有力支撑。同时以管控及运营管理能力达到国内同行业先进水平为发展总目标，通过多渠道、低成本的融资方式，提升润城集团的综合实力和市场竞争力，形成良性的发展模式，实现公司的可持续发展。

未来五年，润城集团还将建立规范的内部管理制度。在优化法人治理结构、完善组织架构体系、明晰部门与岗位职责的基础上，进一步完善战略管理体系、绩效考核体系、风险控制体系和监督管理体系，成为具备高水平战略管理能力、人力资源管理能力、财务管理能力、资本运营能力、风险控制能力的现代化集团公司。

此外，润城集团将加快建立人才战略储备机制。制定多种措施吸纳符合公司发展的专业人才；立足岗位，加强人才培养，储备人才资源，满足企业快速发展的人才需求；通过建立激励机制，定编定岗，鼓励学习，促进人员素质与岗位匹配度的提升，满足企业对人才的战略需求。

第二节　转型发展分析

一、润城集团转型发展的必要性

受一系列政策影响，润城集团作为城投公司的生存压力明显加大。在新的政策环境下，邳州市政府无法再对润城集团债务承担无限连带责任，政府债务和企业债务之间的界限越来越清晰。换言之，润城集团自身信用和邳州市财政局的政府信用之间的关联越来越被稀释，给润城集团的再融资带来很多阻碍。润城集团和邳州市财政局之间的关系已经逐渐从"剪不断理还乱"的共生关系转变为"亲兄弟明算账"的合作关系。以往的政府信用使用方式将受到越来越多的规范和约束，因此在业务、账务方面与地方政府厘清边界、明晰权责将成为江苏润城集团后续发展的必然趋势。

城市建设、城市经营是中国经济发展浓墨重彩的篇章，在这个过程中，城投公司发挥了统筹运作的重要作用。截至 2019 年末，润城集团的有息负债为 2561256.65 万元，债务规模较大，主要是由于基础设施建设、水利建设项目及规模持续快速增长，债务风险凸显，润城集团需通过转型实现自身的可持续发展。要想获得生存发展空间，则需要通过盘活存量、转型增量的方式进行。但随着国务院、财政部、国家发展改革委、银监会等发布一系列政府施行以来,城投公司依靠注入的公益性资产来进行融资的模式已越来越难以被银行等信贷机构认可,且证监会与上交所也提高城投公司发行公司债的门槛(对甄别标准从"双50%"调整为"单50%")。而润城集团盈利能力对政府补贴的依赖程度较高,近三年收到政府补助分别为28014.30万元、8000.00万元和13130.00万元,从而增加了润城集团信贷融资和市场化债券融资的难度。为了改善此现象,企业转型势在必行。

润城集团在以往传统发展模式下,主要承担的是企业融资职能、项目建设职能。主营业务方面主要依靠政府支持,项目代建业务收入占到了润城集团的80%,自身盈利能力较弱。润城集团在剥离了政府融资功能,进行市场化转型的趋势下,必须加强公司的经营能力建设。而目前在融资性公益性资产和投资性经营性资产混合经营管理的现状下,润城集团难以提升自身的项目经营能力,实现良性发展。因此,润城集团需要通过转型来承担新的职责和角色,谋得新的发展。

二、润城集团转型发展面临的问题

润城集团背靠邳州市政府,主营业务中政府代建项目业务规模逐年增长导致营业收入逐年递增,资产规模不断扩大,但这也为润城集团的发展埋下了隐患,阻碍了其转型发展。主要体现在以下四个方面:

(一)债务负担重,债务压力较大,债务风险加剧

公司有息负债主要包括银行借款、信托贷款、融资租赁、公司债券、企业债券等。截至2019年末,润城集团的有息债务为2561256.65万元,同比增加4.90%。债务规模较大,面临一定的还本付息压力。这不仅会带来偿债风险,而且也会对公司开展其他业务产生一定的阻碍。

(二)业务结构较为单一,主要以地方基础设施为核心

公司主要收入来源集中在项目代建服务板块、水利建设板块、交通工程项目以及2019年保障房板块,大部分业务实质还是以当地的基础设施为核心,经营类的项目偏少,自我造血功能较弱,市场化业务布局和开展还缺乏一定的主动性。

(三)公司存货占比较高,资产流动性一般

公司以土地资产为主的存货和其他应收款在总资产中占比较高,且大部分土地资产用于抵押融资,资产流动性一般。润城集团的其他应收款主要为邳州市政府下属单位或国有企业,企业资质较好,公司已经计提坏账准备,但如果未来其他应收款欠款方财力未达到预期的增长,其他应收款的偿还时间将会延长,可能

会给润城集团的资金周转造成一定的不利影响。

三、润城集团转型优势

润城集团作为邳州市最大的城市投资建设运营平台，进行实体转型也同时具有以下三点优势：

（一）地区经济保持增长，公司身处较好环境

2019 年，邳州市地区生产总值为 959.70 亿元，同比增长 5.3%；社会消费品零售总额为 318.32 亿元，同比增长 4.9%；全体居民人均可支配收入为 28250 元，同比增长 8.8%。邳州市经济继续增长，主要经济指标仍位居徐州市下辖区县前列，公司面临较好的发展环境。

（二）公司在当地城投公司中具有重要地位，可获得多方支持

作为邳州市最重要的基础设施建设投融资主体，公司不但能得到邳州市政府在财政方面的支持，还能在延续城市基础设施建设主营业务的同时探索转型路径。

（三）润城集团的市场化经营意识

近年来，润城集团面临的外部环境也越发艰难，转型发展的紧迫性促使公司树立了全面市场化的意识和机制，按照市场化规则配置资源，开展竞争性业务。目前，润城集团紧盯金融支持实体经济发展，围绕产业经营自主开拓业务，逐步完成实体转型。2020 年正推进和拟推进项目有：润微科技产业园、邳州市京派联盟木制品木结构家具产业园、润客食品产业园、润和天下建筑新材料产业园、和润万嘉食品产业园、青储饲料产业基地、邳州市八路镇生态花卉农业、热带水果智慧农业产业园、智慧牧业产业、戴庄苗圃种植基地、邳州市乡镇设施农业示范园、邳州市万亩水稻智慧农业基地、蒲公英小镇田园综合体、邳州市金融中心、光伏电站建设。

1. 润微科技产业园项目

润微科技产业园实施主体为润城集团子公司邳州市陇海城乡开发有限公司，项目位于邳州高新技术产业开发区，富民路以北、争先路以东、太湖大道以西、富美路以南，项目总占地面积 498 亩，总建筑面积 50.5 万平方米。

该项目分为四期实施，计划总投资金额 30 亿元，拟融资金额 15 亿元。每期项目均包括电子标准厂房，生产测试楼，配套厂房，园区服务楼和综合服务楼，其中电子标准厂房和生产测试楼为洁净厂房，洁净度以万级为主并保留将来升级改造的空间，以满足将来的入驻企业使用要求。洁净厂房按照电子厂房标准进行装修、安装洁净中央空调设备设施、相关管道及环境控制系统等。园区服务楼和综合服务楼进行内部装修、安装中央空调系统，满足办公要求。项目同时实施建

设室外管网、道路、绿化等。

为专业化运营润微产业园，润城集团、新微集团和新华润城共同成立江苏润微科技园发展有限公司，作为产业园的运营公司，运营公司将借助新微集团在半导体材料相关领域人才、资金、资源要素积聚的优势及丰富的孵化培育项目经验，引入及培育优质的半导体材料企业，完善园区半导体行业完整生态体系的建设，并以平台为依托争取政府政策及资金支持，为园区企业提供全方位服务。目前，矽睿科技传感器项目已落户，正在调试设备，即将量产。

未来，润城集团考虑通过出租或者售卖厂房为盈利模式。园区所在地段发展前景良好，园区基础配套设施及周边公共配套设施都较为完善，预测园区厂房起始出售价格为8000元/平方米，以后每年上涨300元/平方米。

2. 邳州市京派联盟木制品木结构家具产业园项目

邳州市京派联盟木制品木结构家具产业园项目实施主体为润城集团子公司邳州市世纪益圆有限公司，产业园总占地面积约1200亩，规划面积23.6平方千米。其中生产加工集中区7.6平方千米，产业园以建设京派联盟产业园、徐州生态环保家具研发谷为依托，全力打造家具家居文化园区、品牌园区、创新园区、绿色园区和产业转型升级示范区。该项目分为三期实施，计划总投资15亿元，拟融资金额11亿元。

厂房建成后，润城集团将通过出租厂房给家具企业作为收入来源。园区现已入驻京派联盟品牌企业10余家，项目全面建成达产后可新增就业5000人、年销售收入超100亿元。

3. 润客食品产业园项目

邳州市新河镇人民政府招商引进江苏益客集团，润城集团与益客集团共同开发合作，结合新河镇发展现状，努力实现农村第一、二、三产业的深度融合发展，益客集团为中国第三大肉禽、世界第二大肉鸭供应企业，国内技术领先和最具活力的大型农牧食品企业。

益客集团已在新河镇规划建设了出栏肉鸡1500万只/年的一期生态农场项目，养殖厂房为公司投资建设，后期益客集团租用，主要用于品种繁育、种禽养殖与孵化、商品禽养殖，并已部分试生产，一期邳州市新河镇生态养殖示范园项目，该项目实施主体为润城集团子公司邳州市新泰禾农业发展有限公司，新泰禾投资建设生态养殖场房。建成后，润城集团将租给益客集团养殖家禽获利。

二期将由润城集团与益客集团共同以股权方式进行邳州新河镇益客产业园项目的投资建设，在一期养殖地块东北侧选址150亩，投资建设8万平方米厂房及1万平方米研发楼；生产加工基地示范园，主要用于饲料研发及生产、禽类屠宰、调理品熟食、羽绒加工等。润城集团与益客集团成立项目公司为开发建设经营主体，公司成立 5 年内，益客集团将按照投资总额的年化 8% 的收益（收购价）对润城持有的项目公司股权进行一次性收购。

4. 润和天下建筑新材料产业园

润城集团出资成立江苏省和天下绿建产业园有限公司（备用名：江苏润和天下绿建产业园有限公司），园区规划总用地 1000 亩，计划总投资 10 亿元。未来园区规划分三期建设：一期主要生产 PC 预制构件及轻质墙板等主体结构产品；二期主要生产整体卫浴、整体厨房等内装修产品；三期主要是建筑垃圾资源化综合利用产业化。

园区建成后，润城集团将建立园区企业准入机制，对招商项目实行严格的准入审核制度，主要从投入强度、经济效益、社会效益、生态环境效益、科技水平等方面对进入园区的项目进行综合评价，通过考核合格后才能入园发展，以此提高产业集群的质量。

5. 和润万嘉食品产业园

润城集团出资成立徐州市和润万嘉农业科技有限公司，计划与中储粮共同合作建设食品产业园，总规划用地 94 亩。一期建设粮库 44 亩，用于粮食仓储，最大储粮量 5 万吨，同时配套建设粮食烘干房、办公楼、服务方等，配套进行粮食深加工。

6. 青储饲料产业基地

润城集团计划在邳州市岔河镇流转 2 万亩土地建立青储饲料基地项目，项目建设地点位于邳州市岔河镇良壁村，规划占地面积约 2 万亩，种植玉米或其他可用作饲料的原料种植。项目采取土地流转方式，对 2 万亩土地进行道路、排灌系统、土地深翻、土地整平等基础设施施工，并配套临时办公用房 2000 平方米。基地建成后将由润城集团子公司邳州市禾邦农业发展有限公司开发建设经营。

7. 邳州市八路镇生态花卉农业项目

润城集团围绕八路镇花卉产业打造诗意田园的现代农业项目，八路镇对花卉园区规划面积 2 万亩，未来润城集团将投资花卉产业园建设，特别是围绕比利时德鲁仕植物有限公司投资的德鲁仕农业发展（邳州）有限公司落户于邳州市八路镇花卉产业园内，润城集团将为作为代建方建设高标准花卉产业园及花卉设施农业，项目总用地面积为 4940.20 亩，总投资约为 33864.23 万元。

8. 热带水果智慧农业产业园项目

邳州市禾邦农业发展有限公司（以下简称禾邦农业）开发建设经营南果北种智慧农业产业园项目。禾邦农业中将充分发挥本地乡村的资源、生态和文化优势，立足本地农业实际，着力提升区域农业主导产业的科技水平，种植特色南方热带果树。项目建成后将形成科研选育区、南果北种推广种植区、观光旅游体验采摘区三大功能区域。

项目建设完成后，润城集团主要由观光采摘收入和水果销售收入盈利，有助于促进当地农村、农业发展，改善生态环境，带动旅游业发展和就业。项目的社会效益十分明显。

9. 智慧牧业产业项目

江苏蒲公英小镇建设开发有限公司开发建设经营蒲公英小镇生态智慧牧业项目，项目建设地点位于邳州市占城镇民便河南侧、占山线西侧。项目与北京窦店恒升牧业科技股份有限公司共同开发合作，结合占城镇发展现状，努力实现农村一、二、三产业的深度融合发展。从饲草料种植、肉牛养殖、屠宰加工到包装销售，实现"全域有机 + 全产业链有机"。

项目主要包括上游第一产业牛的养殖业、第二产业的高低温及冷鲜肉加工，再经过物流、包装等链条，牛肉产品最终到达消费者终端。实施肉牛标准化规模养殖场建设，支持规模养殖场进行基础设施标准化改造，提高牛肉综合生产能力，增加养殖效益。通过"互联网 + 肉牛养殖"，实现"规模养殖、地下集中屠宰、冷链运输、冷鲜加工"，提升畜禽就近屠宰加工能力，保证各类冷鲜肉及肉制品的品质。建设畜禽产品冷链物流体系，减少畜禽长距离移动，降低动物疫病传播风险，维护养殖业生产安全和畜禽产品质量安全。同时，未来开发第三产业，实现牧场全域旅游。

10. 戴庄苗圃种植基地项目

戴庄苗圃种植基地项目以绿色生态、新品引种、科学生产为理念，高起点定位，高品质规划，高质量建设。项目规划占地面积 6000 亩（约折合 4000020 平方米），建设地点位于邳州市戴庄镇戴庄村、沙庄村等。

项目实施完成后，采用套种的模式种植树苗（银毛椴、美洲椴、欧洲小叶椴、南京椴、欧洲小叶椴、蓝杉、榉树、元宝枫、娇红玉兰等珍贵苗木），树苗年可产出 90 株/亩。项目按照标准化、精品化、精细化、智慧化模式打造高标准苗木生产地，将建成邳州现代化苗木种植基地示范园，为邳州的发展添油助力，改变当地的农业发展方式，提升城市发展面貌。苗木基地坚持"高标准种植 + 精细化管理 + 高智能灌溉 + 多样化发展"，推行"生产、管理、销售一体化"的方式，将万亩苗木基地打造成集绿化生态、景观于一体的高标准苗木基地，未来苗木销售将实现可观收入。

11. 邳州市乡镇设施农业示范园项目

润城集团现代农业板块结合各乡镇特色，通过流转土地，打造设施农业示范园项目，带动当地农村经济发展。现润城集团围绕车辐山镇、邢楼镇、邳城镇等乡镇流转土地建设设施农业示范园项目，预计每个项目投资金额 3.5 亿元左右，融资金额 2 亿元，建设连栋钢管温室大棚，项目以自营及出租方式获取盈利，项目取得的销售收入及出租收入可以覆盖本息。

12. 邳州市万亩水稻智慧农业基地项目

万亩水稻种植基地由润城集团下属禾邦农业发展有限公司开发经营，围绕润城现代农业经营发展，项目计划在新河镇、戴庄镇等乡镇流转土地 1 万亩，水稻种植坚持走"科学化、标准化、规范化、规模化"生产的道路，采取委托管理合作方式，共享技术资源，全力打造成邳州优质、安全、绿色的品牌稻米基地。

邳州市禾万亩水稻智慧农业基地项目依托禾邦公司的万亩水稻种植基地建设实施，与中国科学院及清华启迪合作开发智慧农业基地，做好农业大数据采集工作，建设邳州独有的智慧农业基地，未来通过农业物联网及农业大数据销售实现农业高收入。

13. 蒲公英小镇田园综合体项目

润城集团立足占城镇的山水资源、历史文化、特色产业、区位环境等优势，按照"宜游宜居宜业宜商宜教宜研"思路，开发占城蒲公英小镇—追梦田园项目，通过构建情感农业，培育新消费增长点，打造现代都市人梦想中的田园生活。项目规划 15 平方千米，目前，正按照"规划定下来、生态做起来、产业导进来、空间拆出"的原则有序推进。

同时，发挥蒲公英小镇—追梦田园项目的辐射带动作用，以 344 省道为线，串联新河、八路、占城等乡镇的田园风光和产业优势，全力整合有机稻米、水培蔬菜、鲜花、中草药等资源，形成以蒲公英小镇为核心的邳州南片生态旅游圈，促进第一、二、三产业融合发展。未来润城集团可通过自身的经营获得稳定的收入。

14. 邳州市金融中心项目

邳州市金融中心项目由邳州市陇海城乡开发建设有限公司开发，位于邳州市井冈山路南侧、南京路东侧、岠山路西侧。项目拟建设新的"金融一条街"核心区，包括金融办公、金融信息中心等以及相应的配套设施。项目包括金融办公楼三栋、会议中心、邻里中心等以及相应的配套设施。

建成后将使新城区成为邳州市行政、金融、商贸、教育中心，有利于推动新城区居住生活圈的形成，提升居住生活品位，极大地改善地区乃至整个邳州市的城市形象，极大地提高邳州自身的经济发展能力，促进邳州市城镇建设走向徐州市前列，全面提升邳州市综合竞争力。润城集团将以办公用房出租租金、物业收入等获得营业收入。

15. 光伏电站建设项目

润城集团与徐州立澜新能源科技有限公司共同合作设立项目公司联合投资兴建光伏电站项目，投资总额 53500 万元，在邳州市投资建设 150 兆瓦新增装机量的光伏电站项目，具体建设地点在润城集团各标准化厂房屋面。

第三节　转型经验启示

在新一轮国企改革进程中，润城集团以"资本＋产业"发展为路径，激发内生动力，加强外部合作，深耕业务板块，正努力打造有核心技术产品、有社会影响力和竞争力的实体企业。

基于上述分析并结合润城集团的实际情况，同时吸取其他平台公司成功转型的经验，得出如下启示：

一、多元化经营模式

润城集团作为邳州市投融资平台，其立身之本是落实城市建设与发展规划，是邳州市城市建设意图的有力推进者与忠实实施者。2017～2019 年，润城集团项目代建服务板块业务收入占总收入比例呈下降趋势，但还是超过了 50%，这是由于公司作为邳州市基础设施项目投融资建设主体，在当地基建板块的业务中积累了大量宝贵的经验和资源，保持了主营业务板块的良好运行。

同时，润城集团的发展也兼顾了市场化，这是当前转型的主要方向。润城集团积极开展金融业务板块，参与投资并购，对接资本市场，已通过金控平台参股 2 家高科技企业和 1 家金融企业。并且充分利用所在地域优势，响应所在区域的产业发展规划，通过一系列的资本运作，积极布局战略性新兴产业与地方扶持产业，逐步打造围绕城市建设和发展的城投产业生态圈，形成金融控股、园区产业（运营）、城市运营、现代农业＋文旅康养 "4＋1" 业务板块。由以完成政府任务、实现社会效益为主要目标的业务模式，转向市场化、专业化、集团化公司的定位。

二、厘清制度关系

完善的法人治理机制和现代企业制度是市场化企业的显著特征之一。在城投公司蓬勃发展之时，城投公司与地方政府"政企不分家"，随着一系列政策的颁布实施，这种情况已经有所改变，但是行政式的管理依然给市场化转型带来一定阻碍。2018 年 2 月，国家发展改革委、财政部联合下发《关于进一步增强企业债券服务实体经济能力严格防范地方债务风险的通知》（发改办财金〔2018〕194 号），对申报企业债券的城投公司治理结构、财务信息和资产质量等方面均提出了更加规范的要求。随后，财政部印发了《关于规范金融企业对地方政府和国有企业投融资行为有关问题的通知》（财金〔2018〕23 号），以防范和化解地方政府债务风险为出发点，规范金融企业与地方政府和地方国企的投融资行为，剥离传统地方政府信用类项目中的地方政府隐性担保。要实现市场化转型，则要求城投公司从公司治理、组织结构、人员构成、审批流程等方面都要遵循现代企业制度，严格按照国家制定的政策标准执行，由过去行政化色彩的组织模式，向现代产权结构的治理方式转变，构建符合现代企业制度的集团化管控、专业化经营、集约化管理的现代化企业集团。而政府部门也需要转变以往行政指令式的任务下达方式，形成国有资本授权管理体制下的契约化新型政企关系，按照市场化方式依托城投公司推进新时代城市建设任务。

三、建立长远的目标

润城集团作为邳州市最大的国有资产授权经营的国有企业，代表市人民政府对国有资产实施经营和管理。"十三五"期间，润城集团按照邳州市发展规划的要求，坚持为邳州市城市建设与经济社会发展切实履行好城市基础设施建设职能。

同时，润城集团在市政府授权范围内积极整合资源、壮大资产，围绕服务城市功能提升、服务园区建设、服务企业发展，重点打造了金融平台、城市运营平台、园区（产业）平台、现代农业产业化平台，已经发展成了制度健全、管理规范、自主经营、主业清晰、市场化程度较高的现代化国有企业。成功地把自身的"融资能力"转化为"投资能力、发展能力、盈利能力"。

展望"十四五"，润城集团将继续以政府主导、市场化运作为原则，优化业务布局，提升管控水平，增强盈利和抗风险能力，为邳州市城市建设提供有力支撑。同时以管控及运营管理能力达到国内同行业的先进水平为发展总目标，通过多渠道、低成本的融资方式，提升润城集团的综合实力和市场竞争力，形成良性的发展模式，实现公司的可持续发展。未来 5 年，润城集团还将建立规范的内部管理制度。在优化法人治理结构、完善组织架构体系、明晰部门与岗位职责的基础上，进一步完善战略管理体系、绩效考核体系、风险控制体系和监督管理体系，成为具备高水平战略管理能力、人力资源管理能力、财务管理能力、资本运营能力、风险控制能力的现代化集团公司。此外，润城集团将加快建立人才战略储备机制。制定多种措施吸纳符合公司发展的专业人才；立足岗位，加强培养提升企业人才资源储备，满足企业快速发展的人才需求；通过建立激励机制，定编定岗，鼓励学习，促进人员素质与岗位匹配度的提升，满足企业对人才的战略需求。

四、核心业务的转型

作为邳州市政府下属重要的集基础设施建设与公用事业经营于一体的综合类国有资产运营实体，公司主要承担基础设施建设和水利建设等任务。然而要实现转型，业务转型势在必行。

根据城投行业发展规律，结合外部形势判断，我们形成了城投公司业务转型的思路。第一，基础设施建设仍然是核心，要把握互联网信息时代背景下结合科技创新元素的城市基础设施升级与服务功能升级带来的新机遇，更要仔细研究城市规划与发展战略主动策划与争取重大项目、示范项目；第二，公共服务是重点，能够带来稳定现金流，并且抓住水务、燃气、公交、供暖等公用事业机会，抓住城市核心客户群体，提供传统服务的同时深度挖掘潜在需求，也能为城投公司未来新业务发展提供基础和支持；第三，金融板块是必需，要通过产业基金、PPP引导基金的设立，引导政府资金、社会资本共同参与城市建设，要积极利用股权投资拓展产业布局，通过开展基础设施资产证券化盘活存量、放大增量，同时也要适时布局小额贷款、融资租赁、商业保理等金融业务，以产促融、以融兴产，实现产融结合的良性发展模式；第四，拓展新型业务，要依托城投公司项目资源获取优势，响应所在区域的产业发展规划，通过股权投资、内部创业等机制，积极布局战略性新兴产业与地方扶持产业，逐步打造围绕城市建设和发展的城投产业生态圈。

我国的城投公司众多，因所处区域及公司情况都有所不同，单纯的横向比较困难，但从一些成功的转型案例中提取亮点，对其他的城投公司转型过程可以提供一些经验。城投公司的转型不是完全改变当前的公司运行机制，相反是立足城市的发展，从城市建设、城市经营到产业兴城，城投公司必须紧密地与城市发展相连，紧跟国家发展步伐，实现城投公司成功转型。转型之路无法一蹴而就，转型之路也并非一帆风顺。站在新的历史起点，如何在承受转型之痛的同时，继续在推进新型城镇化建设与城市产业升级方面发挥积极作用，需要每一位城投人集思广益、奋力前行，顺应新的发展趋势，把握新的发展理念，探索新的发展模式，规划新的发展道路。

第十五章　乌鲁木齐高新投资发展集团有限公司转型发展案例分析

一直以来，城投公司扮演着助推城市建设、改善国民生活的角色，为我国的经济发展做出了很大贡献，但随着经济社会的发展，形形色色的问题也涌现出来，特别是逐年累积的大规模债务，渐有积羽沉舟之势；同时，单一的业务结构也像高悬的"达摩克利斯之剑"，威胁着城投公司的发展。在多数城投公司受此困扰之时，乌鲁木齐高新技术产业开发区内唯一的国有资本运营平台——乌鲁木齐高新投资发展集团有限公司却如锥处囊中，表现突出。公司紧密围绕市政服务及工程建设发展主营业务，取得了市场 AA＋级认定；积极追求转型，不仅主动尝试多种融资方式，构建了健全高效的融资渠道，而且探索各产业领域和市场化经营，发展出了丰富的业务板块。

第一节　公司基本情况

一、公司基本情况

乌鲁木齐高新投资发展集团有限公司（以下简称乌高新或公司）成立于 2007 年 8 月 21 日，注册资本 500000.00 万元，公司法定代表人为吕玉炜，公司经营范围包括投资与资产管理、物业管理、房屋租赁、社会经济咨询服务。

乌鲁木齐高新投资发展集团有限公司积极通过权益投资布局各产业，形成了丰富的业务板块。其中既有城投功能突出的集团本部以及乌鲁木齐高新建设投资集团有限公司，又有定位于信息技术行业的新疆高新智慧大数据信息技术有限公司，也有积极探索供应链贸易的乌鲁木齐高新供应链管理有限公司。截至 2020 年 3 月末，除上述公司外，公司的其他控股子公司主要为新疆火炬创业投资有限公司、乌鲁木齐高新技术融资担保有限公司、新疆高德节水环保有限公司、新疆智慧城市工程技术研究中心（有限公司）、乌鲁木齐市高新小额贷款有限公司、新疆富禄市政建设工程有限公司、乌鲁木齐高新集团建设工程项目管理咨询有限公司、新疆火炬大酒店管理有限责任公司。

二、公司业务构成

（一）公司经营情况

公司是乌鲁木齐高新技术产业开发区（乌鲁木齐市新市区）唯一的国有资本投资、运营平台，是区域内工程设施开发建设的主要投资载体。

公司业务划分为供应链贸易、管养业务、房屋租赁、工程建设业务（政府购买、工程施工收入）、小额贷款、融资担保等板块。公司作为高新区（新市区）最重要的工程设施投融资建设主体，近年来承接了高新区（新市区）范围内市政建设工程等重点项目。

（二）公司业务经营情况

2018 年度、2019 年度和 2020 年 1～3 月，乌鲁木齐高新投资发展集团有限公司主要营业收入情况如表 15 - 1 所示。

表 15 - 1　乌高新近两年及一期营业收入结构　　　　单位：万元、%

项目	2020 年 1～3 月		2019 年		2018 年	
	金额	占比	金额	占比	金额	占比
供应链贸易	18205.96	65.29	102958.35	45.61	—	—
管养业务	0.00	0.00	37641.51	16.67	47435.86	37.09
房屋租赁	724.96	2.60	22037.24	9.76	23433.98	18.33
工程建设业务	7232.08	25.93	43957.02	19.47	41854.84	32.73
其中：政府购买	6293.32	22.57	29977.12	13.28	31256.64	24.44
工程施工收入	938.76	3.36	13979.90	6.19	10598.20	8.29
小额贷款	370.51	1.33	5590.86	2.48	5254.62	4.11
融资担保	273.67	0.98	2393.20	1.06	1748.94	1.37
其他	1079.23	3.87	11174.99	4.95	8150.02	6.37
合计	27886.41	100.00	225753.16	100.00	127878.27	100.00

公司收入主要来自供应链贸易、管养业务、房屋租赁以及工程建设业务。2020 年第一季度公司实现的营业收入为 27886.41 万元，其中供应链贸易收入 18205.96 万元，占当期营业收入的 65.29%。2020 年 1～3 月，公司与新疆运通

汇商贸有限责任公司、深圳市正金贵金属有限公司等签订购销框架协议，进一步丰富供应链贸易上下游渠道，贸易业务稳步发展。2020 年 1~3 月，公司未实现管养业务收入，主要是公司管养服务需在年底考核公司绩效后进行结算所致。2020 年 1~3 月，公司房屋租赁收入 724.96 万元，占当期营业收入的 2.60%。房屋租赁收入占比较少主要是受新冠疫情影响，高新区（新市区）国资委响应国家号召，落实支持企业复工复产的措施，对区域内审查合格的中小微企业及个体工商户给予租金减免所致。2020 年 1~3 月，公司工程建设业务收入 7232.08 万元，占当期营业收入的 25.93%，主要是政府购买模式下确认的工程建设收入。

三、公司财务情况

为了更深入地了解公司的财务状况，根据公司公开披露的 2018 年、2019 年及 2020 年第一季度报表，从资产负债结构、盈利能力、偿债能力三个方面对公司的财务情况分析如下。

（一）资产负债结构

公司资产总量呈增长趋势，2020 年 3 月末，公司总资产为 3103472.19 万元，其中以非流动资产为主。2018 年、2019 年及 2020 年 3 月末，公司资产结构详细情况如表 15-2 所示。

表 15-2　乌高新近两年及一期资产结构　　　　　　　单位：万元、%

项目	2020 年 3 月 31 日		2019 年 12 月 31 日		2018 年 12 月 31 日	
	金额	比例	金额	比例	金额	比例
货币资金	105849.45	3.41	90597.05	2.96	200664.64	7.77
应收账款	36828.56	1.19	25785.41	0.84	3743.33	0.14
预付款项	354708.57	11.43	304971.64	9.97	325501.04	12.61
其他应收款	352732.06	11.37	370646.57	12.12	304344.28	11.79
存货	94887.56	3.06	104042.69	3.40	84965.70	3.29
其他流动资产	97521.05	3.14	99180.31	3.24	88245.04	3.42
流动资产合计	**1042527.24**	**33.59**	**995223.67**	**32.54**	**1007464.04**	**39.01**
发放贷款及垫款	91714.85	2.96	82574.87	2.70	42875.47	1.66
可供出售金融资产	271289.55	8.74	271355.91	8.87	249926.66	9.68
持有至到期投资	3311.20	0.11	3311.20	0.11	3889.00	0.15
长期应收款	317035.50	10.22	341863.39	11.18	199343.21	7.72
长期股权投资	24395.55	0.79	24328.55	0.80	19810.54	0.77

续表

项目	2020 年 3 月 31 日		2019 年 12 月 31 日		2018 年 12 月 31 日	
	金额	比例	金额	比例	金额	比例
投资性房地产	281084.90	9.06	283215.93	9.26	203275.67	7.87
固定资产	20686.94	0.67	20997.07	0.69	15250.50	0.59
在建工程	210496.54	6.78	193348.10	6.32	184844.84	7.16
无形资产	497470.76	16.03	498376.26	16.30	442108.50	17.12
商誉	1624.51	0.05	1624.51	0.05	1624.51	0.06
长期待摊费用	1868.27	0.06	1968.21	0.06	2513.24	0.10
其他非流动资产	339966.38	10.95	339966.38	11.12	209361.61	8.11
非流动资产合计	**2060944.95**	**66.41**	**2062930.40**	**67.46**	**1574823.75**	**60.99**
资产总计	**3103472.19**	**100.00**	**3058154.07**	**100.00**	**2582287.78**	**100.00**

其中，公司主要资产包括无形资产、长期应收款、投资性房地产等。无形资产方面，公司无形资产主要由城北设施 PPP 项目资产构成。发行人作为乌鲁木齐高新区相关设施管养企业，与高新区签订 PPP 协议进行管养，相关资产按照 PPP 会计处理准则计入无形资产科目。长期应收款方面，2019 年较 2018 年增加142520.18 万元，增幅 71.49%，主要是公司棚改项目产生的长期应收款增加所致。

公司的其他资产较为稳定，基本与总资产一致，保持稳定增长的态势。从负债规模来看，2018 年末、2019 年末以及 2020 年 3 月末，公司总负债分别为1435973.02 万元、1741016.51 万元以及 1803190.55 万元，其中，流动负债的数值分别为499487.74 万元、941145.09 万元以及 1056833.40 万元，占负债总额比例分别为34.78%、54.06% 和 58.61%，比例变动较为明显。公司负债的详细情况如表 15 - 3 所示。

表 15 - 3　乌高新近两年及一期负债结构　　　　　　单位：万元、%

科目	2020 年 3 月末		2019 年末		2018 年末	
	金额	占比	金额	占比	金额	占比
短期借款	246000.00	13.64	180000.00	10.34	6000.00	0.42
应付票据	5256.56	0.29	4457.13	0.26	134.56	0.01
应付账款	106759.52	5.92	124603.39	7.16	205540.21	14.31
预收款项	109570.35	6.08	58852.62	3.38	742.97	0.05

续表

科目	2020 年 3 月末		2019 年末		2018 年末	
	金额	占比	金额	占比	金额	占比
应付职工薪酬	325.07	0.02	421.96	0.02	250.40	0.02
应交税费	9114.24	0.51	20681.46	1.19	12031.84	0.84
其他应付款	17544.31	0.97	14484.13	0.83	17253.68	1.20
一年内到期的非流动负债	547020.56	30.34	522441.09	30.01	245563.89	17.10
其他流动负债	15242.79	0.85	15203.31	0.87	11970.18	0.83
流动负债合计	**1056833.40**	**58.61**	**941145.09**	**54.06**	**499487.74**	**34.78**
长期借款	405430.00	22.48	408430.00	23.46	347400.00	24.19
应付债券	137860.33	7.65	188343.88	10.82	453638.41	31.59
长期应付款	124469.67	6.90	124633.11	7.16	73045.97	5.09
预计负债	2425.35	0.13	2425.35	0.14	—	—
递延收益	25518.91	1.42	25524.75	1.47	12209.00	0.85
其他非流动负债	50652.89	2.81	50514.33	2.90	50191.91	3.50
非流动负债合计	**746357.15**	**41.39**	**799871.42**	**45.94**	**936485.29**	**65.22**
负债合计	**1803190.55**	**100.00**	**1741016.51**	**100.00**	**1435973.02**	**100.00**

其中，短期借款方面，2019 年末较 2018 年末增加 174000.00 万元，增幅2900.00%；2020 年 3 月末较 2019 年末新增 66000.00 万元，增幅为 36.67%，公司短期借款大幅增加，主要系公司业务发展需要，新增进出口银行、中信银行等银行短期借款所致。应付账款方面，2019 年末较 2018 年末减少 80936.82 万元，降幅为 39.38%，主要系高新区国资委 2019 年将应付账款棚户区改造项目资金18.00 亿元转为对本公司的投资所致。

（二）盈利能力

2018 年度、2019 年度和 2020 年 1～3 月，公司营业总收入分别为 127878.27万元、225753.16 万元和 27886.41 万元。2019 年公司营业总收入较 2018 年增加了 97874.89 万元，增长 76.54%，主要是由于新增供应链贸易业务，使当期公司营业总收入及营业成本均出现较大幅度的增长。公司其他与盈利能力相关的指标如表 15－4 所示。

2018 年度、2019 年度和 2020 年 1～3 月，公司净利润分别为 19475.99 万元、41918.54 万元和 －20023.11 万元。2018 年度，乌鲁木齐高新投资发展集团有限公司所实现净利润有限，主要系 2018 年管养业务因经营模式变化，管养资产的累计摊销计入营业成本，造成营业成本增加，以及 2018 年存量的境外美元债产生汇兑损失、利息支出增加所致。2019 年度，公司净利润大幅增加，主要系发行人作为乌鲁木齐高新技术产业开发区（乌鲁木齐市新市区）唯一的国有资本投资、运营平台，受高新区政府及股东支持力度较大，2019 年度收到贴息、主营业务板块拓展以及收到政府补贴等因素所致。2020 年第一季度，公司净利润为负，主要系部分收入及补贴未达到确认时点所致。

表 15-4　乌高新盈利能力相关财务指标　　　　　单位：万元

项目	2020 年 1~3 月	2019 年	2018 年
营业总收入	27886.41	225753.16	127878.27
营业成本	22339.41	178329.68	108098.60
营业利润	-20017.64	55225.38	24962.82
营业外收入	11.65	17.03	1112.11
投资收益	178.40	3651.92	10707.08
利润总额	-20007.08	55154.86	24816.28
净利润	-20023.11	41918.54	19475.99
营业毛利率	19.89%	29.30%	59.43%
总资产收益率	0.05%	1.92%	2.09%
净资产收益率	-1.57%	3.53%	1.90%

整体来看，公司是乌鲁木齐高新区基础设施开发建设的投资载体，承担高新区范围内的基础设施重点工程及重大项目的开发建设与运营维护任务。公司业务在区域内具有明显的垄断优势，目前所开展的管理养护、供应链贸易、房屋租赁等业务稳定性较强，政府支持力度较大，具有较强的持续经营能力。

（三）偿债能力

公司与现金流量相关的指标如表 15-5 所示。

表 15-5　乌高新偿债能力相关指标

项目	2020 年 1~3 月末	2019 年末	2018 年末
流动比率（倍）	0.99	1.06	2.02
速动比率（倍）	0.90	0.95	1.85
资产负债率（%）	58.10	56.93	55.61
EBITDA（亿元）	—	9.36	9.18
EBITDA 利息保障倍数	—	7.47	1.60
贷款偿还率（%）	100.00	100.00	100.00
利息偿付率（%）	100.00	100.00	100.00

截至 2018 年末、2019 年末及 2020 年 3 月末，公司流动比率分别为 2.02、1.06 和 0.99，速动比率分别为 1.85、0.95 和 0.90，均呈下降趋势，主要系非流动负债陆续重分类至流动负债使短期偿债规模增加所致。但公司已通过持续经营、开展各类直接及间接融资等方式足额筹备偿债资金。2018 年末、2019 年末，公司 EBITDA 利息倍数分别为 1.60 和 7.47，反映了公司税息折旧及摊销前利润对利息较高的覆盖倍数。

　　公司收入主要来源于供应链贸易业务和管养服务，营业收入和现金流入较为稳定，随着当地经济的不断发展和公司经营规模的不断扩大，公司营业收入稳定增长，且现金流量整体保持充沛。随着行业环境和经营状况的不断改善，公司的盈利能力和长期偿债能力将进一步得到提升。总体来看，公司资产负债率逐步降低且维持在合理水平；同时，公司贷款偿还率、利息偿付率均为 100.00%，也反映了公司良好的偿债能力。

四、公司融资情况

（一）公司获得主要贷款银行的授信情况

　　截至 2020 年 3 月 31 日，公司已获得银行授信额度共计 1192700.00 万元，其中未使用授信额度为 535000.00 万元。公司具有良好的资信状况，与多家银行建立了长期稳定的信贷业务关系，间接融资能力较强（见表 15 - 6）。

表 15 - 6　截至 2020 年 3 月末乌高新银行授信情况　　　　单位：万元

序号	银行名称	授信总额	已使用金额	授信余额
1	乌鲁木齐银行	60000.00	30000.00	30000.00
2	华夏银行	45000.00	15000.00	30000.00
3	中信银行	100000.00	40000.00	60000.00
4	兴业银行	40000.00	20000.00	20000.00
5	交通银行	45000.00	30000.00	15000.00
6	天山农商行	60000.00	25000.00	35000.00
7	招商银行	30000.00	0.00	30000.00
8	昆仑银行	6000.00	6000.00	0.00
9	中国建设银行	86700.00	66700.00	20000.00
10	民生银行	20000.00	15000.00	5000.00
11	北京银行	90000.00	49000.00	41000.00

序号	银行名称	授信总额	已使用金额	授信余额
12	乌鲁木齐农商行	10000.00	9000.00	1000.00
13	中国农业银行	190000.00	160000.00	30000.00
14	中国工商银行	150000.00	132000.00	18000.00
15	进出口银行	230000.00	30000.00	200000.00
16	光大银行	10000.00	10000.00	0.00
17	广发银行	20000.00	20000.00	0.00
	总计	1192700.00	657700.00	535000.00

（二）公司各类债券融资情况

截至2020年3月末，公司债务融资工具均正常付息兑付，待偿还债券余额为59.34亿元，具体情况如表15-7所示。

表15-7　乌高新存续期内债券情况　　　　单位：亿元、%

简称	发行规模	期限	年利率	起息日	到期日	债券余额	已兑付情况
17 乌高新 MTN001	5 亿元	3 年	5.65	2017-06-09	2020-06-09	5.00	按期兑付
17 乌高 01	6 亿元	5 年	5.80	2017-07-13	2022-07-13	6.00	按期兑付
17 乌高新 MTN002	5 亿元	3 年	5.95	2017-12-21	2020-12-21	5.00	按期兑付
17 乌高新境外美元债	2 亿美元	3 年	5.20	2017-12-20	2020-12-20	14.17	按期兑付
18 乌高新境外美元债	0.73 亿美元	3 年	5.20	2018-01-10	2021-01-10	5.17	按期兑付
18 乌高新 PPN001	4 亿元	3 年	5.20	2028-12-07	2021-12-07	4.00	按期兑付
19 乌高新 MTN001	5 亿元	3 年	4.14	2029-05-16	2022-05-16	5.00	按期兑付
19 乌高新 MTN002	5 亿元	3 年	3.97	2019-09-02	2022-09-02	5.00	按期兑付
19 乌高新 SCP002	5 亿元	270 天	3.40	2019-10-30	2020-07-26	5.00	按期兑付
20 乌高新 SCP001	5 亿元	270 天	3.25	2020-01-17	2020-10-13	5.00	按期兑付
合计	59.34 亿元	—	—	—	—	59.34	—

注：美元债汇率以2020年3月31日中国外汇交易中心美元兑人民币即期汇率测算，汇率为1美元兑人民币7.0851元。

第二节 转型发展分析

一、公司转型发展过程分析

乌鲁木齐高新投资发展集团有限公司在转型发展过程中主要是在公司业务结构、管理制度及融资渠道三个方向进行转型的探索与尝试，并收效颇丰。公司完善了区域综合服务运营商链条，优化了内部管理制度并尝试多种融资渠道以获得稳定而又高效的资金来源。具体分析为：

（1）业务结构方向，公司不断尝试探索适合公司发展的业务及业务模式，从而构建更市场化的业务体系，从传统业务、拓展业务与新型服务业务发力，构建完善的区域综合运营商服务链条。在传统业务方面，公司着力保持市政基础设施管理养护、工程建设等传统业务板块的市场垄断优势；在拓展新业务方面，公司结合当地供求关系的实际情况和产业基础，发展供应链贸易、自持物业经营，合理配置资源；在新型服务业方面，公司积极布局大数据、智慧城市、创业投资、金融服务等，发挥国资背景优势为区域内企业和单位提供更加多元化的服务。

（2）管理制度方向，公司不断优化内部管理制度以适应市场环境。据了解，目前在集团内部建立了科学高效的管理与决策机构，对公司的发展方向进行统筹规划；同时，建立了独立的管理制度和内控机制，确保决策独立。集团根据各子公司的业务板块方向，对子公司进行集中归口管理，强化子公司的管控措施，配合集团整体发展规划开展业务工作。

（3）融资渠道方向，公司尝试多种融资渠道获得了高效稳定的资金来源。信贷业务方面，公司资信状况较好，银行授信额度及剩余额度较大；项目开展模式多元化，公司积极开展 PPP、政府购买服务等项目，减缓资本支出压力；债券融资方面，公司在交易所、发展改革委、交易商协会及境外市场均具有高效稳定的融资渠道，能够根据资金需求开展融资计划，并能够不断优化公司的债务结构至合理状态。

通过这三方面的努力，公司营业收入大幅增加，不仅构建了更加市场化的业务体系，公司决策环节同样优化得更为科学高效，同时公司也拥有了稳定的资金来源。这一系列的保障成为公司日后良好发展的坚实基础。

二、公司转型发展前后对比分析

乌鲁木齐高新投资发展集团有限公司从业务结构、治理结构及融资模式方面，推动公司转型升级。转型前后的差异体现为在整合资源、开拓新业务、引进新技术辅助业务开展多元经营的同时调整治理结构，使其更能够适应市场机制，按市场规律办事，按市场规律配置资源。在融资模式方面，公司在间接融资与债券融资方面均进行了积极合理的尝试。具体来说为以下三点：

（一）业务结构转型

1. 拓展业务板块，多元经营

2017 年及以前，乌鲁木齐高新投资发展集团有限公司的业务收入多集中于物业管理、酒店服务、房租、管养费、工程建设和水费等板块，业务结构以管理养护为主，公司主要收入及利润来源仍为高新区管委会及所属单位。

自 2018 年起，公司开始在原有业务的基础上探索新领域，为公司发展注入新鲜血液：

一方面，公司主动对原有业务模式进行梳理优化，不断提高专业化、市场化程度。公司进一步提高融资担保、小额贷款等金融服务业务的风险控制能力，并在此基础上有序拓展业务；为进一步防范化解财政金融风险，公司将管理养护业务模式由政府购买服务调整为 PPP 模式，并严格按照会计准则要求将相关资产计入无形资产进行摊销；在房屋租赁及酒店服务方面，公司通过持续培育周边业态发展，实现不动产资源价值的不断提升。

另一方面，公司根据自身发展规划，主动扩大自身规模，承接新的业务板块，合理拓展公司营业收入来源。2019 年，公司根据公司规划方向发展供应链贸易业务，成立了乌鲁木齐高新供应链管理有限公司，新增了供应链贸易板块业务，业务收入结构更加多元化。自公司开拓供应链贸易业务开始，公司的营业收入得到大幅提高，2018 年度及 2019 年度，公司营业收入分别为 127878.27 万元和 225753.16 万元，增幅明显。与此同时，公司收入结构也发生了巨大变化。其中 2019 年末工程建设业务、房屋租赁收入较 2018 年末占比下降。具体表现为：2018 年度和 2019 年度，工程建设业务收入分别为 41854.84 万元和 43957.02 万元，占当期营业收入之比分别为 32.73% 和 19.47%；2018 年度及 2019 年度，公司房屋租赁收入分别为 23433.98 万元和 22037.24 万元，占当期营业收入的比重分别为 18.33% 和 9.76%。

此外，公司不拘泥于城投公司的传统行业，积极在大数据、智慧城市等新兴产业领域布局。作为乌鲁木齐高新投资发展集团有限公司的控股子公司，新疆高新智慧大数据信息技术有限公司在大数据方面的业务提供数据处理和存储服务、软件开发、信息系统集成服务、信息技术咨询服务等，其子公司在监控系统工程安装、电子自动化工程安装、子设备工程安装、智能卡系统工程、通信系统工程、通信线路和设备安装、信息系统集成、信息系统运营运维、数据处理和储存、信息技术咨询等领域积极为智慧城市的建设服务。

综上，公司基于国家政策及公司发展规划，考察市场需求后主动探寻业务板块方面的多元化，在稳定传统盈利业务的基础上，寻求新的利润增长点，布局新型产业，充分迎接市场化的挑战。

2. 布局整合资源，借势发力

城投公司的发展，有赖于公司所处区域产业基础、所处环境资源禀赋以及所在地政府支持力度。更合理化、市场化地配置政府及公共资源，是城投公司存在的重要意义。

通过观察乌鲁木齐高新投资发展集团有限公司及其子公司的主营业务发现，公司在整合资源方面成效显著。自"大众创业、万众创新"于 2014 年 9 月提出以来，国内创业公司如雨后春笋，因而服务创业公司的创投公司也得到了较好的发展。公司着力整合新区内的项目与资金，通过提供工程建设、房屋租赁、融资担保、小额贷款等一系列服务，为新区创业公司的发展提供帮助的同时也丰富了自身的业务结构和盈利模式。

公司所开展的供应链贸易业务，同样有效利用了区域内的产业资源。乌鲁木齐高新投资发展集团有限公司基于疆内国有企业对铝锭、锌锭、电解铜、黄金原料等的需求这一实际情况，以及疆内富有天然资源这一优势，自 2019 年公司便开始通过下属乌鲁木齐高新供应链管理有限公司开展供应链贸易业务。2019 年第四季度，公司根据市场贸易结构新增棉籽、棉纱贸易品种。公司供应链贸易业务充分挖掘了市场上供求两端的需求，对当地资源进行整合，根据市场需求情况，及时调整当年的贸易品种。开展供应链贸易业务，既实现了优质产品"走出去"、所需资源"引进来"的目的，又能够有效优化公司业务结构，提高市场化程度。

（二）治理结构转型

城投公司的内部治理结构，很大程度上决定着公司投融资风格和市场化程度。城投公司在特定的历史背景与发展条件下，形成了市场化与行政化相结合、相对独特的治理结构。大部分城投公司脱胎于行政事业单位体制，人员来源于机关事业人员，公司"执行"的特点明显，"决策"的能力偏弱，显性的治理结构和隐形的企业文化导致了城投公司在参与市场化竞争时面临一定的困境。

制度是公司生存和发展的基础，是企业更能够实现持续、稳定、有序运转的重要保障。基于这一点，乌鲁木齐高新投资发展集团有限公司着力推进公司做出制度方面的转变，推动公司更多地适应市场机制，按市场规律办事，按市场规律配置资源。主要体现在以下两个方面：第一，公司的管理结构偏于扁平化，公司已按照现代企业管理要求形成了健全管理体制，以及有效决策、执行和监管体系，这有利于提高公司的决策质量与决策效率。第二，公司内部资源整合，将业务关联度较高的子公司集中管理，实现了内部业务集团化。因此在乌鲁木齐高新建设投资集团有限公司统一管理之下，能够达到减少各公司之间的沟通成本，有效地发挥子公司之间的协同性从而达到提升决策效率的目的。观察其子公司的业务性质，可以发现各公司业务整合后，由于业务上的关联性更便于管理，使各公司之间的协同效应得以显现。

（三）融资模式转型

公司积极探索各种融资途径，凭借公司自身良好的信用与多家银行达成长期有效的信贷业务合作，积极尝试发行众多证券产品，公司形成了稳定高效的融资模式。

在间接融资方面，一方面，公司与例如新疆银行、乌鲁木齐银行、天山农商行等新疆区域内的银行开展全方位合作，争取项目贷款、流动资金贷款等，增加融资灵活性；另一方面，公司充分发挥大型商业银行资本优势，与农业银行、工商银行、建设银行、中信银行等签署大额授信协议，为重点项目建设提供资金支持。

在债券融资方面，公司积极尝试多种债券产品，已成功发行了短期融资券、中期票据、公司债、企业债、境外美元债券等。公司在积累融资经验及调节公司债券结构的同时，也构建了较为完整的债券融资体系，目前已在各个监管机构树立了优质的债券发行人形象。公司通过深度参与直接融资市场，能够保持对债券市场资金的敏感性，有利于公司合理判断融资窗口期、更为充分地利用资本市场资金。

通过业务结构、治理结构、融资模式三大方向的转型，高新集团合理拓展了公司营业收入来源，通过整合区域内项目与资金，为新区创业公司的发展提供帮助的同时完善了自身的盈利模式；而通过整合区域内的产业资源，供应链贸易的开展实现了优质产品"走出去"、所需资源"引进来"的目的。此外，针对治理制度的一系列转变弥补了传统城投公司普遍"执行"特点明显、"决策"能力偏弱这一缺点。扁平化的管理结构与内部业务集团化的实现帮助高新集团更加适应了市场机制。融资模式方面的探索促使公司更加充分地利用资本市场资金以辅助自身优良发展。这一系列的科学转型是企业发展的良好基石与未来保障。

第三节　转型经验启示

一、以产业为核心，构建多层次业务

城投公司转型的本质是要求公司从总体发展战略、竞争战略、业务结构、治理结构等相关方面向市场经济并轨，不断形成和培育自身的持续盈利板块。回顾乌鲁木齐高新投资发展集团有限公司的转型，公司不断开拓新业务，在供应链贸易、智慧城市、小额贷款、大数据领域探索发展，因此公司的业务结构越来越完善，产业升级也如火如荼，依照市场化的路径，拓展业务板块是公司转型成功的强大推手。窥斑见豹，作为城投公司，要将拓展新的经营性业务板块作为公司转型发展的重中之重，脚踏实地、久久为功，逐步实现从城市投融资主体向城市经营主体转变。这里拟在分析乌鲁木齐高新投资发展集团有限公司业务探索的基础上，以点带面，为尚在转型过程中的企业提供价值参考。

（一）城市新区开发

扩大城市规模、提高城市发展质量一直以来是地方经济发展的主要抓手。在将城市做大做强这一道路上，设立高新技术产业开发区、经济技术开发区是行之有效的途径。首先，新区往往具有较为充足的土地储备，这项优势可为未来产业布局以及区域发展提供保障；其次，新区的土地使用成本远低于城市建成区，成本优势明显；最后，新区建成中需要各种配套的水电资源的建设，可带动多行业共同发展。城投公司的业务不应仅限于新区开发建设所需的资金筹措与投资，而应深入参与新区的规划、设计、建设、运营的全局发展。

新区建设的探索也要尝试脱离传统，城投公司可不断向新区开发涉及的"高技术含量"业务拓展。以乌鲁木齐高新投资发展集团有限公司为例，其子公司新疆高德节水环保有限公司的业务重心将调整为全面实施北区再生水回用改扩建项目的实施，以适应北区工业园全面转型升级的需要。城投公司可在新区建设中，逐渐实现自身业务的升级。具体来说，一方面，公司可将新区基础设施建设的开发与房地产开发同步，利用自身业务优势，打牢新区开发根基；另一方面，将业务与新区总体产业布局和重点项目深度整合也是可行的发展方向，如提供配套研发办公场所、高效的水电保障系统、科技孵化器等，实现城市与产业的相互融合发展。

（二）物业经营

城投公司在土地储备及供应和工程建设方面具有先天优势，且物业运营具有较好的利润空间，因而地产物业运营是城投公司可考虑的发展方向。国内实力较强、具备一定规模的城投公司，绝大多数已经开展了该项业务，并积累了较多的物业开发、持有及运营等一体化经验。虽然，宏观上国内房地产行业已经进入行业生命周期中的成熟期，竞争日渐激烈，在"房住不炒"和"三去"政策的背景下，行业增速有所下降。但是，危中有机，城投公司可寻找时机，因地制宜，更加紧密地跟随政策和市场动向，在已经深耕多年的领域发展精细化经营的能力，结合 REITs 等创新产品，在长租公寓、养老公寓、商业物业等领域发力。参考乌鲁木齐高新投资发展集团有限公司案例，公司结合高新区的发展情况，积极开展房产租赁业务，为高新区招商引资引入的企业商户提供服务，同时公司房源来源多样，既有本公司的投资性房地产，也有租入取得并赚取房租价差的部分，有效提高了区域内国有房产的商业运营质量。

当从城投公司这一整体出发考虑物业经营的具体模式时，公司可从三个方面进行考量。第一，明确方向，根据项目的性质确定经营方案；第二，项目规划要结合土地资源状况和城市发展水平，同时考虑消费者的需求，向社会群众提供其最需要的服务；第三，与当地政府通力合作，为招商引资客户提供政策性支持，在为本地带来税收的同时，增加公司收入，实现政企"双赢"。

（三）智慧城市

近些年，智慧城市的建设逐渐被提上议程。政府也出台了较多关于构建智慧城市的指导意见和政策，例如国家测绘地理信息局于 2017 年 11 月 29 日发布了《关于加快推进智慧城市时空大数据与云平台建设试点工作的通知》，在智慧城市建设策略与技术参考以及试点推行等方面做出了指导。从总体环境来看，政策、资金、技术等多个基础维度方面的资源都在向智慧城市的建设倾斜。

全国各地都对智慧城市的建设予以高度重视，北上广深带头发力，杭州、天津等城市紧随其后，各地陆续发布了与智慧城市建设相关的城市发展规划，力图将信息技术的运用推广到城市管理和大众服务的各个角落。

在这一趋势下，城投公司应抓住机会，着力突破这个新兴业务。乌鲁木齐高新投资发展集团有限公司已在此领域进行了积极筹备，布局智慧城市。乌鲁木齐高新投资发展集团有限公司的智慧城市业务主要通过其控股子公司新疆智慧城市工程技术研究中心（有限公司）推进，公司的具体业务包括监控系统工程安装、电子自动化工程安装、电子设备工程安装、智能卡系统工程、通信系统工程、通信线路和设备的安装等。城投公司一直以来的一项重要任务就是城市建设，但智慧城市的建设与以往业务的重合度较低，所以城投公司要避免路径依赖，这会给公司的业务推进带来一定的难度，另外也是公司优化业务组合的绝佳时机。以小见大，对于适合发展智慧城市业务的城投公司来说，智慧城市业务涉及的领域非常广泛：从城市交通道路管理，到供水供热控制；从网络平台建设，到大数据处理分析；从智能市民卡的应用，到公共交通信息的电子化等，不一而足。城投公司应结合自身特点和优势，选取其中的一项或几项，逐步推进业务多元化。

具体来说，公司可以选取技术相对成熟、耗资相对较低的智能电子公交站牌为突破口，积累城市轨道交通网络服务系统的发展经验，同时发挥其稳定巨大的流量优势，将广告、传媒等业务植入其中进行创收。如果项目运营成功，项目经验可以较快复制，同时推进上下游产业的发展，真正将城市建设与盈利的商业模式相结合，在为市民提供优质、先进服务的同时获得自身持续发展的动力。

（四）供应链贸易

在当前信息技术飞速发展的背景下，基于信息不对称传统贸易行业日渐式微，供应链服务模式正悄然兴起。传统贸易行业具有准入门槛低、竞争充分和盈利水平弱的特点，这些特点导致并不适合城投公司进入该行业。但随着贸易市场竞争日趋激烈，市场信息及资源渠道逐渐公开，贸易行业亟待升级。另外，在政府的强力推动下，以信息化、现代化为基础的供应链管理逐步成为贸易行业发展趋势。乌鲁木齐高新投资发展集团有限公司已经在此行业寻找到了新的增长点，其控股子公司乌鲁木齐高新供应链管理有限公司基于疆内国有企业对铝锭、锌锭、电解铜、黄金原料及饰品等多个品种需求的实际情况，积极开展了相关业务并取得了良好的业绩。

把维度提高到城投公司这一整体，目前供应链贸易行业方兴未艾，是涉足行业的良好时机。但从乌鲁木齐高新投资发展集团成功的例子来看，城投公司进入供应链贸易这一行业也需要注意两个问题。第一，供应链贸易业务发展要以当地产业资源为基础，全国各地区的资源禀赋不尽相同，城投公司需挖掘当地自身资源潜力，例如将现有的棉籽、金属等资源进行深加工后再将其注入供应链贸易，在提高产品附加价值的同时增强其市场竞争力。第二，供应链贸易的开展要以物流为抓手，公司开展供应链贸易应当有较好的物流基础或者与信誉较好的第三方运输机构合作，充分降低业务的边际成本及所承担的风险。

二、以制度为基础，建设高效组织

城投公司的产生与发展都与特定的历史环境紧密联系，所以城投公司与一般企业相比，具有非常鲜明的特性，主要体现在政策敏感度高、职能定位特殊、经营目标复杂、人员关系多样四个方面。企业的结构也受到这四个特性的影响，区别于一般的企业。

但城投公司本质上还是需要参与市场竞争的现代化企业，随着市场化程度的不断提高，城投公司的业务结构、经营理念、治理结构也将逐渐向一般企业靠拢。在转型过程中，业务结构是导向，经营理念是根本，治理结构是抓手。城投公司想要适应市场化竞争，治理结构的改进应率先做出，一方面可以在一定程度上提高现有业务效率，另一方面也为其他方面的转型奠定基础。

城投公司在过去执行大于决策，因为决策与自身效益关联度不大，所以其重要性劣后于执行。但转型后，城投公司将面对市场化的竞争，需要在是否投资、投资什么项目、以什么样的方式投资方面迅速做出决策。因此城投公司在转型的过程中，一定要通过规范化建设，建立科学、有效、高效的治理结构与决策流程，提高资产管理与企业管理水平。

具体来说，一是建立完善内部管理机制，可以考虑增设战略投资委员会制度、财务风险控制制度，以提高决策科学化水平，防范财务风险。二是要协调集团内部的管理方式，根据公司的业务类型考虑是否进行类似事业部的改革，以发挥集团内部的协同效应。

三、以融资为保障，稳定资金输入

融资是城投公司生存发展的一项重要能力，如果融资渠道单一，现金流将会承受巨大的风险。构建稳定、多元、可持续的融资渠道是行之有效的解决方式。

（一）PPP 渠道

乌鲁木齐高新投资发展集团有限公司积极寻求项目融资模式上的转变。公司在建的自营项目中乌鲁木齐高新区（新市区）基础设施建设 PPP 项目（A 包）采用 PPP 模式，在承接城市基础设施建设的基础上，通过 PPP 模式明确了项目收益和融资责任。

对于城投公司这一整体来说，现阶段，因其国有企业的特殊性，城投公司在PPP 模式下具有双重角色。首先，城投公司较多地承接政府公益性项目，该类项目对资本回报要求较低，另外城投公司拥有丰富的项目运作经验，有能力代表政府的利益，因此可以作为政府方参与 PPP 项目。其次，鉴于城投公司与政府的关系，城投公司对于政府来说是更容易接受的企业资本，因此城投公司也可以作为独立的社会资本参与 PPP 项目，操作关键在于城投公司的政府融资职能已经剥离。上述两种方式都能减轻城投公司的项目资金压力。

具体来说，不同的城投公司呈现出不同的特征，因此其利用 PPP 渠道也需具体情况具体分析，现将城投公司根据其经营情况分类为三种：第一种城投公司属于轻资产类企业，仅具备投融资能力，不具有项目建设资质和经验。这类公司可在 PPP 项目中担任政府出资平台的角色；第二种城投公司具有一定的投融资能力和项目建设能力，有能力在 PPP 项目中担任社会资本方，但仍需要与其他社会资本方合作；第三种城投公司，其规模较大，投融资能力、项目建设能力较强，此类城投公司可以独立担任 PPP 项目中的社会资本方，不需要其他社会资本方的协助。

（二）债券融资渠道

对于城投公司来说，市场化的债权融资方式包括发行企业债券、公司债券、中期票据、短期融资券等标准化融资渠道，以此获取与政府债务无关的债务资金。城投公司可根据自身的具体情况尝试合适的融资方式，构建更加全面高效的融资渠道。如上文所述，乌鲁木齐高新投资发展集团有限公司积极尝试发展改革委、交易商协会、证监会、境外交易所的融资产品，布局多种融资渠道，因此其筹资活动产生的现金流入数量较多且质量稳定。

综合到城投公司这一整体，债券融资的方式仍是其有效的融资解决方案。

首先，城投公司可考虑发行公司债融资。如果平台公司已退出银保监会政府融资平台名单，且来自政府性的收入占总收入比重少于 50%，城投公司可以发行一般公司债券。募集到资金可用于项目投资、补充流动资金、偿还有息负债、股权投资和收购资产等。如果公司有专项收益的项目等，可发行项目收益公司债券；如果企业有环保节能项目，可考虑发行绿色公司债券。公司可根据市场情况和自身业务选择最合适的公司债产品，以降低融资成本，优化融资安排。

其次，城投公司可考虑发行企业债进行融资。企业债券是指由国家发展改革委审批，募集的资金投向涉及固定资产投资项目的债券。主营业务较为突出、资产收入结构符合产业特点的企业可选择发行此类债券。企业债的创新品种包括但不限于城市地下综合管廊建设专项债券、养老产业专项债券、双创孵化专项债券等。

最后，城投公司可根据所建项目的公益属性和收益状况，以及项目是否纳入国家发展改革委重大项目库情况，将地方政府专项债券与市场化融资进行结合，以多样化、低成本的方式进行融资。

（三）股权融资渠道

在权益性融资渠道方面，城投公司在证券市场发行股票融资也是一条重要的途径。城投公司可将现有资产分拆组合，优化结构，组建新的股份有限公司进行上市融资。公司上市可以筹集到长期资本，且不需要偿付。权益融资可以改善公司的资产负债率，筹集的资金可以购置厂房等固定资产、投入无形资产的研究或者清偿债务。

四、可适用上述发展经验的平台类型

回顾乌鲁木齐高新投资发展集团有限公司的转型过程，可提炼如下特点：

第一，公司积极整合当地供求资源，发展物业经营、供应链贸易、酒店服务

等多项市场化业务，这点对于具有相似资源禀赋的城投公司可以借鉴，尤其是自持物业资产较多、区域产业基础扎实的城投公司。

第二，公司加强公司内部管理，积极整合集团内部资源，通过划分大业务板块、各子公司协同的方式，降低企业间沟通成本。有着众多下属子公司的城投公司可以采用此类经验，增强子公司之间的协同效应、提高管理效率。

第三，公司积极扩宽融资渠道，尝试不同的债券融资方式，这一点符合相关债券融资条件的城投公司都可以尝试。

第四，乌鲁木齐高新技术开发区是经国务院批准的国家级高新技术产业开发区之一，不同的国家级高新区的发展政策和新区建设方式在一定程度上具有相似性，因此其他国家级高新区内的城投公司也可以参考乌鲁木齐高新投资发展集团有限公司的转型经验。

城投公司自成立以来，为国家经济发展、城市建设做出了卓越贡献。但随着政策的变化与市场的发展，城投公司的发展路径与当前经济形势的重合度逐渐降低，城投公司因此随之面临着转型的巨大问题。乌鲁木齐高新投资发展集团有限公司作为众多城投公司中的一员，为适应市场，公司革故鼎新，在各方面做出转型，主要包括拓展业务结构、调整相关制度、探索证券市场融资方式，公司转型已取得一定的成果。这里试图通过探索乌鲁木齐高新投资发展集团成功的经验，并概括了其中能推而广之的部分，包括拓展业务结构、改革相关制度与尝试多渠道融资，谨为其他适用的城投公司提供参考。

第十六章 天津津南城市建设投资有限公司转型发展案例分析

天津津南城市建设投资有限公司（以下简称津南城投或公司）是天津市津南区唯一的国有资产运营及投融资平台。近年来，面对转型的阵痛，多数城投公司在业务、财务等多重压力下左支右绌时，津南城投却在稳步发展，在天津市区域融资环境欠佳的背景下逆势实现了各类债券的顺利发行和公司主体评级的有效提升。公司主动尝试多种融资方式，构建直接融资和间接融资联动的融资格局；而且在传统城投业务领域精细深耕，形成了较为可观的盈利能力；并积极借助当地自然资源的优势，尤其是土地资源的优势，构建了公司的核心竞争力。这里试总结提炼天津津南城市建设投资有限公司转型的核心手段，展示公司转型发展的具体操作，也对转型过程中面临的主要问题做出分析，并延伸思考津南城投的经验可适用的平台类型，为此类公司的发展方向提供可参照的思路。

第一节 公司基本情况

一、公司基本情况

（一）区域背景情况

津南区，天津市四个环城区之一，位于天津市东南部，北依海河，南临南疆港，西连中心城区，东叠滨海新区，处于天津"双城双港、相向拓展、一轴两带、南北生态"的总体发展战略主轴上，是承接中心城区城市功能和滨海新区产业功能的黄金走廊，具有良好的海陆空交通，地理位置十分优越。

2019年，津南区地区生产总值同比增长4.0%，固定资产投资加速，助推津南区产业转型升级和新动能培育，区域综合经济实力较强。2019年，津南区完成一般公共预算收入 64.8 亿元，同比增长 12.2%，在天津 16 区内排名第四。其中，税收收入为 46.1 亿元，同比增长 13.5%，占一般公共预算收入的比重为 71.1%。同期，津南区完成政府性基金收入为 121.6 亿元，同比增加 86.9 亿元；其中，土地出让收入 118.98 亿元。

津南区委第十一届九次全会强调：津南区要积极抢抓京津冀协同发展新机遇，建设绿色环境、构建绿色产业、打造绿色人文、营造海晏河清政治生态，推进"五个一"重点工作，包括"一屏""一展""一带""一谷""一稻"。具体来说：

"一屏"，即绿色生态屏障。2018 年，天津市委、市政府加强滨海新区和中心城区中间地带规划管控，规划建设总面积 736 平方千米的绿色生态屏障。而位于津南区的绿色生态屏障就占有 330 平方千米，约占全市绿色生态屏障总面积的 45%，约占辖区总面积的 85%。按照"宜林则林、宜田则田、宜水则水"的原则，津南区着力提升林、路、渠、田、坡的景观品质，打造人与自然和谐相处的"城市后花园"。

"一展"，即国家会展中心（天津）项目。国家会展中心（天津）项目是商务部与天津市共建的国家级会展中心，是国内除上海、广州之外的第三大国家级会展中心。项目总投资 175 亿元，总建筑面积 134 万平方米，集展览、会议、商业、办公、酒店功能于一体，建成后以"工业机械展"为主，同时兼容汽车、家居等消费品展，作为天津市服务京津冀协同发展、承接北京非首都功能疏解的标志性工程。2020 年 6 月将迎来首展——"中国建筑科学大会暨绿色智慧建筑博览会"，届时将进一步增强津南区发展动能，并通过带动交通、旅游、餐饮、住宿等行业助推津南区实现高质量发展。

"一带"，即海河中下游高端服务业发展带。根据津南区发展规划，津南区以会展服务业为引领，推进现代商贸、文化体育旅游、高技术服务业，通过加快打造葛沽及小站等特色小镇、提升商业综合体质量等方式，加快服务业向前发展、快速崛起。

"一谷"，即天津智谷。天津智谷定位为国际一流、全国领先的京津冀人工智能研发与成果转化新高地，目前已构建以人工智能芯片为核心技术层，以智能机器人、无人驾驶、智慧医疗、3D 打印、前沿新材料为应用层，以科技服务、金融服务、人力资源服务、物联网、现代商业为支撑层的新型产业体系，将助推"津南制造"向着"津南智造"转型；另外，位于津南区的海河教育园区已入驻包括天津大学、南开大学两所部属重点高校，中德应用技术大学、天津开放大学在内的 13 所院校，聚集了两院院士 30 余名，对推进天津高等教育和职业教育发展、支撑海河中游地区开发并增强综合竞争力具有重要意义。

"一稻",即小站稻。小站稻原产于津南区小站镇,小站稻作文化已成为中国重要农业文化遗产。根据规划,津南区将围绕"源、魂、种"深度挖掘传统文化、创新发展传统文化,让小站稻在新时代发展中焕发新生机。

总体来看,津南区经济实力较强,未来具有一定发展空间。

（二）公司概况

天津津南城市建设投资有限公司前身为天津鑫达建设开发有限公司,成立于2003年4月29日,经历次增资后,现注册资本为人民币447739万元。公司经营范围包括:园林、绿化、道路、桥梁工程建设;水利设施工程开发建设;基础设施工程建设;以自有资金对房地产开发业投资;土地整理服务。

天津津南城市建设投资有限公司前身为天津鑫达建设开发有限公司,系由天津市津南区津南水库管理处、天津市津南建筑安装工程总公司和天津市津南区资金管理所共同出资组建。后经天津津南区进行平台整合,组建天津津南城市建设投资有限公司,由津南区国资委作为唯一股东履行出资人责任。

（三）公司对其他企业的重要权益投资情况

天津津南城市建设投资有限公司的城投属性较明显,业务多集中于委托代建业务、安置房建设业务、担保及租赁等。但公司业绩表现却比多数同类城投公司更加优异,在传统城投领域积累经验,业务逐渐精熟便是其中原因之一,而这又与子公司的细化分工密不可分。天津津南城市建设投资有限公司主要子公司情况如表16-1所示。

表16-1　津南城投主要二级子公司情况　　　　　单位:万元、%

序号	企业名称	注册资本	持股比例
1	天津鑫建投资开发有限公司	5000	100.00
2	天津坤徽城镇建设开发投资有限公司	10000	100.00
3	天津科海投资发展有限公司	22000	100.00
4	天津市宏徽投资发展有限公司	15000	100.00
5	天津市津南区双华城镇建设开发投资有限公司	8000	100.00
6	天津葛城伟业投资有限公司	32600	100.00
7	天津市鑫盛远大投资有限公司	35000	100.00
8	天津铸徽城镇建设开发投资有限公司	30000	100.00
9	天津祥水馨苑城镇建设投资有限公司	20000	100.00
10	天津鑫泰鼎实投资发展有限公司	34735	100.00
11	天津市万泉实益投资发展有限公司	18000	100.00
12	天津津城置地投资发展有限公司	35000	100.00

（四）公司控股股东及实际控制人的基本情况

截至 2020 年 6 月末，公司的控股股东及实际控制人均为天津市津南区人民政府国有资产监督管理委员会，其持有公司股权比例为 100%。

二、公司业务构成

天津津南城市建设投资有限公司主营业务为安置房建设业务。2017～2019 年度，公司实现营业收入分别为 616966.94 万元、620821.64 万元和 448799.66 万元；净利润分别为 20734.90 万元、16609.43 万元和 11608.06 万元。

天津津南城市建设投资有限公司是天津市津南区国资委全资控股的国有独资企业，是津南区政府指定的具有特许经营主体资格的城市建设投资主体，主导完成津南区内咸水沽、辛庄、葛沽、双桥河、小站和北闸口六个城镇的示范城镇建设，完成小城镇内拆迁整理、土地复垦、水、电、气、暖等"七通一平"配套基础设施及公共基础设施建设工作。上述工作在津南区政府的统一规划和安排下，按照市场化补偿机制签订有效协议，由公司下属子公司负责建设。

同时，公司从事的委托代建业务和安置房建设项目具有一定的公益性质，政府会给予一定的财政补贴，2017～2019 年度，公司获得的与主营业务相关的政府补助分别为 62117.89 万元、38432.29 万元和 37920.01 万元。

2017 年度，公司营业收入为 616966.94 万元，其中，委托代建业务 212587.72 万元，安置房建设业务 397497.26 万元，担保、租赁等其他业务 6881.97 万元，安置房建设业务合计占比 64.43%；2018 年度，公司营业收入为 620821.64 万元，其中，安置房建设业务 613053.80 万元，担保、租赁等其他业务 7767.84 万元，安置房建设业务合计占比 98.75%；2019 年度，公司营业收入为 448799.66 万元，其中，安置房建设业务 442132.18 万元，担保、租赁等其他业务 6667.48 万元，安置房建设业务合计占比 98.51%。

从公司的主营业务变化可以看出，津南城投在业务布局方面体现出了较强的传统的城投属性，即以提升区域发展的投资环境为目标，利用市场化方式开展安置房、基础设施项目建设，实现主营业务的发展。

三、公司财务情况

为了更清晰简洁地展示公司的财务情况，特将公司于 2017 年末、2018 年末、2019 年末的主要财务数据摘录，并对部分财务数据采用变化百分比的形式进行纵向对比，具体情况如表 16－2 所示。

表 16 - 2　津南城投主要财务数据　　　　　　　单位：万元

项目	2019 年末	2018 年末	2017 年末
营业总收入	448799.66	620821.64	616966.94
营业总收入同比（%）	-27.69	0.62	-0.49
营业收入	448799.66	620821.64	616966.94
营业收入同比（%）	-27.69	0.62	-0.49
营业总成本	470121.46	639127.80	652607.88
营业成本	407415.60	570449.11	580856
主营利润	12888.44	13840.77	2342.06
营业利润	16089.91	19968.42	26550.72
营业利润同比（%）	-19.42	-24.79	-17.88
利润总额	14401.91	17814.96	23522.97
利润总额同比（%）	-19.14	-24.25	-28.78
净利润	11608.06	16609.43	20734.90
净利润同比（%）	-30.11	-19.88	-31.84
归属母公司股东净利润	11545.03	16450.30	20727.79
归属母公司股东净利润同比（%）	-29.80	-20.62	-31.81
扣除非经常性损益后净利润	11545.03	16450.30	20727.79
扣除非经常性损益后净利润同比（%）	-29.80	-20.62	-31.81
EBIT	21952.02	27411.11	37862.44
EBITDA	38823.76	44220.54	53165.57
货币资金	719058.22	288295.73	730320.12
流动资产	7716134.85	7284380.86	8096556.66
固定资产	239047.96	241083.91	253027.24
长期股权投资	163604.55	163290.16	163035.07
总资产	9114630.32	8661415.03	9508022.25
总资产同比（%）	5.23	-8.9	-1.19
流动负债	2870968.39	2590934.50	2852566.44
非流动负债	3199968.18	3406114.44	4121649.45
短期债务	1811711.73	1275815.32	1308155.25
长期债务	2309066.97	2605649.30	3281179.91
总债务	4120778.70	3881464.62	4589335.16
总负债	6070936.57	5997048.94	6974215.89
总负债同比（%）	1.23	-14.01	-2.15

续表

项目	2019 年末	2018 年末	2017 年末
总资本	7164472.45	6545830.71	7123141.52
股东权益	3043693.75	2664366.09	2533806.36
归属母公司股东权益	3040483.59	2654937.47	2528888.06
归属母公司股东权益同比（%）	14.52	4.98	1.52
资本公积	2417895.63	2043894.54	1934295.42
盈余公积	38402.17	38248.80	38019.07
经营活动产生的现金流量净额	664638.04	607677.95	6835.94
投资活动产生的现金流量净额	-24441.47	-139513.40	-27486.66
筹资活动产生的现金流量净额	-218197.84	-876794.58	44024.21
现金及现金等价物净增加额	421998.73	-408630.06	23373.47

四、公司融资情况

津南城投与银行、证券公司和融资租赁公司等金融机构密切合作，建立了层次丰富、渠道通畅的融资系统。

银行贷款方面，津南城投与中国银行、中国农业银行、中国工商银行、中国建设银行、交通银行、国家开发银行、天津银行、天津农商行等银行建立了良好的合作关系。截至 2019 年末，公司已于各银行取得综合授信额度 415 亿元，其中，未使用额度为 237 亿元。

债券融资方面，津南城投近年来积极尝试多种债券产品融资，构建了高效的债券市场融资渠道。例如，公司已于 2012 年 6 月、2014 年 6 月成功发行两期企业债券，发行规模共计 33 亿元；另外，公司于 2019 年 9 月、2019 年 11 月成功发行两期超短期融资券，发行规模共计 12 亿元，不一而足。其中，在企业债方面，津南城投是天津市内最早的使用者之一，这标志着津南城投对债券市场的探索精神。公司债券融资情况如表 16-3 所示。

表 16-3　津南城投截至 2020 年 6 月末存续期信用债情况

单位：亿元、%

编号	债券名称	期限	余额	利率	发行日	兑付日	还本方式
1	14 津南债	7 年期	7.20	6.50	2014/06/05	2021/06/05	在第 3 个至第 7 个计息年度末分别偿还本金的 20%
2	16 津南城投 PPN001	5 年期	21.00	3.98	2016/08/26	2021/08/26	到期一次还本付息

续表

编号	债券名称	期限	余额	利率	发行日	兑付日	还本方式
3	15 津南城投 PPN001	5 年期	21.00	5.80	2015/06/19	2020/06/19	到期一次还本付息
4	19 津南城投 SCP001	270 天	6.00	6.00	2019/09/18	2020/06/14	到期一次还本付息
5	19 津南城投 PPN001	3 年期	6.00	6.90	2019/10/19	2019/10/18	每年付息一次，到期还本
6	19 津南城投 PPN002	5 年期	12.00	7.00	2019/11/15	2014/11/14	每年付息一次，到期还本
7	19 津南城投 SCP002	270 天	6.00	5.50	2019/11/27	2020/08/25	到期一次还本付息
8	20 津南城投 PPN001	5 年期	15.00	6.48	2020/06/05	2025/06/09	到期一次还本付息
9	20 津南城投 SCP001	270 天	6.00	4.50	2020/06/30	2021/03/27	到期一次还本付息
	合计		112.20				

除此之外，信托租赁方面，津南城投从自身城投属性出发，积极开展相关业务。在经营过程中，为进一步提高部分资产使用效率，公司与光大租赁、浦银租赁、渤海信托等公司达成了多项业务合作，丰富了公司融资的途径，构建了更为稳定的融资渠道。

第二节　转型发展分析

一、公司转型的核心手段

天津津南城市建设投资有限公司在转型发展过程中所采用的核心手段主要有三种。

第一，津南城投整合区域内各子平台，充分发挥区域土地资源优势开展业务。公司在传统业务的基础上，根据当地土地资源及环城区域发展的实际情况，积极配合当地政府进行产业园区及安置房建设。同时，津南城投整合了负责示范镇、示范工业区建设及职能部门所属的国有公司，并纳入合并范围统一管理，由此突出了其在区域内唯一平台的主体地位。公司根据政府规划推动示范镇建设进度，借助突出的定位和丰富的项目经验，在一定程度上承担着项目实施的总调度、项目管理的总负责的角色，进一步稳固了平台与政府的关系。

第二，津南城投积极尝试多种融资方式。债务融资方面，公司银行贷款与信用债并行，同时积极尝试信托、融资租赁等方式。津南城投在发行债券融资方面经验丰富，企业债、短期融资券以及中期票据等都有涉及。同时，津南城投作为津南区在资本市场的形象代表，主动发挥专业技术优势协助区属各部门开展政府专项债项目遴选及申报工作。

第三，津南城投善于利用当地资源优势，包括但不限于天津市环城区域的土地资源优势、国家会展中心等优质营商环境优势以及小站稻、绿色生态屏障等特色旅游资源优势。津南城投作为区域开发的主平台，通过配合政府招商引资、参与股权投资、推进重点项目建设等方式，实现了上述优质资源的转化，提升了公司自有资源的市场价值和资本市场形象。

二、公司转型的具体操作

（一）把握政策规划走向，整合当地国企资源

在津南区政府推行示范镇建设这一长期复杂系统工程的过程中，公司为解决当地政府推行"以宅基地换房"的示范镇建设工作中遇到的"住宅问题"，逐步形成了以城市基础设施及配套建设为先导、以满足宅基地换房农民需求为核心的安置房开发体系。

公司在项目实施过程中，根据建设内容，整合当地企业资源，主动吸纳各镇负责示范镇、示范工业区建设以及建委所属的多家公司，扩大了公司的整体规模，增加了公司业务收入规模，更大限度地保障了项目的有序推进。在整合企业资源的同时，公司也不断加强对其子公司的管理，完善了内部管理制度。

在当地发展规划及政策指导下，公司逐步转变业务结构，从前期的基础设施委托代建转变为安置房及产业园区的建设，并以当地旅游资源为依托进行周边的业态布置，为企业未来可持续盈利奠定了良好的基础。

（二）多种融资方式并举，协助申报政府专项债

鉴于城投公司经营的业务营利性往往较弱，为保证充足的现金流以支撑公司的发展，建立合理的融资渠道便成为解决城投公司资金问题的关键点。津南城投在融资方面做出了较大的创新，主要体现在主动尝试多种融资工具。

银行贷款方面，津南城投与中国银行、中国农业银行、中国工商银行、中国建设银行、交通银行、中国农业发展银行、天津银行、天津农商行等银行建立了

良好的合作关系，取得了较高的授信规模。

债券融资方面，津南城投是天津市内最早发行企业债的公司之一，公司分别于 2012 年 6 月、2014 年 6 月成功发行两期企业债券，合计金额 33 亿元，是津南城投主动尝试多种融资方式促进企业发展的重要标志。公司还于 2014 年 12 月、2015 年 6 月、2016 年 8 月及 2020 年 6 月成功发行多期定向债务融资工具、超短期融资券及中期票据等。

政府专项债方面，津南区踊跃尝试。近年来，尤其是 2019 年，津南区积极开展政府专项债的发行实践，已成功发行了全国单笔规模最大的生态保护专项债券、天津市首单基础设施配套专项债券等，充分利用政府专项债资金用于项目建设。得益于津南区的先进理念，津南城投在转型过程中，充分利用自身专业优势，协助区属各部门开展政府专项债项目遴选及申报工作。

（三）充分利用当地资源，构建自身竞争优势

津南城投作为津南区唯一的国有资产运营主体，通过充分利用区域资源构建自身竞争力，也为资本市场直观、翔实地讲好了"津南故事"：

城投公司背靠当地政府，政府财政对于城投公司的影响不言而喻。津南区与其他区相比，土地资源丰富，当地财政的政府性基金收入也因此有所保障。受天津市向外扩张发展趋势带动，津南未来发展空间较大，使津南城投的安置房项目更具综合优势。

津南区商业环境良好，与之配套的基础设施需要不断更新匹配，津南城投的业务也因此得益，如公司持续对小站镇工业园区、海河工业园区等进行配套设施投资，充分体现了城投的职能与担当，实现了区域价值的进一步优化。在投资过程中，公司能够通过约定项目回款、周边投资性房地产增值等方式实现多元价值联动。

同时，公司正着力提高其主要项目的附加价值，计划开拓京津冀旅游市场，使特色小镇成为经济人文融合增长极、特色文化旅游目的地、津南持续发展新引擎、京津冀协同发展新名片。

回顾津南城投的转型，公司把握住当地政府的发展规划及政策指向，进行国有企业资源整合，并充分利用当地的自然环境资源优势，包括但不限于土地资源、营商环境和旅游资源，因地制宜，总结了一套适合自身发展的业务模式。

三、转型中面临的主要问题

（一）项目管理风险

公司从事津南区内基础设施和安置房的建设，涵盖咸水沽、辛庄、葛沽、双

桥河、小站和北闸口六个镇的示范小城镇项目；从分布上来说，项目实施主体分散于各子公司，进行统一管理的成本较高，且公司与公司的沟通、母公司人员与子公司人员的沟通略有困难；另外，公司参与的项目周期较长，在项目管理上存在一定的难度；而且，从不同项目之间的资源协调方面来看，多个项目并行可能不利于优势资源在项目之间的分配，进而降低优势资源利用率，提高企业经营成本。

（二）未来资本支出压力较大

2017～2019 年度，公司投资活动产生的现金流净额分别为 –27486.68 万元、–139513.42 万元和 –56402.72 万元，投资活动现金流量净额持续为负数。

近年来，津南区委托代建项目和安置房建设项目不断推进。截至 2019 年末，公司未来三年在建及拟建项目的资金支出为 76.51 亿元。资本支出规模维持在较高的水平，在未来可能会给公司带来一定的资金支出压力。

第三节　转型经验启示

一、津南城投转型发展经验

（一）把握当地政策，整合当地资源

服务好城市的建设和运营是平台公司的立身之本。城投公司产生于地方政府经营城市的大背景下，通过政府注入国有资产资源，服务于本地区的建设和发展，这决定了平台公司的发展与城市整体发展的大格局紧密相关，其转型也离不开城市的建设和运营。

津南城投的业务扎根于城市建设，建立了高效可持续的城市建设机制。从最初的立项，到精确的投融资预算，再到有效的报酬率经验数值，以及来自土地整理中心与财政部门的用于项目建设的款项，这些都为津南城投的长远发展做好了铺垫。另外，津南城投的核心业务是建设特色、适于产业聚集和生态宜居的新型特色小城镇，相比于传统城投公司的建设项目，特色小镇的附加价值较高，且用途更加广泛，也充分结合了当地产业发展的需要，同时为津南的旅游发展做好了铺垫，一举多得。在当地政府发展规划的指导下，根据项目建设的推动需求，整合当地的企业资源，扩大公司的整体规模。

基于此，同类型城投公司在转型过程中可参考：

一是把握当地发展规划及政策方向，依托企业定位及业务优势，在开展业务的同时，整合相关企业资源，扩大公司规模，扩充企业盈利增长点，为企业在资本市场争取较低的融资成本。

二是发挥公司经验优势，深耕城市建设工作。经过几十年的发展，平台公司积累了大量的城市基础建设经验，集聚了一定的行业人才，具有不可替代的优势。在经济发展步入新常态、稳增长、惠民生的大背景下，平台公司作为城市更新发展的主力军之一，应当充分发挥学习曲线的作用，积极推进城市基础设施建设、示范镇建设、棚户区和危房改造、保障房建设及城市环境综合整治等项目。

三是科学规划，设计有效的组织结构。服务于城市建设的城投公司往往会因为项目建设期长、举债规模大等因素而积累财务风险，但此类问题往往是可以通过设计更加科学的制度来解决的。具体来说，立项要尽可能协调相关各方共同参与，充分沟通其可行性；项目投融资管理要更加严格，对于项目资金的来源可以考虑多元化方案，城投公司自身出资的部分要取决于公司实际的财务状况，尽量避免过高的资金压力；对于项目的收费，要积累经验测算有效的利润率，以保证公司可持续发展的要求。

四是合理利用资源，构建竞争优势。津南城投位于津南区，津南区是天津市的"环城四区"之一，区内可出让土地较多，土地成本相对较低，津南城投借助此优势，开发的安置房成本较低，形成了一定的竞争力。类似情况的城投公司可以充分依托当地的资源优势，不仅限于土地资源，煤炭资源、旅游资源等也是城投公司发展的基础。

五是结合当地产业与居民的需求，增加建设项目的附加价值。位于城郊县区的城投公司往往有不少制造型企业、厂房集聚，同时也会有数量较多的务工人员，城投公司可建设更多与之匹配的保障性住房、长租公寓、标准厂房等项目，推进满足产业与居民双重需求的项目。

（二）紧跟市场脚步，合理布局产业

转型是当前经济背景下城投公司整体的发展方向，虽然城投公司的转型方式不同，但是转型的"核心"仍在于市场化。津南城投在以传统城投业务为主的同时，积极尝试多种市场化业务。为促进津南区战略性新兴产业发展，经津南区政府同意，由津南城投牵头发起设立智汇产业基金，基金总规模为人民币100亿元，投资方向涵盖智能制造、人工智能、云计算、大数据、医疗健康、教育、文化和旅游等战略性新兴产业及相关周边产业；同时，借助智汇母基金，设立智选创投基金，以天津大学、南开大学等优质教育资源为核心，依托津南创新中心、产业孵化器等创业载体建设，扶持本地区"双创"企业发展壮大，助力优质早期创业企业在津南区落地和长远发展。

未来，公司将积极通过基金投资及直接投资的方式，带动区内产业发展及城市建设。此外，公司将通过盘活自有资产、收购、并购有发展潜力的外部优质资产等方式逐步打造资产经营业务板块，运用科学的管理手段和市场化的经营方式，获取经营收益。

总体来说，城投公司可以涉及的市场化业务众多，医疗、教育、旅游等行业都有城投公司尝试。城投公司可综合考量自身所在城市的自然资源、人口特点、科技水平等因素，寻找适合自己的业务领域。因津南城投在旅游行业有所涉及，这里将着重分析类似城投公司开展旅游业务将面临的政策经济环境，以及公司该如何开展旅游业务。

近年来，随着经济社会发展和大众收入水平的不断提高以及消费意识的不断升级，我国已经基本进入"休闲消费"时代。休闲旅游消费在大众日常生活中的支出比重快速攀升，休闲游、出境游、自驾游成为当前三大消费新热点。

旅游业在当前出口下滑、第二产业增长缓慢、经济下行压力较大的时期尤显重要。国家在转方式、调结构的过程中高度重视休闲旅游产业的发展，在促进旅游产业科学布局、旅游项目投资引导、发展新型旅游业态、促进全域旅游等方面提出很多具有现实针对性和指导性的意见建议。旅游行业与城市既有自然、人文资源以及房地产开发、物业运营、城市资源管理等领域关系密切，是城投公司最具投资发展潜力的新兴市场化拓展板块之一，甚至可以称为决定城投公司转型发展成败的重要一环。

对于城投公司进入旅游产业，建议重点关注三点：一是以资源导向为中心，要充分认识到旅游基础资源的突出重要性，离开资源，旅游便是无源之水、无本之木，资源既包括已有的景区载体，也包括未开发的潜力土地、水域、山体等；既包括有形实体资源，也包括无形人文资源，在进入旅游板块时，建议将资源获取放在首位。二是充分利用当前不断深化国有企业改革的有利形势，加强、加快国有景区、酒店、旅行社等相关实体的吸收整合步伐，使自身体量快速做大做强，在短时间内形成规模和品牌优势。三是坚持高点定位、高质开发、高效运营，打造具有强大消费吸引力和区域内标志性的休闲旅游产品，在此过程中，可将地产开发、资源经营等业务深度嵌入旅游项目，形成各业态良性互动、共促发展的有利格局。

（三）结合经营经验，优化组织结构

对于津南城投来说，随着公司工程项目的逐渐增加，公司的内部治理结构和项目管理制度都要不断适应更高要求，一成不变的内部结构将不利于公司与市场进一步接轨。目前，公司已建立了更为健全的内部管理制度以提高决策质量；项目管理制度的完善也有利于降低施工风险，保证工程高质量高速度完成。

城投公司要创新求变，在资金管理方面，城投公司不但要能融资、会融资，而且要能把项目投融资与经济效益、社会效益相挂钩，要建立工作绩效的监督、评价与考核机制，并落实到企业、部门及个人，实现效益目标化、管理精细化。在员工积极性调动方面，可倡导拼搏奉献的企业文化，要在全体员工中树立只有靠苦干实干才能赢得未来、不被市场淘汰的忧患意识，同时可建立与绩效挂钩的薪资体制，调动员工的积极性，加快适应市场的节奏。

（四）尝试多元融资，构建稳定渠道

现金流是企业赖以生存的根本，考虑到城投公司自身营利性相对市场化公司较弱这一特性，城投公司的融资能力便显得至关重要，构建多元化、低成本、结构稳定的融资体系是城投公司需要格外关注的重中之重。

1. 信用债融资渠道

对于城投公司来说，市场化债券融资方式包括发行企业债券、公司债券、银行间市场债务融资工具及 ABS 等标准化融资渠道，城投公司还可通过政府专项债筹措资本金。最有效的方式是政府专项债与信用债并举，在结合企业自身发展情况的基础之上，充分发挥两种融资产品的优势。

如上文所述，天津津南城市建设投资有限公司是天津市内最早尝试企业债的城投公司之一，其筹资活动产生的现金流入数量较多且质量稳定。综合到城投公司这一整体，债券融资的方式仍是其有效的融资解决方案。

首先，公司债是大多数城投公司可以选择的融资产品。如果平台公司已退出银保监会政府融资平台名单，且来自政府性收入占总收入比重少于50%，城投公司可以发行一般公司债券。募集资金可用于项目投资、补充流动资金、偿还有息负债、股权投资和收购资产等。如果公司有专项收益的项目，可发行项目收益公司债券；如果公司有环保节能项目，可考虑发行绿色公司债券。公司可根据市场情况和自身业务情况选择最合适的公司债产品，以降低融资成本、优化债务结构。

其次，城投公司可考虑发行企业债和银行间市场债务融资工具等进行融资。符合相应规定具有相应业务板块的公司还可考虑各项企业债创新品种，包括但不限于城市地下综合管廊建设专项债券、地下停车场专项债券、养老产业专项债券、双创孵化专项债券、配电网建设改造专项债券、战略性新兴产业专项债券、项目收益债、绿色企业债及政府和社会资本合作（PPP）项目专项债券等。

2. 政府债融资渠道

随着经济下行压力的加大，政府专项债作为重要的稳增长抓手，越来越得到高层的重视。2020 年伊始，社会经济遭受了新冠肺炎疫情的巨大冲击，而受到财政扩张能力有限的约束，政府专项债已经成为政策重点支持的融资方式。城投公司可积极配合政府各部门开展政府专项债项目遴选及申报工作，拉动区域固定资产投资规模。

3. 其他融资渠道

其他融资渠道包括传统的银行贷款、项目贷款以及融资租赁、信托等。该类融资优势在于操作效率高、融资条件宽松，能够进一步丰富公司融资渠道，增强融资灵活度。

4. 股权融资渠道

在权益性融资渠道方面，城投公司在证券市场开展股票融资。城投公司可将现有资产分拆组合，优化结构，组建新的股份有限公司进行上市融资。通过上市，公司可以筹集到长期资本，不涉及到期偿付本息，改善公司的资本结构，有利于培育城投公司自身产业优势，为自身业务转型提供有力的资金支持。

二、可适用上述发展经验的平台类型

津南区是天津"环城四区"之一，近年来发展势头良好，产业和资源实现了有效聚集。具体来说，津南区发展主要形成了以下两个特点：

津南区的定位是承接中心城区城市功能和滨海新区产业功能的重要地区，区内可出让地块面积较大。土地面积大、距市中心有一定距离，双因素共同作用，项目建设中的土地成本就会降低，反映到营业成本之中，公司的净利润便会有所提升。

全区各镇建立的工业园区成为吸引内外资项目的载体。城投公司因政策而动，津南城投的发展模式与当地的经济发展方式是不可割裂的，正因有了当地优质的外商投资环境，配套设施需要逐步细化，津南城投才能专注于委托代建业务和安置房建设业务，并获得良好的发展前景。

综合上述两个条件，津南城投的发展经验适合天津、重庆等大城市的环城区城投公司，所在地具有良好营商环境的城投公司也可以参照津南城投的发展经验，取他山之石以攻玉。

第十七章　石家庄国控投资集团有限责任公司转型发展案例分析

本章主要介绍了石家庄国控投资集团有限责任公司（以下简称石家庄国控或公司）的发展历程和业务经营情况，结合石家庄国控的实际情况，分析其转型发展的方式和特点。石家庄国控作为河北省会城市石家庄最重要的地方政府投融资平台，其主要业务范围包括石家庄市基础设施投融资建设、土地开发整理、自来水供应、污水处理、公交运输等业务。石家庄国控从传统单一的地方政府融资平台，慢慢转型发展成为基础设施建设与公共服务运营并重，业务多元化的城市建设和国有资本运营主体。石家庄国控在转型过程中积极探索多元化发展道路，响应国家政策号召，加大对新能源等国家鼓励发展领域的投入，为公司业绩寻找更多的支撑点。石家庄国控建设与运营并重，业务多元化的发展战略，为其他政府投融资平台转型提供借鉴。

第一节　公司基本情况

一、公司简介

石家庄作为河北省的省会城市，是我国北方地区重要的交通枢纽，拥有1000多万人口。石家庄的城市经济建设发展迅速，据统计，石家庄2019年GDP总量为5809.90亿元，在全国大陆地区排名市级前36强。石家庄国控投资集团有限责任公司作为石家庄城市建设和国有资本的运营主体，在石家庄市基础设施投融资建设中具有重要作用，持续得到市政府的大力支持。

石家庄国控投资集团有限责任公司成立于2010年6月，前身为石家庄国控投资有限责任公司，是石家庄市政府批准成立的大型国有独资企业。成立以来，为进一步深化市级投融资平台改革和建设，石家庄国控投资集团多次进行改建重组和增资，注册资本增至63.75亿元。截至目前，公司股权结构及实际控制人未发生变化，唯一控股股东为石家庄市财政局。

石家庄国控现有全资、控股一级子公司11家，包括石家庄市城市建设投资控股集团有限公司、石家庄市轨道交通有限责任公司、石家庄市环城水系综合整治开发有限公司、石家庄市滹沱河综合整治开发有限公司等，并有包括河北瑞腾新能源汽车有限公司、河北省大河物流有限公司等在内的参股公司5家（见表17-1）。

表17-1　石家庄国控全资控股子公司及主要参股公司一览

单位：万元、%

序号	子公司名称	注册资本	持股比例	联系
1	石家庄市财茂投资开发有限责任公司	190000.00	100.00	全资子公司
2	石家庄联创担保有限责任公司	20000.00	100.00	全资子公司
3	石家庄市轨道交通有限责任公司	901700.00	100.00	全资子公司
4	石家庄市城市建设投资控股集团有限公司	573708.99	100.00	全资子公司
5	石家庄市地产集团有限公司	485466.00	100.00	全资子公司
6	石家庄市住房开发建设集团有限责任公司	4000.00	100.00	全资子公司
7	石家庄市环城水系综合整治开发有限公司	100000.00	100.00	全资子公司
8	石家庄市滹沱河综合整治开发有限公司	10000.00	100.00	全资子公司
9	石家庄国控农业发展有限公司	3000.00	100.00	全资子公司
10	石家庄一卡通科技有限公司	10000.00	100.00	全资子公司
11	石家庄财茂新能源科技有限公司	10000.00	100.00	全资子公司
12	河北质康医疗器械科技有限公司	10000.00	20.00	参股公司
13	河北省大河物流有限公司	4665.33	35.70	参股公司
14	石家庄市藁城区翼辰铁路工务器材有限公司	12643.41	49.00	参股公司
15	石家庄中盈国控股权投资基金管理有限公司	1000.00	20.00	参股公司
16	河北瑞腾新能源汽车有限公司	100000.00	40.00	参股公司

石家庄国控作为石家庄经济发展和城市建设的投融资主体，主要从事政府投资项目的投融资工作，管理财政注入的各类资本金和融资资金，承接国债资金及国家投资的基础设施和产业类资金，从事授权范围内资产经营和资本运作。公司

主要投资布局于石家庄重大战略性产业投资，主要经营范围涉及城市基础设施、轨道交通、土地开发整理、新能源汽车、保障房、生态治理、金融、文旅、供排水、汽车租赁等。公司在石家庄交通、生态治理和城市基建等公用事业领域中处于行业领先地位。

二、业务情况与经营模式分析

（一）主营业务概况

作为石家庄城市建设和国有资本运营主体，公司主要负责石家庄市基础设施投融资建设、土地开发整理、自来水供应、污水处理、公交运输等业务。

在传统城投业务方面，2014 年以来，受全市土地规划政策影响，并随着公司经营业务板块转型，公司土地整理业务收入大幅减少，营业收入主要来源为代建项目收入。近年来，随着公司业务范围的扩大，营业收入逐年增加，2017 年和 2018 年，公司主营业务收入分别为 64.20 亿元和 67.08 亿元（见表 17 - 2）。

表 17 - 2　石家庄国控主营业务收入构成情况　　　　单位：亿元、%

项目	2019 年 1～3 月		2018 年		2017 年	
	金额	占比	金额	占比	金额	占比
公交运输	1.52	8.14	4.45	6.63	4.58	7.13
轨道交通	0.7	3.75	—	—	—	—
代建项目	13.98	74.84	40.11	59.79	40.64	63.30
城市供水及污水处理	2.11	11.30	9.19	13.70	7.95	12.38
土地整理业务	—	—	—	—	0.45	0.70
其他	0.37	1.98	13.33	19.87	10.58	16.48
合计	18.68	100.00	67.08	100.00	64.20	100.00

注：根据截至目前最新的公开资料，使用 2017 年 2018 年和 2019 年 1～3 月的数据进行分析。

在城市运营板块方面，公司业务范围主要包括城市供水及污水处理、公交运输、轨道交通等，涉及城市公用及民生的多个领域，为石家庄公共事业发展做出重要贡献。

同时，石家庄国控近年来逐步推进业务的多元化发展，逐步拓展新能源业务、租赁业务等，提升城市运营服务水平。

（二）主营业务分析

1. 基建及保障房业务

作为石家庄基础设施建设的重要主体，石家庄国控在转型发展过程中，始终保持以基础设施业务为依托进行多元化发展。石家庄相关基础设施建设及保障房业务是集团主要的收入来源，由石家庄国控子公司石家庄滹沱新区投资开发有限公司、城投集团和住建集团负责。基建业务的范围涵盖石家庄城市及农村的道路、桥梁、隧道、高等级公路建设以及部分由市政府拨款的项目建设、运营和管理；保障房业务主要包括石家庄市主城区及正定新区保障房的建设、购买、后期管理以及在建期间的融资工作。

目前滹沱新区投资公司正负责正定新区起步项目的投融资、建设开发、土地整理的运营等任务，2019年度实现营业总收入49.38亿元，净利润4.03亿元，主要是基础设施投资和保障房建设业务确认的收入；住建集团近年保障房业务规模有所收缩，未来将根据政府拆迁计划或开发商配套建设继续开展此项业务，但目前保障房建设业务存在一定回款滞后的问题，未来可能带来一定的资本支出压力。

2. 公交及轨道业务

城市公共交通业务的公益性较强，公司下属相关行业的运营主体盈利能力偏弱。为保障城市公共交通业务的稳步发展，近年来石家庄市政府加大了补贴力度，2017～2018年，公司公交板块业务分别获得财政补贴收入9.11亿元和9.54亿元，为公交业务的运营提供了盈利支持。截至2018年末，集团共拥有营运车辆5730台，营运线路232条，总行驶里程18700万千米，客运总量42000万人次，具有市场垄断优势，且受益于"公交优先"政策的扶持、低碳环保出行的趋势和财政补贴力度的加大，未来公交业务有望扭亏为盈。

石家庄国控的轨道交通业务范围主要涵盖石家庄市地铁项目的投资、建设管理以及项目沿线的土地综合开发、物业管理等。根据《石家庄市城市轨道交通近期建设规划（2012—2020年）》，石家庄市规划远景年城市轨道交通线由6条线路构成，总长约242千米，设车站242座。截至2019年，集团已陆续开工包括轨道交通1、2、3号线共计五期工程，随着后期地铁线路的增加，预计客运量将逐年增加，营运收入也将随之增加。轨道交通业务对于石家庄市的城市建设及联通发展将起到重要的支撑和带动作用。

3. 供水与污水处理业务

石家庄国控的供水业务以城市供水为主，集供水生产、销售、服务、安装、施工于一体，目前共建有大型地表水厂3座，地下水厂7座，大型加压站1座，清水池21座，水源井134眼，输配水管线1349千米，目前日供水能力85万立方米，供水面积120平方千米，服务人口超过200万人。公司作为石家庄市居于垄断地位的自来水供应商，近三年公司自来水生产量和销售量平稳增长，产销差率逐年降低，水费回收率保持稳定。

在污水处理业务方面，石家庄国控拥有河北省最大的污水处理厂——桥东污水处理厂，是全国规模较大的污水处理厂之一，主要负责石家庄市桥东区污水处理业务，服务总流域面积 124.75 平方千米，服务人口约 200 万，污水处理能力为 60 万吨/日。出水水质为国家一级 A 标准，多年来各建筑物运行状况良好，出水效果达到并优于排放标准。污水处理业务的主要潜在用户为工业、市政杂用及农业灌溉等。

整体而言，供水及污水处理业务是集团营收毛利率仅次于基础设施建设的业务板块，对公司盈利能力具有重要支撑作用，且对于石家庄市居民生活、企业发展及生态治理具有重要作用和贡献。

4. 土地开发整理业务

土地开发整理业务主要由石家庄国控子公司石家庄地产集团、滹沱开发公司经营，主要服务于石家庄市政府完善土地收购储备制度、加大储备土地的一级开发、加速土地市场建设的相关政策。2014 年以前，公司负责对石家庄市政府授权实施或注入的土地进行拆迁补偿安置，并对其进行平整、熟化处理，最后挂牌出让或协议出让土地。2015 年以后，受国家政策影响，公司已暂停土地整理业务。2019～2020 年，为推动石家庄市的新型城市建设，子公司石家庄地产集团创新做地模式，计划投资 20 亿元完成做地总规模 3500 亩。

5. 其他业务

公司其他业务主要涵盖中小企业担保业务、供热业务、新能源汽车开发业务、租赁业务以及管网工程施工、安装业务等。其中，公司的新能源汽车开发业务，是石家庄绿色发展领域的重要组成部分，由参股公司河北瑞腾新能源汽车有限公司负责运营。2018 年末瑞腾新能源与奇瑞新能源汽车技术有限公司签署了技术服务协议，目前瑞腾新能源首款轿车的研发工作已启动，截至 2019 年 3 月末，累计收到订单 3445 辆，预计 2020 年底前实现批量生产，将成为公司业务创新的新引擎。总体来看，集团业务呈多元化发展，未来能够对公司的盈利水平提供一定的支撑。

（三）公司核心竞争优势

石家庄市是河北省的工业大市，拥有全国重要的医药工业基地和纺织基地，工业门类和工业经济体系较为齐全，同时也是国家沿海开放政策和金融对外开放的重要城市，是京津冀协同发展的核心城市，2019 年，石家庄市实现 GDP 总量 5809.90 亿元。作为石家庄市资产规模和经营实力最强的企业之一，石家庄国控集团凭借其在石家庄市基础设施建设投资、公用事业运营和国有资产运营方面的龙头地位，实现了资产实力的稳步提升以及长期稳定的经营收益。公司与国内大型金融机构建立了多年密切和广泛的合作，具有较强的融资能力，同时具有很强的区域专营优势和免税优势。总体而言，公司具有较强的核心竞争优势，能够在石家庄市及周边的城市化建设和发展中发挥重要作用并不断提升自己的实力和价值。

（四）公司未来展望

公司未来战略重点围绕转型，主要拓展产业发展，体现在新能源全产业链打造、国有资产存量盘活、公车租赁服务水平提高、一卡通业务优化、做地模式创新、纾困基金利用、优质投资项目拓展七个方面。

在创新做地新模式和盘活国有资产存量上，公司将进一步发展基建及保障房等代建项目，通过新旧动能转换和整体规划布局，实现公司商业地产板块的发展和国有资产保值增值。

通过优化一卡通业务、公车租赁服务业务和纾困基金的运用，提升企业的社会责任感和企业价值追求，与政府和民企合作，共同推动石家庄市的数字化建设、绿色发展和智慧城市建设。

在打造新能源全产业链及拓展优质投资项目上，公司将充分利用新能源汽车开发业务，以及新能源充电基础设施的建设，打造新能源产业链，助力石家庄绿色经济发展和京津冀协同发展战略。

三、财务概况

截至 2017 年末、2018 年末和 2019 年末，石家庄国控的资产总额分别为 1721.48 亿元、1869.10 亿元和 2116.93 亿元。公司资产总额呈稳步上升态势。截至 2019 年末，公司合并报表流动资产合计为 842.52 亿元，所占总资产比重为 39.80%，较上年底变化不大，公司资产仍以非流动资产为主。

（一）盈利能力

截至 2019 年底，公司实现营业收入 80.26 亿元，同比增长 19.70%，其中营业收入主要来自于主营业务中的代建项目收入。同期，公司营业成本为 86.64 亿元，同比增长 25.58%，增速大于营业收入增速。当期，公司营业利润为 7.26 亿元，同比增长 22.22%，其中，虽营业成本增幅大于营业收入，但当期公司全部其他收益来自于与企业日常活动相关的政府补助，金额为 34.81 亿元，同比增长 48.32%，故营业利润受营业成本增大的影响较小。

2019 年底，公司期间费用为 18.93 亿元，同比增长 22.37%，主要是财务费用和管理费用增加所致，公司的期间费用占营业收入的 23.59%。当期，公司实现利润总额为 6.69 亿元，同比增长 7.73%，净利润为 6.16 亿元，同比增长 20.31%。

从主要盈利指标来看，近三年，公司的毛利率分别为 -2.10%、-2.89%、-7.95%，公司综合营业毛利率为负主要系公交运输业务和轨道交通业务亏损较多所致，石家庄市轨道交通项目尚处于建设期，仅部分开通，客运量较低导致轨道交通业务亏损较大。公司近三年的净资产收益率分别为 0.73%、0.71%、0.78%，呈现波动状态；近三年的总资产报酬率分别为 0.29%、0.27%、0.29%，较为平稳。整体来看，公司整体盈利水平较弱。其中，期间费用占比较大，对公司的利润产生侵蚀，且政府补助系公司利润总额的重要组成部分，若后续不能获取补贴或补贴金额有所下降，将会对公司的盈利能力产生影响。

（二）经营能力

截止到 2017 年末、2018 年末、2019 年末，石家庄国控的总资产周转率分别为 0.04 次/年、0.03 次/年、0.04 次/年，2019 年底，公司应收账款周转率为 1.5 次/年，存货周转率为 0.29 次/年，均处于较低水平。这是由于基础建设类行业平均来看前期投资较大，工期较长，回报较慢所致。

整体来看，公司运营较为平稳，未来随着项目建设进度不断完成以及公司其他业务的陆续开展，公司的运营能力将会得到提高。

（三）现金流分析

2019 年底，公司的经营活动现金流量净额为 −12.29 亿元，当期经营现金流量金额为负主要是由于当年公司建设项目增多、支出较大。当期的现金收入比为 264.90%，收入实现质量较好。从投资活动来看，近三年公司投资活动现金流量净额分别为 −146.53 亿元、−162.52 亿元、−161.98 亿元，近三年投资活动现金流量净额持续为负，原因是公司对市政基础设施建设项目，尤其是轨道交通项目等大型基建工程所支付款项规模较大所致。从筹资活动来看，近三年筹资活动现金流量净额分别为 132.83 亿元、114.34 亿元、232.94 亿元，近一年筹资活动较为活跃，主要是因为随着公司业务发展而新增了大量借款以持续为公司的经营活动和投资活动提供现金支持。

整体来看，公司的现金收入质量较好，随着公司建设项目的持续开展，未来公司仍存有一定的筹资压力以平衡经营活动的支出。

（四）偿债能力

截至 2017 年末、2018 年末和 2019 年末，公司负债总额分别为 1050.41 亿元、1151.13 亿元、1324.36 亿元，随着项目的推进，公司近三年的负债总额也呈现平稳上升的局面。2019 年底，公司流动负债占比为 30.57%，非流动负债占比为 69.43%，负债结构以非流动负债为主。

从公司短期偿债能力来看，因公司 2017 年经营活动净现金流量为负，对债务本息无覆盖能力。2018 年和 2019 年的流动比率分别为 2.01 和 2.08，速动比率分别为 1.32 和 1.26，呈下降趋势，考虑到 2020 年为公司偿还借债的高峰期，需偿还的到期债务金额为 123.63 亿元，公司面临一定的短期偿债压力。

从公司长期偿债能力来看，2017 年末、2018 年末和 2019 年末，公司资产负债率分别为 61.02%、61.59%、62.56%，近三年随着公司资产的增加，资产负债率维持在 62% 左右的水平，较为稳定，处于行业平均水平。2018 年和 2019 年公司的利息保障倍数分别为 1.63、1.45，2019 年公司的 EBITDA 为 33.74 亿元，EBITDA 利息保障倍数为 2.28，公司的收益能对债务利息形成一定的覆盖，但难以覆盖债务本金。

综上所述，随着公司建设项目的不断增多，公司的资产和负债逐年增加，公司资产以应收类款项和在建工程为主，资产变现能力较差。但考虑到公司作为石家庄市最大的综合性投资主体以及石家庄市政府对于公司给予的较大力度的支持，整体偿债能力较有保障。

四、公司融资状况

石家庄国控集团的主要融资方式包括银行借款、债券、信托融资以及融资租赁等。

在银行借款方面，公司资信良好，并与各大商业银行保持良好的业务往来关系，间接融资能力较强。截至 2019 年末，石家庄国控获得银行授信合计 1814.22 亿元，其中已使用额度 486.50 亿元，剩余额度 1327.72 亿元。公司授信具体情况如表 17－3 所示。

表 17－3　石家庄国控银行授信情况　　　　　单位：亿元

银行名称	综合授信额度	已使用情况	剩余额度
国开行	575.38	164.68	410.70
农发行	66.00	66.00	0.00
进出口银行	4.5	0.13	4.37
工商银行	150.00	23.95	126.05
农业银行	176.00	47.87	128.13
中国银行	85.00	18.25	66.75
建设银行	171.94	20.02	151.92
交通银行	72.00	2.34	69.66
兴业银行	200.00	45.26	154.74
民生银行	35.00	0.00	35.00

银行名称	综合授信额度	已使用情况	剩余额度
华夏银行	95.00	0.00	95.00
光大银行	73.00	17.42	55.58
渤海银行	20.00	0.00	20.00
广发银行	4.00	3.60	0.40
平安银行	25.50	25.50	0.00
浦发银行	1.70	0.00	1.70
中信银行	2.00	1.70	0.30
北京银行	1.00	1.00	0.00
厦门银行	12.80	8.85	3.95
沧州银行	4.00	3.99	0.01
邯郸银行	1.00	1.00	0.00
河北银行	38.40	34.94	3.46
合计	**1814.22**	**486.50**	**1327.72**

已发行债务融资工具中包括企业债、中期票据、私募债等。截至 2020 年 5 月，石家庄国控及并表子公司已发行未兑付的债券、其他债务融资工具及偿付情况如表 17-4 所示。

截至 2017 年末、2018 年末、2019 年末，石家庄国控集团的短期借款分别为 9.6 亿元、11.08 亿元、5.65 亿元，分别占公司总负债比重的 0.91%、0.96%、0.43%。借款量呈现波动，2019 年短期借款较前两年下降明显，其中，用于质押的借款占当期的 82.30%，公司货币资金受到限制，流动性减小。公司短期借款明细如表 17-5 所示。

截至 2017 年末、2018 年末、2019 年末，石家庄国控集团的长期借款分别为 398.00 亿元、441.13 亿元、561.00 亿元，分别占公司总负债比重的 37.89%、38.32%、42.36%。公司长期借款持续增长，截至 2019 年底，主要是由于轨道交通建设等项目导致公司质押、抵押借款不断提升所致。公司长期借款明细如表 17-6 所示。

表17-4 石家庄国控债券融资情况

单位：亿元、%、年

序号	证券简称	发行主体	债券余额	票面利率	剩余存续期	发行起始日期	发行总额	证券类别
1	20石国投MTN001A	石家庄国控投资集团有限责任公司	10	3.74	6.84	2020/03/19	10	中期票据
2	20石国投MTN001B		10	4.19	6.84	2020/03/19	10	中期票据
3	19石国投MTN001		10	4.17	4.47	2019/11/06	10	中期票据
4	17石国投PPN002（品种二）		10	5.5	2.26	2017/08/21	10	私募债
5	17石国投PPN001		15	5.15	2.21	2017/08/02	15	私募债
6	PR石国控		3.4	5.75	1.89	2015/04/08	8.5	企业债
7	15石国控债		3.4	5.75	1.89	2015/04/08	8.5	企业债
8	14石国投MTN005		0	3.4	1.43	2014/10/21	20	中期票据
9	17石国投PPN003		20	5.3	1.32	2017/09/13	20	私募债
10	14石国投MTN001		0.8	7.2	0.79	2014/03/04	10	中期票据
11	20石国投CP001		16	2.99	0.72	2020/02/05	16	短期融资券
12	15石国投PPN001		5	5	0.5	2015/11/18	5	私募债
13	17石国投PPN002（品种一）		0.4	3	0.26	2017/08/21	10	私募债
14	20滹沱投资MTN001	石家庄滹沱新区投资开发有限公司	13	4.44	2.92	2020/04/16	13	中期票据
15	19滹沱投资MTN001		5	6.28	1.79	2019/03/04	5	中期票据
16	15正定棚改项目债		11.25	5.28	5.6	2015/12/24	18	企业债
17	11石城投债	石家庄市城市建设投资控股集团股份有限公司	4	6.55	0.8	2011/03/09	10	企业债

表 17 – 5　石家庄国控短期借款情况　　　　　　　单位：亿元

项目	2017 年 12 月 31 日	2018 年 12 月 31 日	2019 年 12 月 31 日
质押借款	—	—	4.65
抵押借款	—	3.98	—
保证借款	1.00	2.20	1.00
信用借款	8.60	4.90	—
合计	**9.60**	**11.08**	**5.65**

表 17 – 6　石家庄国控长期借款情况　　　　　　　单位：亿元

项目	2017 年 12 月 31 日	2018 年 12 月 31 日	2019 年 12 月 31 日
质押借款	184.27	77.73	199.24
抵押借款	137.85	156.61	180.07
保证借款	60.59	58.34	66.64
信用借款	52.96	194.39	149.18
减：一年内到期的长期借款	37.68	45.94	34.12
合计	**398.00**	**441.13**	**561.00**

第二节　转型发展分析

由于新《中华人民共和国预算法》、《国务院关于加强地方政府性债务管理的意见》（国发〔2014〕43 号）、《关于实行〈全面加强企业债券风险防范的若干意见〉的函》、《地方政府存量债务纳入预算管理清理甄别方法》（财预〔2014〕351 号）、《关于对地方政府债务实行限额管理的实施意见》等法规政策的颁布，地方政府融资面临全面清理、整顿、规范的局面，国家多项政策的出台进一步加强了地方政府债务管理，并坚决遏制隐性债务增量，决不允许新增各类隐性债务；同时多次强调坚决剥离融资平台的政府融资职能，弱化城投企业与地方政府信用关联性。随着政府融资政策全面收紧，政府投融资平台以政府信用为担保的融资行为受到全面制约，在中央层面已建立了系统性地方政府举债机制和地方政府为城投企业提供担保无效的大背景下，城投公司的市场化转型势在必行。

石家庄国控在全行业面临转型的背景下，结合自身业务情况，制定了多元化的发展战略，提出了新能源全产业链打造、国有资产存量盘活、优质投资项目拓展等业务发展要求。石家庄国控抓京津冀一体化、精准扶贫、乡村振兴等国家战略机遇，充分整合自身资源，从"建设城市"向经营"城市产业"实体转变，体现出自身的公益性和企业性的双重属性，努力建设成为公益项目建设与市场化多种经营双轮驱动发展的现代企业。

石家庄国控围绕着城市运营服务及管理的定位，立足基建，发展公用事业，拓展城市运营服务，近年来稳步推进业务转型发展，扎实推动传统建设任务。石家庄国控通过石家庄市城市建设投资控股集团有限公司、石家庄市住房开发建设集团有限责任公司、石家庄市滹沱河综合整治开发有限公司、石家庄市地产集团有限公司等全资控股和参股子公司开展道路、桥梁、隧道、高等级公路等基础设施投资、保障房建设和土地开发整理业务。基础设施建设业务收入、保障房业务收入、土地整理业务收入在现在和未来仍是石家庄国控重要的收入来源，石家庄国控将继续根据石家庄发展规划承担其相应的建设职能。

一、稳步发展公共服务项目运营

石家庄国控公共服务运营板块包含了公交和轨道交通业务、供水与污水处理业务、供热业务。

公交和轨道交通业务由城投集团下属子公司石家庄市公共交通总公司和石家庄市轨道交通有限责任公司负责。业务主要包括经营城市公交客运、旅游出租客运、石家庄市地铁项目的投资、建设管理以及项目沿线的土地综合开发、物业管理。城市公共交通业务的公益性较强，盈利能力较弱。但由于近年来政府加大了补贴力度，2017~2018 年，公交业务获得财政补贴收入分别为 9.11 亿元和 9.54 亿元，在一定程度上弥补了该业务的盈利能力。随着"公交优先"政策的扶持、低碳环保出行的趋势和财政补贴力度的加大，未来公交业务将进一步持续稳步发展，为未来公司业绩提供强有力的支撑。随着石家庄地铁线路的增加，客运量将逐年增加，营运收入也将随之增加。该业务对于石家庄市的城市建设及联通发展将起到重要的支撑和带动作用。

供水与污水处理业务由控股子公司石家庄市城市建设投资控股集团有限公司的全资子公司石家庄水务集团有限责任公司经营，业务范围包含供水生产、销售、服务、安装、施工、污水处理。水务集团供水业务已占石家庄城区供水量的50% 左右，供水资产占全市供水企业的 100%，石家庄国控将继续维持其在石家庄市水务领域的行业垄断地位。

供热业务由石家庄城投天启热能有限公司负责，石家庄市为加快热源热网建设，推进供热方式多元化，石家庄国控供热业务发展形势良好，收入呈逐年上升趋势。

石家庄国控近年来越来越注重在公共服务领域业务的发展，在追求企业经济效益的同时，提供服务水平和服务质量，由建设型向运营型企业过度。

二、着眼未来，探索多元化业务创新

在做好城市建设和公共服务运营的同时，石家庄国控积极开展业务创新，坚持多元化发展战略，在国家政策鼓励的领域寻找发展机会。近年石家庄国控拓展了新能源业务和租赁业务。

新能源业务是石家庄绿色发展领域的重要组成部分，目前石家庄国控新能源业务主要是新能源汽车开发业务，由河北瑞腾新能源汽车有限公司（以下简称瑞腾新能源）运营。国家鼓励发展新能源汽车，助力传统汽车产业升级，"新基建"将充电桩作为主要内容之一，也将进一步促进新能源汽车行业发展。在此背景下，瑞腾新能源与奇瑞新能源技术有限公司合作，开发新能源汽车项目。新能源业务板块是石家庄国控的重要转型方向，该板块业务发展情况将成为石家庄国控业务创新的重要考核指标。

租赁业务由石家庄财茂汽车租赁有限责任公司负责经营，该业务依托于政府公务车改革政策，鼓励政府向第三方购买服务，降低自身管理成本，石家庄国控以此为契机向政府相关单位提供汽车租赁服务，进一步体现其城市服务运营方和供应商的角色定位。

第三节 转型经验启示

一、做好城市建设者

借助全面深化改革、新型城镇化、城镇棚户区改造等多种政策的优势，利用其城投公司多年来参与城市基础设施建设，积累了社会资源和项目运作经验，做好基础设施建设等传统业务。城投公司在诞生之初就承担着城市建设任务，未来也将继续承担这一任务。

作为石家庄市基础设施建设的重要主体，石家庄国控在转型发展过程中，始终保持以基础设施业务为依托进行多元化发展。石家庄市相关基础设施建设及保障房业务是公司主要的收入来源，由石家庄国控子公司石家庄滹沱新区投资开发有限公司、城投集团和住建集团负责。基建业务的范围涵盖石家庄城市及农村的道路、桥梁、隧道、高等级公路建设以及部分由市政府拨款的项目建设、运营和管理；保障房业务主要包括石家庄市主城区及正定新区保障房的建设、购买、后期管理以及在建期间的融资工作。

目前石家庄国控子公司滹沱新区投资公司正负责正定新区起步项目的投融资、建设开发、土地整理的运营等任务，其基础设施投资和保障房建设业务收入是公司重要的收入来源。石家庄国控在转型的同时仍将基础设施建设作为其业务的重要组成部分，由此可见，城投公司应积极参与到本地区城市发展规划和建设当中，利用自身平台优势更好地承担其城市建设者的职能，为所在地区城市建设贡献其应有的力量。

二、做好城市运营者

伴随着我国城市化进程的深入推进，生态、环保、低碳出行等理念的普及，石家庄国控所处的公共服务领域也迎来较大的发展空间。

石家庄国控的轨道交通业务范围主要涵盖石家庄市地铁项目的投资、建设管理以及项目沿线的土地综合开发、物业管理等。截至 2019 年，集团已陆续开工包括轨道交通 1、2、3 号线共计五期工程，随着后期地铁线路的增加，预计客运量将逐年增加，营运收入也将随之增加。

石家庄国控的供水业务以城市供水为主，集供水生产、销售、服务、安装、施工于一体，在石家庄市居于垄断地位的自来水供应商。在污水处理业务方面，石家庄国控拥有河北省最大的污水处理厂——桥东污水处理厂，是全国规模较大的污水处理厂之一，主要负责石家庄市桥东区污水处理业务。

石家庄国控作为石家庄市供水和污水处理的主要服务商，以其业务具有公益性的优势，积极参与申报地方政府专项债券。2020 年 1~6 月，石家庄国控下属的石家庄水务集团已获批专项债券资金 3.32 亿元，专债券资金的支持进一步促进了石家庄国控供水和污水处理业务发展。

结合石家庄国控相关经验，城投公司应利用其曾参与项目建设和其地方国企背景的优势，积极参与供水、污水处理、供热和公共交通等领域，参与城市运营，提升基础设施的管理效率、降低维护成本，承担起"城市运营者"的角色。结合石家庄国控相关经验，城投公司肩负大量具有公益性的项目建设，可以借助其项目优势和自身控股股东为地方政府的优势，依托具体项目申报地方政府专项债，依靠专项债券资金助力自身业务发展。

三、实现业务多元化

石家庄国控主动落实国资向优势产业与关键领域集中的改革要求，通过独资、控股、参股等多种形式参与其他领域中，在保证传统优势业务持续增长的基础上，实现业务多元化，为公司盈利水平提供一定的支撑。

早在 2014 年，国家有关部门就下发了对新能源汽车推广应用进行财政支持征求意见的通知，2016 年新能源汽车补贴政策正式落地，国家出台政策扶持和鼓励新能源汽车行业发展，将充电桩建设也纳入"新基建"的范畴。石家庄国控在打造新能源全产业链及拓展优质投资项目上，充分利用新能源汽车开发业务，以及新能源充电基础设施的建设，打造新能源产业链，助力石家庄绿色经济发展和京津冀协同发展战略。

结合石家庄国控相关经验，城投公司应在扮演好其"城市建设者"和"城市运营者"角色的同时，根据所在区域的城市发展定位和区域产业发展优势，结合国家产业政策和区域发展政策，积极推进业务创新，促进业务多元化发展，在城投公司传统业务以外寻找业绩增长点，提高自身抗风险能力和"造血"能力，实现从平台公司向综合性资产管理和运行主体的转型。

第十八章　龙海市国有资产投资经营有限公司转型发展案例分析

　　龙海市国有资产投资经营有限公司（以下简称龙海国投或公司）是龙海市最大的城市基础设施投资、建设及运营主体，自成立以来不断进行创新整合与转型发展。"十三五"期间，公司作为龙海市政府授权的国有资产运营和投资主体，抓住改革重组的契机，快速转型，迅速壮大，由原政府融资平台迅速转变为综合性业务集团公司，先后接收了龙海市电力公司、龙海市自来水公司、龙海市城市建设投资开发有限公司等运营公司，开始了由纯公益性、政府性业务至市场化业务的过渡。公司在地方经济快速、健康的发展中实现了规范发展和自身转型。政府的有力支持是公司转型的机遇，也是必不可少的条件，龙海国投紧紧抓住这一机遇，依托城市建设和经济发展，不断开拓市场化业务，积极介入多项经营性领域，突出主业，多业并举，将公司建设成为综合优势突出、资源整合能力强、影响力显著提升的多元化现代化国有资产投资企业集团。

第一节　公司基本情况

一、所属区域

　　龙海市隶属于福建省漳州市，地处福建第二大江九龙江的出海口，东临台湾海峡，北邻厦门，西接漳州，位于海峡西岸经济区的枢纽地带。1985 年，龙海县被国家确定为首批沿海开放县，1993 年撤县设市，1996 年划出郭坑、步文两镇成立龙文区，2012 年角美镇成立漳州台商投资区并由漳州市单列管理。截至目前，龙海全市总面积 964 平方千米，辖 15 个乡（镇）场、208 个行政村、26 个居委会，户籍总人口 70.36 万人。

龙海地处厦门湾南岸、福建第二大江九龙江出海口、厦漳两市的重要连接地带，东部与厦门共处一个海湾，东北部与厦门海沧接壤，西与漳州市区毗邻，具备"东承西接"的地理特征，具有得天独厚的区位优势。龙海市拥有江海岸线290多千米，其中海岸线113.3千米，石码、后石、招银三大港区已纳入厦门港一体化管理。全市已建成中小泊位码头52座，其中万吨级以上泊位13座，货物吞吐总量超3000万吨，是漳州乃至闽西南地区重要的出海口。龙海市主要有五个特点：一是产业基础较好。现有规模工业企业304家，其中产值超亿元的超过150家。正新橡胶、中海油LNG、金龙汽车三大百亿产值项目顺利推进，紫山、海新、绿宝等食品龙头企业加速转型升级，南溪湾创业园和南太武龙海汽车产业园基础设施日臻完善，形成"项目向园区集中、工业向沿海集中"的产业发展格局。二是交通快速便捷。境内铁路、公路、水路兼备，市域范围内有高铁漳州枢纽站，拥有九个高速公路出口。石码、后石、招银三大港区属厦门港龙海港区，市区距厦门国际机场50千米，交通四通八达、方便快捷。三是人文积淀深厚。自古以来，龙海就有"海滨邹鲁"的美誉。400多年前古月港的商船首开"海丝之旅"先河，现在仍留有饷馆、路头尾、中股、容川、店仔尾、阿哥伯、溪尾七个码头遗址。20世纪60年代诞生的顾全大局、团结协作、无私奉献的"龙江精神"名扬全国。四是台侨源远流长。龙海与台湾地缘相近、血缘相亲，距大担、二担岛仅4海里，至金门仅9.4海里，龙海"南太武"与金门"北太武"两座名山隔海相望。明清时期迁居台湾的龙海籍移民后裔达120万人以上，是福建省重点侨乡。五是资源禀赋丰富。坐拥九龙江下游冲积平原，素有"鱼米花果之乡"的美称，"百花村"远近驰名，水仙花、浮宫杨梅畅销全国。建成东园、紫泥、海澄、榜山、九湖等现代农业片区，形成蔬菜、水果、食用菌、水产、花卉等八大农业主导产业。

二、区域地位

　　截至2019年末，龙海市主要的国有平台公司分为大致三类：第一类为龙海市国有资产投资经营有限公司及其下属子公司。第二类为龙海市其他融资平台公司，如龙海市利水投资建设有限公司，该类平台公司主要以银行贷款融资为主，资产规模相对小，尚不具备资本市场融资基础条件，且将逐渐为公司合并。第三类为龙海市全民所有制、集体所有制企业，例如龙海市路桥建设开发公司等，未来将由公司下属各集团公司代管，逐步改制，纳入开发公司合并范围。

　　随着国企改革步伐的不断迈进，龙海市市委、市政府为了市属重点国有企业进一步理顺管理体制，优化资源配置，实现优势互补，完善考核奖励机制，做强做大市国有企业，出具了《市属重点国有企业整合重组工作方案》（以下简称

《方案》)。根据《方案》的要求,龙海市拟组建以公司为母公司,按照专业分工和现有实际情况,下设城投集团、交通集团、月港集团、锦江集团等集团公司,将公司打造成具备地区专营性的国有资产管理以及项目投融资平台。

三、发展脉络

龙海市国有资产投资经营有限公司是由龙海市财政局出资设立的国有独资公司,独立核算、自主经营、自负盈亏,是龙海市国有资产运营的最核心载体。公司于 2004 年 2 月 23 日成立,注册资金 2.8 亿元,全部由龙海市财政局认缴,出资比例为 100%。

2009 年 8 月 31 日,龙海市财政局对公司增资 1.7 亿元,增资后公司注册资本变更为 4.5 亿元。

"十三五"期间,公司作为龙海市政府授权的国有资产运营和投资主体,抓住改革重组的契机,深化改革,快速转型,迅速壮大,由原政府融资平台迅速转变为综合性业务集团公司,治理结构优化提升,核心竞争力持续增强,各业务板块协同发展,各项经济指标大幅增长,集团整体实力明显增强。公司不断整合龙海市范围内的国有资产,先后接收了龙海市电力公司、龙海市自来水公司、龙海市城市建设投资开发有限公司等运营公司,开始了由纯公益性、政府性业务至市场化业务的过渡。

至 2019 年 12 月 31 日,公司总资产达 202.45 亿元,同比增长 16%;净资产74.43 亿元,同比增长 4.3%。2019 年度集团实现营业总收入 9.85 亿元,同比增长 60.5%;利润 2.01 亿元,同比增长 7%;净利润 1.64 亿元,同比增长 4.7%。

四、直接融资状况

公司有息负债主要包括银行借款、融资租赁、公司债券、企业债券等,列示于短期借款、一年内到期的非流动负债、长期借款、应付债券、长期应付款(不包括专项应付款)、其他非流动负债等,与公司业务特性相符。

直接融资方面,截至 2020 年 5 月末,公司未到期债券一共有 2 只,发行规模总计 7 亿元,当前余额总计 7 亿元(见表 18 - 1)。

表 18 - 1　龙海国资已发行未到期债券　　　　　　　　单位:亿元、%

证券名称	发行日期	到期日期	当前余额	债项/主体评级	票面利率	证券类别	担保人
19 龙海债 02	2019 - 07 - 19	2026 - 07 - 22	2.2	AA + /AA	7.47	一般企业债	重庆进出口融资担保有限公司
19 龙海债 01	2019 - 01 - 25	2026 - 01 - 28	4.8	AA + /AA	7.35	一般企业债	重庆进出口融资担保有限公司

第二节　转型发展分析

一、公司转型发展的历史背景

2013 年 12 月 30 日，国家审计署公布全国政府性债务审计结果显示，截至 2013 年 6 月底，省市县三级政府负有偿还责任的债务余额 108859.17 亿元，比 2010 年底增加 38679.54 亿元，年均增长 19.97%。而从举债主体来看，融资平台公司是地方政府债务中债务额度最高的举债主体。政府负有偿还责任债务中，融资平台公司的债务余额为 40755.54 亿元，占地方政府负有偿还责任债务总额的 37.44%，如表 18－2 所示。

表 18－2　截至 2013 年 6 月底地方政府性债务余额举借主体情况

单位：亿元

举债主体类别	政府负有偿还责任的债务	政府或有债务	
		政府负有担保责任的债务	政府可能承担一定救助责任的债务
融资平台公司	40755.54	8832.51	20116.37
政府部门和机构	30913.38	9684.20	0.00
经费补助事业单位	17761.87	1031.71	5157.10
国有独资或控股企业	11562.54	5754.14	14039.26
自收自支事业单位	3462.91	377.92	2184.63
其他单位	3162.64	831.42	0.00
公用事业单位	1240.29	143.87	1896.36
合计	108859.17	26655.77	43393.72

平台公司的融资模式将政府责任与非政府责任进行了打包。平台公司作为政府出资的国有企业，承担政府的基建任务，通过城投债（企业债）融资。但基建投入高、周期长，公益性强而盈利能力低，导致平台公司负债高、偿债能力差，融资与偿债不得不依赖政府。界定不清的政府性融资与营利性很差的非政府性融资被混为一谈，使投融资平台的业绩很差，同时整体的融资利率较高。为将政府支出责任明晰化，使地方政府融资成本真正下行，从而有效降低地方政府债务的系统性风险，2014 年 9 月 21 日，国务院办公厅《关于加强地方政府性债务

管理的意见》（以下简称43号文）中明确规定："剥离融资平台公司政府融资职能，融资平台公司不得新增政府债务。地方政府新发生或有债务，要严格限定在依法担保的范围内，并根据担保合同依法承担相关责任。"进一步规范我国地方债务的发展，对城投公司的规范及转型起到了关键性的推动作用。

43号文的精神在于建立起完善的地方政府举债制度以及预算制度，解包还原，收敛以往不规范的、甚至是不受约束的举债行为，也即所谓"开正门，堵偏门"，将政府应当负责的部分纳入政府债务，而其他部分则鼓励通过地方政府平台转型进行市场化运作、政府资本和社会资本合作的PPP等方式进行融资，以降低地方政府性债务的系统性风险。"43号文"的出台使政府融资平台公司进入了转型发展的新阶段。

在43号文的紧约束下，平台脱离政府信用担保，城投公司自身对未来项目投资计划的安排缺乏主动调节的动力和能力。一方面，以房地产、基建和出口为核心的终端需求下行是长期和结构性的，基础设施在2009年之后一轮大规模的兴建之后，投资空间伴随城镇化速度放缓已经大大压缩；另一方面，城投与政府信用的隔离，预算软约束已经成为历史，新增项目必须先期完成可研、土地、环评等项目批复工作，缺乏独立经营能力的城投平台，主动挖掘新项目能力有限。以上问题导致了城投公司流动性紧张，2015年在稳增长政策改善效果难以显现之际，国务院对于城投公司的再融资监管适度放松，公司债市场化改革、企业债放松主体审批和资金限制，一定程度上缓解了43号文之后城投公司的流动性紧张。

2016年4月8日，国务院国有企业改革领导小组第十八次会议召开，强调聚焦国企改革重点难点，加快推进十项改革试点；进一步改进国有资产监管；营造支持改革、鼓励创新、允许试错、宽容失败的机制和环境。

2016年3月16日，福建省委省政府印发了《关于深化国有企业改革的实施意见》（以下简称《实施意见》），明确了国有企业改革的目标、重点和关键，为龙海市政府国有企业改革奠定了良好的基础。《实施意见》在与中央文件保持一致的基础上，增加了促进国有企业产业转型升级、加强骨干人才队伍、打造优秀企业文化等内容，体现了福建的特色性和务实性，具体包括：2016年开展国有企业职业经理人试点工作；积极探索集团公司层面股份制改革，推动有条件的集团公司整体上市；2020年前稳步将全省各级党政机关、事业单位所属企业的国有资本纳入经营性国有资产集中统一监管体系。

二、公司转型历程

龙海市国有资产投资经营有限公司于2016年开始了由纯公益性、政府性业务至市场化业务的过渡。在 2016 年《市属重点国有企业整合重组工作方案》的指导下，龙海市组建以国投公司为母公司，按照专业分工和现有实际情况，下设城投集团、交通集团、月港集团、锦江集团等集团公司。

经过历年市场化转型努力，公司在营业收入构成方面发生了较大变化。目前，发行人业务收入主要包括工程管理工程收入、化工收入、劳务派遣收入、安置房收入、水处理收入、其他收入六大板块业务。

2018 年度，公司工程管理工程收入为 56025.93 万元，占比达 91.28%，是公司主要业务收入来源。2019 年度，在市场化运作下，公司合并福建省腾龙工业公司、龙海市劳务派遣有限公司，收入方面新增了化工收入、劳务派遣收入等，同时安置房板块到达结算时点，实现较大规模收入。当年工程管理收入实现规模为 51078.64 万元，但占比下降至 51.94%。劳务派遣收入实现 18620.03 万元，占比 18.94%；安置房实现收入 11308.34 万元，占比 11.50%；油漆收入 8975.73 万元，占比 9.13%（见表 18-3）。通过不断开拓市场化业务，公司完成向市场化转型的过渡。

表 18-3 近两年年末主营业务按产品类别收入占比　单位：万元、%

产品名称产品名称	2019 年度		2018 年度	
	营业收入	占比	营业收入	占比
综合开发收入	51078.64	51.94	56025.93	91.28
自来水销售收入	3091.38	3.14	3086.31	5.03
污水处理收入	1208.74	1.23	1195.17	1.95
安置房收入	11308.34	11.50	52.06	0.08
材料销售收入	1215.13	1.24	0.00	0.00
租赁收入	628.83	0.64	554.90	0.90
食品类收入	840.43	0.85	0.00	0.00
劳务派遣收入	18620.03	18.94	0.00	0.00
工程检测收入	1366.55	1.39	0.00	0.00
油漆收入	8975.73	9.13	0.00	0.00
安装费等其他收入	0.00	0.00	466.32	0.76
合计	98333.80	100.00	61380.69	100.00

三、公司转型核心手段

"十三五"期间，公司以科学发展观为统领，在龙海市政府领导和支持下，按照龙海市发展规划中经济发展战略、产业政策要求,有效整合城市公共资源,利用多种市场化资源,促进经济增长方式加快转变,推进城市化进程,改善城市面貌,提升城市品位,吸引外来投资,积极服务城市建设、服务于地方经济发展。公司也在地方经济快速、健康的发展中实现规范发展和自身转型。公司依托龙海城市建设和经济发展,以城市交通、基础设施建设、资产经营和资本运作为产业发展的切入点,以经济效益和社会效益双重最优化为主要目标,以城市改造及城镇化建设、空间资源开发、公共资源经营、金融投资等为主要经营领域,积极介入土地一级开发、水务经营、地产开发、旅游产业、金融投资等经营性领域,突出主业,多业并举,将龙海市国有资产投资经营有限公司建设成为具有较强投融资能力、资源整合能力、资产管理能力和持续盈利能力、机制灵活、运作规范、品牌彰显、综合优势突出、业绩不断提高、控制力、影响力和带动力显著提升的多元化的现代化国有资产投资企业集团,走全面、协调、可持续发展之路。具体情况如下:

(一)争取政府支持,优化顶层设计

公司在市委、市政府的正确领导和大力支持下进行转型。国发〔2010〕19号、国发〔2014〕43号以及各部委一系列文件的下发,将融资平台推向生死存亡的关口。面临这种形势,龙海市城投领导层意识到平台公司走市场化转型发展道路成为唯一选择。公司在市委、市政府的领导和支持下从顶层设计着手,对自身进行重新定位,并对发展战略从重构功能板块、推进分业管理、实现分类运作,以及布局新兴产业和加大资源运作等方面进行全面调整。公司根据自身情况在市委、市政府的正确领导和大力支持下深入系统研究和设计制定了《龙海市国投"十三五"发展转型规划》和管理优化方案。

(二)改革机构设置,打造高效团队

转型改革必须先从内部深度发力,按照"精简、高效、协调、统一"的原则。公司应以完善工作制度、调整工作职能、精简职能部室、充实基层力量、提高竞争实力为抓手,深入谋划、高效实施。公司下属各公司结合实际情况深入开展了精简机构、定岗定编等改革工作。通过对岗位重新调整和人员梳理分流,使部门设置、职责分工更加符合现代企业运营及公司业务板块的发展需要,向公司实现转型跨越发展目标迈出了坚实的一步。同时,进一步创新人才选拔管理模式,完善了中层管理人员选拔和交流机制,为公司输入了新鲜血液。

(三)组建国有资本投资运营平台,实现项目的分类运作

公司转型改革,充分结合中央关于国有企业改革和福建省国有企业改制的精神,对经营性业务和公益类业务进行分类运作。一方面,为充分发挥公司在城市资产经营和引领政府产业投资发展等方面的重大作用,合理利用国家关于支持产

业发展和融资的各项政策，按照打造国有资本投资平台和运营平台的要求，对已有和政府划入的经营性业务进行重构，集中优质资源设立投资控股集团公司，实现了对经营性业务的统一管理，并利用该集团公司平台，开辟政策通道，拓宽资金来源；吸引社会资本，推进混合所有制改造；参与 PPP 项目试点和股权多元化改革，不断提高公司国有资本运营和管理水平。另一方面，将公司公益性项目或主要从事其投资建设的子公司并入基础设施公司，专业从事基础设施的建设和运营。在集团层面，实现统分结合，通过基础设施公司和投资控股集团公司的战略协同和资金协同，统筹政府资源和企业资源，并从财务核算、投资决策、绩效考核、薪酬体系等方面，推行适应市场化需求、有利于经营性业务发展的管理机制，最终实现集团对公益类业务和经营性业务两条线、差别化的发展模式。

（四）加大实业投资力度，推进板块化运营和专业化管理

公司立足龙海市城市产业发展规划和市场化、实体化转型需要，通过重组、新设等方式，塑造符合投融资平台发展转型要求，进行实体化经营的"专而精"的专业公司，形成以龙海国投为母公司，下设城投集团、锦江集团、水务集团、交通集团、月港集团五大集团，形成"分业管理、分类运营、创新创业、做大做强"的产业发展新模式，建立龙海国有企业转型跨越发展的新平台。

（五）拓展相关产业，做大做强优势产业板块

在做好城市基础设施建设、公用事业等公益性或准公益性项目的基础上，以经营性产业、战略新兴产业、政府引导产业为投资重点，加快企业转型发展，通过增强产业投资能力，培育新的增长点，提高自身的造血能力。龙海国投前期在城市基础设施建设、土地整理开发、供水、污水处理和房地产开发（主要是保障性住房建设）等方面积累了丰富的经验，充分利用自身在挖掘城市资源、获取政府支持等方面的优势，根据自身战略和当地产业发展规划，贯彻地方政府产业发展意图，积极进行相关产业的拓展，进一步提高经营性的现金流。目前我国处于城市化加快发展的阶段，未来的 10～20 年，伴随着我国经济和社会发展，对城市建设的需求将日益增加，龙海市政府立足龙海实际，展望未来发展，提出龙海发展的主体定位为："海峡西岸富裕繁荣、生态和谐、宜居宜业的现代化工贸港口城市。"基于此定位，龙海市未来在基础设施建设方面将取得新突破，发展后劲将逐年增强，龙海国投应当加强对区域产业结构调整支撑力度，通过新动能产业的布局、培育、并购、整合，优化产业结构，做强做优做大，提高核心竞争优势和盈利水平。

四、转型中存在问题

对于转型的最终目标来说，各方都持有不同的想法，难以统一，但关于各种

声音更多的都是关注于准确的转型轨迹探究，即转型的方向和具体路线。然而对于转型过程中牵涉的体系架构却缺乏一定程度的关注。一旦转型不够得体，不论转型后的下一步落实到哪一步，都很可能落得失败的结局。也有很多主张声称关于在转型过程中究竟如何转型或是转型目标根本体现得不明确，仍然需要进一步的改善和商讨。截至目前，公司在转型过程中已经取得了一定成绩、有了一些经验，但同时也不可避免地暴露出以下这些部分的问题。

（一）资本运营效率有待提高

首先公司对于资产资源整合和运营力度不够，对于进行各个项目和业务的过程中并未形成完整的管制体制，即对于各个项目中资本达成情况进行季度性或月度的整理、统计，在这一过程中可以采用数据化管理，并对潜在的偏差或纰漏进行示警。缺少这一运营体系会导致进度偏慢，进而影响了资源配置低效率。其次经营性资产偏少，业务板块体量较小，就很难为转型每一阶段提供有力的支撑，而核心竞争性产业尚未完全形成，会导致转型计划很难高效进行。

（二）经营管理机制不够健全

市场化转型步伐偏慢一方面在于集团企业在有关于发展战略中对于企业的定位不明晰，市场导向不明确，主营业务不突出，存在同质化经营等问题。要达到转型稳定推进这一目标，就要求明确各项目的战略计划，以及各项改革内容、发展的每一步计划和主营项目的发展都落实到位。另一方面，公司内部的治理机构不够健全完善，有关绩效考核、风控机制、监管机制等亟待完善，在转型过程中，公司对于发展目标的规划，缺乏明确有效的一整套管理体系，影响转型每一步的发展，进而就会导致落实经营目标难以实现。

（三）企业历史遗留问题较多

企业历史遗留问题首先是包袱重、负债高。大多债务无法纳入地方政府隐性债务，与政府及相关部门资金关系仍须进一步理清，转型过程中需要持续稳定的资金支持，就会十分依靠政府资金支持，一旦和政府的资金关系不能清晰了当，企业债务易承担程度不同的不可控风险。其次，企业历程中累计的还有关于改制企业会存在财务不清、资产复杂、安全风险和管理成本较高等问题，这依然归属企业管理系统架构不清的问题，对于这些潜在可控风险，一个稳定有效明确的管理制度能够起到重要作用。

（四）政策协调配套亟须完善

综合各类转型实例研讨和各类转型咨询遇到的问题来看，转型过程中，领导的思维转型至关重要，思维转型能高效使用整治体系，使管控效果加倍，因此对于企业转型，政府领导关于改革转型的思维转变是极其重要的，在一定程度上甚至可以辅助建立企业经营管理体系的架构，然而到目前为止，龙海市支持国有企业改革发展的财税、投资、混改等相关政策尚未配套或完整配套，仍然需要政府领导在相关配套政策方面的支持，使政府与企业齐力破除改革推进过程中的掣肘和障碍，形成改革合力。

五、进一步转型的方向及目标

下一步，按照"做优做强、核心突出、全面发展"的思路，公司将以市场经济为导向，充分发挥国有企业投资、融资、建设、运营等优势，力争建成具有较强投融资能力、资源整合能力、资产管理能力、持续盈利能力和机制灵活、运作规范、品牌彰显、业绩突出以及控制力、影响力、带动力显著提升的多元化的全省一流县级国有资本投资和运营平台。

第三节　转型经验启示

城投公司要实现从融资型企业向经营型企业转变，从行政化管理向公司化管理转变，应明确以产业、市场、价值为导向的转型策略，抓住新时代给予的各种机遇，积极响应国家与省份的各项政策，尽快采取转型措施，并勇于尝试新领域以便能够尽快适应市场需求，实现国有企业做强做优做大的目标。肩负着城市建设与发展使命的城投公司在新形势下需要找准定位、理顺关系、明确目标、转型业务，以不增加政府隐性债务为前提，通过更规范的融资行为、更市场化的运作方式来谱写城市发展的新篇章。

龙海国投按照"融资多样化、股权多元化、运营市场化、发展产业化"的经营理念，以服务城市建设为主题，以经营城市资产和资本作为核心，以市场化经营为手段，创新投融资模式，整合城市优质资源，开拓经营性业务，不断提升资产运作能力和公司管理水平，促进龙海市城市化发展进程。

一、绕开政策约束，满足地方政府的功能诉求

根据龙海国投发展转型案例，国有平台的融资压力主要在于绕开政策约束满足地方政府的功能诉求，在借新还旧和债务结构转换的同时，满足地方政府资金灵活运用的需求。自上而下来看，转型是必须进行的；自下而上来看，转型的同时平台的政府性功能不能丧失，特别是在稳增长的背景下。从各地国有平台公司转型的发展实践中分析，优秀平台公司的发展一般需要经历三个阶段的跨越：土地运作—"土地运作＋产业经营"—"土地运作＋产业经营＋资本经营"。龙海

国投的发展转型大致就按照这三个阶段的顺序在不断进行着，既充分发挥了城投平台在重大项目策划、投资建设等方面的先发优势和国有企业品牌、资源、规模等方面的优势，又通过多种方式降低公益性并整合新的可经营性资产，逐步实现业务拓展和产业链延伸。

二、提升综合经营能力，打造新业务版块

龙海国投的转型发展，是通过扩大充实公司资产规模、提升经营能力、打造新业务板块实现的，进而为后续的资本性运作打造综合实力强劲的运作平台进行了铺垫。在公益性、准公益性业务的基础上，龙海国投已将业务延伸至化工销售、劳务派遣等经营性板块，成功实现转型。

城投公司在明确自身定位的基础上，对于新的业务板块应当积极探索，以便实现更好的转型升级。城投公司应当注重对于产业特色的重点突出，提高优势产业的发展力度，对具有市场竞争力的产业进行扶持，集中自身的优势资源，采取重点突破的方式，根据产业特色发展规律，将特色产业的规模逐渐扩大，实现由点及面的发展，以点带面，促进整体产业发展。在打造特色产业发展过程中，城投公司应当对于自身的核心业务以及增长业务等情况进行合理的资源分配，由于城投公司负担的城市建设任务，因此在整体产业调整中城投公司依旧需要对传统产业板块进行发展，这就使城投公司的整体产业升级调整具有自身特点。

另外，在整个转型过程中加强分类指导，强化管理绩效是十分重要的。比如，针对公益型项目可以以政府回购方式取得土地、资金和政策补偿，建立借、用、管、还的自组织、自循环机制；针对经营性项目，应按照市场化考核机制，借鉴成熟国企、大型民企的治理机制，实现资产运营、资本运作的协同。提高自主经营和自主决策的意识，优化城投公司治理结构和债务结构，充分发挥公司经营创造性，同时调整债务融资结构，提高自身的偿债能力，推动城投公司产业转型发展目标的实现。

三、把握国有资产运营管理优势，协调与各政府部门的关系

城投公司的发展是在地方政府的指导和支持下进行的，当前的转型必须要得到政府的支持、指导和推动才能成功。因为转型的过程势必要打破现有的格局，引发连锁反应，所以必须妥善处理各方关系，转型之路必须获得上级部门支持，要通盘考虑、精心谋划、稳步推进。

不过，从龙海国投的转型发展案例不难看出，城投公司是城市建设的融资平台，也是城市重点项目投资运营的主力军，城市的水务、燃气、道路交通和环卫等基础设施建设和服务公司基本由城投公司控股，城投公司相对其他单位更有优

势进行国有资产运营管理，并且城投公司是地方国企，与地方政府联系紧密，能够更好地协调国有资产运营业务与各政府部门的关系。这些就要求城投公司主动作为、超前谋划，提出转型发展的思路，积极与政府和相关部门沟通，利用公司自身优势以及与政府部门的良好关系来争取获得政府和相关主管部门的支持。当然，公司也可以在公共产品服务等方面，合理利用自身资源，全方位地进行相关经营业务的拓展，从而多渠道地对公司经营项目进行重组，促进企业业务能力的不断提升。

四、加快治理体制改革，积极推进混改试点

在管理体制方面，积极稳妥推进混合所有制改革及改革国有资本授权经营体制是龙海国投转型成功的重要推手。首先，按照完善治理、强化激励、突出主业、提高效率的要求，推进混合所有制改革，规范有序发展混合所有制经济，积极推进主业处于充分竞争行业和领域的商业类国有企业混合所有制改革，稳步探索重点领域混合所有制改革，通过增资扩股、股权收购、新设公司等增量方式引入民营资本发展混合所有制经济，实现各种所有制资本取长补短、相互促进、共同发展。其次，根据《中华人民共和国公司法》和公司章程等规定，理清国有企业作为混改出资人职责，明确履职方式，实现授权与监管相结合、放活与管好相统一，切实保障国有资本规范有序运行，促进国有资本做强做优做大，不断增强国有经济活力、控制力、影响力和抗风险能力。对参控股公司一般不参与日常经营，主要强化派出董、监事依法履职管理，公司相关职能部门加强监督指导，其中控股公司应严格执行国有企业和国有资产管理相关法律法规，根据其实际情况制定规范的人事绩效管理制度、财务管理制度、内控风险管理制度和投资管理制度等，探索建立有别于国有独资、全资公司的治理机制和监管制度。

城投公司的改革探索，其实质就是"融资端"向"投资端"的转型，赋予国有资本应有的市场属性。如果这个过程还是在原有的监管模式和治理体系中开展，是很难找到有效的动力机制的，因此需要寻找一个合适的突破口并形成持续的动力，而混改提供了一个很好的探索视角。首先，通过引入非公资本，能够充分发挥制衡作用，促使所有股东真正行使权力，构建起以管资本的基础理念，解决好政府与城投公司的关系。其次，通过引入非公成分，构建起真正有效的法人治理结构，有效约束行政干预，充分发挥董事会核心作用，解决好董事会、监事会和经营层的关系。最后，通过混改引入非公资本，可以充分发挥资本所具有的收益性特征，改变城投公司经营机制僵化和驱动不足的问题，创新市场化激励机制，改革薪酬绩效制度，解决好投资效能问题。当然，城投公司在开展混改的实务还是很复杂的，不同类型的城投公司在开展混改时必须考虑整体与局部、存量

与增量、股比设置、员工持股、定价方式等一系列问题。

五、把握新时代机遇，持续、多元、创新发展

龙海国投的转型发展过程中，顺应政府政策而动是一个显著的特征。新的政策环境下，龙海市政府积极响应国家各项政策，龙海国投也抓住了新时代政策给予的各种机遇，开展尝试新的经营版块与领域，以尽快适应市场需求，完成公司转型。

从龙海国投的转型案例来看，城投公司转型是顺应国家关于投融资体制改革、地方政府性债务管理、国有企业改革等政策的需要，因此，转型发展的方向必须要保持与国家及地方政策导向的一致性，及时根据政策的变化进行调整，明确可为与不可为，否则将面临政策风险而导致转型失败。因此，一方面公司要对转型涉及的相关政策进行梳理，把握政策精髓，并随时跟踪政策动向，以便对公司发展方向做出及时调整；另一方面公司要争取政府政策上的支持，减少转型的阻力和压力。

时也势也，新时代我国经济转向高质量发展，城投要加快调整体制机制，投身到培育新经济、新生态和新城市的大潮中去。比如，当前"新基建"是我国参与世界经济竞争的新引擎，公司可以在大数据处理、智慧城市、智能交通、新型物联网等新兴产业领域进行深入布局，以期抓住下一步时代发展的红利。积极与科研高校展开交流合作，提高企业自身的创新能力的同时与公司产业相配合，建立产学研基地，更好地发挥科研创新对企业的带动作用。

第十九章　泸州市高新投资集团有限公司转型发展案例分析

泸州市高新投资集团有限公司（以下简称泸州高投）系泸州市政府批准于2013年成立的大型国有控股企业，主要职能为泸州市国有资产经营管理、泸州市高新技术产业投资、泸州国家级高新区基础设施建设等。作为泸州市唯一一家从事高新技术产业投资的国有企业，负责泸州市新能源产业、大数据产业等高新技术的产业投资。公司通过逐步优化资产结构、摆脱财政依赖；同时大力投资高新产业和战略性新兴产业；多元化渠道融资拓展、多元化产业布局，实现市场化转型。发展至今，泸州高投业务板块涵盖城市基础设施建设、云服务、物业租赁、新能源汽车租赁运营、充电桩基建设以及咨询服务等经营性业务，业务向多元化发展，收入持续增长。本章详细介绍了泸州高投的公司概况及主营业务，并在此基础上对泸州高投的转型思路进行深度剖析，以期为我国城投平台转型发展提供可借鉴的启示。

第一节　公司基本情况

一、公司简介

泸州市高新投资集团有限公司于2013年12月由泸州市人民政府授权泸州高新技术开发区管理委员会出资成立，初始注册资本10.00亿元。目前，泸州市国有资产监督管理委员会持有公司51%的股份，为公司实际控制人。泸州高投承担着泸州市国有资产经营管理、泸州市高新技术产业投资、泸州国家级高新区基础设施建设等重要任务，对于促进泸州市高新产业发展、优化产业结构、推动泸州市高新区基础设施建设发展具有重要意义。公司经营范围涵盖投融资业务、国有资产经营管理、不良资产处置及其收益经营管理、投资经营有关咨询服务、地产与物业管理、土地整理、工程管理服务等多业务板块。截至 2019 年末，公司资产总额为 141.85 亿元，净资产为 47.48 亿元。

泸州高投根据《中华人民共和国公司法》《中华人民共和国公司登记管理条例》等相关法律、法规以及有关规范性文件的规定，制定并完善了《泸州高新投资集团有限公司公司章程》，形成了规范完善的治理结构和组织结构，下属子公司、公司各职能部门在管理层的领导下正常有序运转，独立开展工作，分工明确，且体现了相互制约的治理原则。截至 2019 年末，公司的内部组织结构如图 19 - 1 所示。

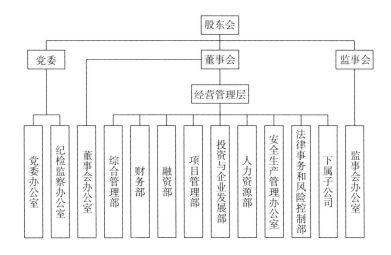

图 19 - 1　公司的内部组织结构

近年来，公司坚持以高新技术产业发展为核心，抢抓新一轮改革机遇，整合多方资源，全力推进建设平台、产业平台、金融平台"三位一体"发展战略。以城市功能建设为基础，以高新产业和战略性新兴产业投资为引领，以多元渠道融资为手段，以规范公司管理为保障，形成以激活土地资源价值、经营城市资源为核心目标，集投资、运营、建设、服务和资金保障为主线的城市一体化运营模式。进而推动公司市场化进程、转型发展；同时促进泸州市高新产业发展、优化产业结构、推动泸州市社会经济良好发展。

目前，泸州高投拥有 12 家全资子公司，具体情况如表 19 - 1 所示。

表 19 –1 截至 2019 年末泸州高投全资和控股子公司情况

序号	公司名称	公司简称	业务范围	注册资本（万元）	持股比例（%）
1	泸州能源投资有限公司	能投公司	能源投资、电力投资、充电服务	301000	99.67
2	泸州市高新房地产开发有限公司	房开公司	房地产开发经营	12100	82.64
3	泸州市泰新汽车租赁有限公司	泰新公司	汽车租赁	500	100.00
4	泸州市高新物业服务有限公司	物业公司	物业服务	100	100.00
5	泸州市高新市政工程有限公司	市政公司	市政公用工程，房屋建筑工程	5000	100.00
6	泸州高新生态农业开发有限公司	农开公司	农业项目投资，林木育苗	5000	100.00
7	西南云海大数据产业投资有限公司	西南云海	大数据产业及相关基础设施的投资	5000	100.00
8	泸州市新能源出租汽车有限公司	新能源汽车公司	创业投资、咨询	5000	45.00
9	四川国泰高新管廊产业投资有限公司	管廊公司	地下城市综合管廊项目的投资、建设、运营管理	10000	51.00
10	泸州高新中航传动转向系统有限公司	中航转向	汽车转向器、变速器销售生产	40000	75.00
11	泸州市高投基金管理有限公司	基金管理公司	受托私募基金管理；项目投资管理；从事投资管理及相关咨询服务	1000	95.00
12	泸州市高投资产管理有限公司	高新资管	国有资产管理；投资项目管理活动；招商引资管理活动	1000	100.00

二、业务情况与经营模式分析

（一）主营业务情况

泸州高投业务板块涵盖城市基础设施建设、云服务、物业租赁、出租车旅客运输服务以及咨询服务等经营性业务，业务向多元化发展，收入持续增长。

代建业务、汽车零配件销售、资产租赁和建筑材料销售（包括混凝土销售、砂石销售、钢材贸易）对公司总收入贡献度均较高，2019 年以上四项业务合计占比为 85.12%。其中，代建业务收入规模呈大幅下降趋势，其占比由 2017 年的 76.24% 下降至 2019 年的 27.94%；汽车零配件销售收入、资产租赁收入及建筑材料销售收入的占比分别由 2017 年的 3.53%、1.56%、8.39% 增长至 16.30%、19.08%、21.80%。印证了泸州高投经营性业务的逐步多元化。

同时，2018年新增售电业务、餐饮服务、砂石销售等；2019年新增咨询服务、钢材贸易等。随着泸州高投投资项目收益陆续实现，以及各项业务逐步进入运营期，预计未来收入结构将进一步多元化，代建业务以外的新能源、云服务、混凝土销售、汽车零配件销售等收入将有望大幅提高。公司近三年收入结构如表19－2所示。

表19－2　泸州高投近三年收入结构　　　　　　　单位：万元、%

项目	2019年		2018年		2017年	
	金额	占比	金额	占比	金额	占比
代建业务	38198.34	27.94	57041.69	44.98	54035.11	76.24
咨询服务	787.31	0.58	—	—	—	—
资产租赁	26081.05	19.08	14623.37	11.53	1106.39	1.56
物业管理	3885.36	2.84	2755.95	2.17	1166.24	1.65
充电桩基服务费	849.93	0.62	787.88	0.62	428.83	0.61
出租车旅客运输	2459.38	1.80	2178.94	1.72	1561.60	2.20
云服务费	4100.85	3.00	3556.58	2.80	3415.24	4.82
天然气管输业务	1016.35	0.74	294.30	0.23	62.47	0.09
汽车零配件销售	22287.95	16.30	11997.21	9.46	2504.71	9.53
混凝土销售	26080.80	19.08	25674.02	20.25	5946.25	8.39
计算机软件开发及信息系统集成服务	4032.75	2.95	2118.37	1.67	647.55	0.91
售电业务	2614.59	1.91	1301.39	1.03	—	—
餐饮服务	608.19	0.44	210.65	0.17	—	—
砂石销售	2632.00	1.93	4274.45	3.37	—	—
钢材贸易	1086.91	0.79	—	—	—	—
合计	136721.76	100.00	126814.80	100.00	70874.39	100.00

（二）主营业务分析

1. 基础设施建设业务

公司是泸州高新区唯一的基础设施建设主体，承担了泸州高新区七通一平、通道、污水管网等多项城市基础设施代建业务，主要由公司本部负责运营。公司承担的高新区内基础设施建设项目主要采用委托代建方式进行，业务对手方包括泸州高新技术开发区管理委员会和泸州长泰机械工业发展有限公司。

2. 自营建设项目

标准化厂房建设及租赁业务主要由公司本部和子公司房开公司、高新资管及能投公司负责运营。公司根据泸州高新区产业发展及招商引资企业需求，自行建设标准化厂房、大数据中心、办公楼等物业后进行出租。当前，公司标准化厂房建设及租赁业务发展趋势较好，公司持有物业租赁收入稳步成长，在建和拟建项目储备较为充足。

3. 土地开发整理业务

公司在土地开发整理业务过程中与泸州高新技术产业开发区管委会签订代建协议，按照协议约定进行结算和支付代建款。土地开发整理过程中，当土地征拆完成后，公司通过"七通一平"的方式将土地整理为熟地，具备出让条件后，再挂牌出让。政府将土地出让金用于支付高投集团代建工程款，超额部分用于支付基础设施代建工程款和对公司进行注资。代建价款为结算成本的110%。

4. 住宅开发业务

房地产开发业务主要由公司本部、子公司房开公司和市政公司负责。截至2019年末，公司有5个在建房地产项目，分别为高新悦城一二期、高新湖畔一期、高新湖畔二期、科创大厦一期及科创大厦二期。其中高新悦城项目和高新湖畔项目为住宅开发，科创大厦项目为商业地产开发。公司房地产开发项目储备较为充足，在高新区土地及项目获取方面较有优势，该业务具有一定的稳定性和可持续性。

5. 建筑材料销售

建筑材料销售业务按照商品不同，可分为混凝土销售、砂石销售和钢材贸易，具体来看，混凝土销售业务主要由子公司管廊公司负责。管廊公司由泸州高投与中国十九冶集团有限公司于2016年合作设立，泸州高投出资占比51.00%。管廊公司与中国五冶集团有限公司、中建海峡建设发展有限公司、中国十九冶集团有限公司以及中国建筑一局（集团）有限公司等建立合作关系，向其工程项目供应预拌混凝土。2017~2019年公司实现业务收入0.59亿元、2.57亿元和2.61亿元，其中2018年随着商品混凝土搅拌站和钢结构加工厂的陆续投产，公司混凝土销量大幅增加，推动销售收入大幅增长。

砂石销售业务主要由子公司泸州高新物资有限公司（以下简称高新物资）负责生产销售。高新物资于2018年正式开始经营，主要为泸州建中混凝土有限公司、泸州江阳添源建筑安装工程有限公司和泸州邹罗商贸有限公司等公司提供砂石。

钢材贸易业务主要由子公司市政公司负责，主要经营的钢材产品类型为螺纹钢、盘螺、盘圆等产品，对供应商采取先款后货，按款发货方式结算，对销售客户采取到货后5天内支付。公司建材销售业务客户多为公司工程建设业务合作方，客户关系较为稳固，公司提供的砂石、预拌混凝土、钢材等产品有较好的市场需求，对其业务的稳定性及可持续性提供了支持。

6. 资产租赁业务

资产租赁业务主要由房开公司及高新资管负责运营。公司根据泸州高新区产业发展及招商引资企业需求，自行建设标准化厂房、大数据中心、办公楼等物业后进行出租。高新资管主要负责自建的标准化厂房、机器人研发试制生产基地中心、华为四川大数据中心等的租赁，租赁对象主要为泸州高新区进驻企业等。房开公司负责租赁的物业为孵化器及泰港小区，租赁对象亦为泸州高新区进驻企业。

7. 汽车零配件销售业务

汽车零配件销售业务主要由子公司中航转向负责生产销售，主要生产齿轮、输入轴、总成、内外行星轮等汽车传动系统组件。中航转向由泸州高投与重庆渝青机械配件制造有限公司（以下简称重庆渝青）于2016年合资设立，其中泸州高投出资占比75%。2017~2019年，中航转向分别实现汽车零配件销售业务收入0.25亿元、1.20亿元和2.23亿元，持续增长。中航转向的零配件生产工厂于2017年第四季度正式生产销售，2018年汽车零配件销售业务收入大幅增长，2019年公司进一步加强了与上汽集团的合作，不再通过关联方重庆渝青转销，改为实现直接向上汽集团供货。

8. 其他业务

其他业务主要包括物业管理、餐饮服务、新能源出租车旅客运输、充电桩基服务业务、售电业务和天然气管输业务等。

物业管理业务主要由子公司物业公司及二级子公司泸州高新海泰后勤管理服务有限公司（以下简称高新海泰）负责实施，针对公司自身拥有的大量物业资产对高新区的入住企业提供相应的物业服务，作为高新区的国有企业也承接了高新区范围内的公路等基础设施维护以及绿化养护等业务。高新海泰作为专业的物业管理公司还承接了其他医院、学校或者公共区域的物业管理业务。

餐饮服务主要是由二级子公司泸州市高投颐和餐饮服务有限公司负责经营，主要是对高新区孵化园内的入住企业提供食堂餐饮服务。

出租车旅客运输业务主要由子公司新能源汽车公司负责运营，新能源汽车公司由泸州市交通投资集团有限责任公司、四川省泸州市川泸运业有限公司和泸州高投共同出资于2014年组建成立，泸州高投出资占比45.00%。新能源汽车公司的经营范围涵盖出租车旅客运输业务、新能源汽车的维修等业务，公司现有纯电动出租车300辆，其中出租车250辆，向企业出租50辆，出租车于2018年9月全部完成投运。公司出租车旅客运输业务采用司机承包制，司机每月缴纳固定的管理费用给新能源出租公司，其他由司机自负盈亏。由于新能源汽车公司尚处于成立初期，收入规模相对较小。

充电桩基服务业务主要由子公司能投公司负责。能投公司通过自建自营充电基础设施为社会的新能源汽车提供充电服务。根据发展改革委的指导文件，公司可向电动汽车用户收取电费及充换电服务费两项费用，其中，电费执行国家规定的电价政策，充换电服务费用于弥补充换电设施运营成本。关于用电价格，对向公司直接报装接电的经营性集中式充换电设施用电，执行大工业用电价格；其他充电设施按其所在场所执行分类目录电价。

售电业务主要由二级子公司泸州能投售电有限公司（以下简称能投售电）负责运营，2017年起，能投售电对入驻泸州高新区产业园内标准化厂房和办公楼的企业提供大工业用电和非居民照明，电价按照泸州高新技术开发区管理委员会泸高管函〔2018〕93号批复执行，大工业用电电价为0.60元/度，非居民照明用电电价为0.90元/度。为了执行高新区的招商引资政策，对于部分企业暂时实施减免电费的政策，能投售电未按市场价收取的电费由高新区管委会予以政府补贴。

天然气管输业务主要是由子公司能投公司负责运营，能投公司拥有蜀南气矿阳七井站至石洞配气站天然气运输管线，具备管道运输天然气的能力。能投公司将托运方在蜀南气矿购买的天然气从阳七井进气点输送到石洞配气站下气点。公司和四川郎酒浓香包装有限公司已签订了4年的输送合同，合同期为2016年10月至2020年9月。

三、公司财务分析

近三年，泸州高投资产规模快速增长，总资产年均增长率为22.26%，扩张迅速。

公司资产负债率逐年提高，能够适当地运用财务杠杆，有利于公司战略目标的稳步实施。截至2020年7月末，公司已发行4只债券，其中2只私募债、1只企业债、1只定向工具，债券余额为18.55亿元。公司营业收入大幅增长，年均增长率为43.13%，公司业务向多元化发展。公司近三年主要财务数据如表19-3所示。

表19-3　2017~2019年泸州高投主要财务数据

项目	2019年度	2018年度	2017年度
总资产（亿元）	141.85	116.49	94.89
总负债（亿元）	94.36	75.20	54.91

续表

项目	2019 年度	2018 年度	2017 年度
所有者权益（亿元）	47.48	41.29	39.98
营业收入（亿元）	13.73	12.83	7.16
净利润（亿元）	0.84	0.65	1.01
EBITDA（亿元）	5.40	3.23	2.90
经营活动产生的现金流量净额（亿元）	4.04	−2.54	−12.29
现金及现金等价物净增加额（亿元）	0.80	−4.20	−4.06
资产负债率（%）	66.53	64.55	57.87
流动比率（倍）	2.09	1.47	2.54
速动比率（倍）	1.13	0.75	0.98
总资产周转率（次）	0.11	0.12	0.09
应收账款周转率（次）	1.02	1.55	1.87
存货周转率（次）	0.34	0.36	0.26
营业毛利率（%）	26.66	19.32	11.96
净资产收益率（%）	1.88	1.60	2.96
总资产收益率（%）	0.65	0.61	1.32

（一）资产质量

泸州高投总资产和总负债规模不断增长，资产以存货、投资性房地产为主，应收类款项占总资产比重较高；公司权益稳步增长，债务规模不断增长，公司资产负债率逐年上升，处于较高水平。从资产收益性来看，截至 2019 年末，公司存货内开发成本主要系房地产开发成本，资产收益性取决于当地房地产市场行情，受相关房地产政策影响较大。投资性房地产中的房屋建筑物主要系标准化厂房，出租率达92%，收益性较好。

（二）盈利能力

泸州高投转型逐渐完成，业务板块由传统代建模式过渡到市场化经营模式。营业收入逐年增加，盈利能力对政府补助依赖程度下降，回款情况好转。同时公司营业毛利逐年增长，近三年平均增长率为49.77%，反映出公司获利能力越来越强。

（三）现金流及偿债能力

受益于经营性业务比重的增加，公司经营活动净现金流缺口逐年缩小，收现情况得到改善。经营活动产生的现金流量净额和现金及现金等价物净增加额均在2019 年由负转正。随着公司营业收入逐年增加，公司 EBITDA 亦呈增长态势，公司总债务规模虽逐年扩大，但 2019 年 EBITDA 对公司总债务及利息支出的覆盖能力均较上年有所增强。

第二节　转型发展分析

一、整合区域内资源，打造优质平台

地方政府在进行投融资、发展经济的过程中，融资平台公司是最为重要的载体。针对城投公司的业务，尤其是城市基础设施的建设运营业务，具有周期长、回款慢、财务风险大等特点。同时，伴随着政府信用从城投平台逐渐剥离，外部融资能力客观上决定了城投平台转型顺利与否，也决定了整个区域经济发展的水平快慢。因此，地方城投平台谋求建立现代化、市场化的运营机制，通过资产划拨或并购重组扩大平台公司规模，提升平台公司主体评级，将会是平台转型面临的必然路径。

泸州对区域内国有企业、国有资产资源进行整合重组，将优质资产、重要资源注入拟重点打造的具备优良发展前景的平台公司中，以扩大公司规模，增加现金流，提升信用评级，增强融资能力并降低融资成本。

通过资源整合，泸州高投增强了资本实力、提升了竞争力。同时公司全力推进建设平台、产业平台、金融平台"三位一体"发展战略。以城市功能建设为基础，以高新产业和战略性新兴产业投资为引领，以多元渠道融资为手段，以规范公司管理为保障，形成以激活土地资源价值，经营城市资源为核心目标，集投资、运营、建设、服务和资金保障为主线的城市一体化运营模式；逐步扩大资产规模、增强持续经营能力、完善现代企业制度。公司经营能力增强的同时，信用评级稳步上升，融资渠道进一步扩宽，融资成本也会降低。

二、优化公司治理体系

（一）调整功能定位

消除"头重脚轻、监管无序"的弊病。理顺现代化企业三级管理模式。第一级，集团本部，转型为战略指挥中心、资金管理中心、投融资决策中心、干部管理中心。集团职能部门定位为服务中心和协作中心。第二级，根据业务类型，划分不同行业板块，分板块逐步培育二级集团，把二级板块（集团）培育为市场化的营运中心和利润中心。第三级，各二级板块（集团）下归口管理一批三级子公司，开展具体业务。

（二）优化重组机构及队伍

第一，在董事会下设专门委员会，其办公室分别挂到对应部门。第二，在集团部门层面，对干部人事、资金财务、经营管理、审计监督各方面职能进行优化整合，进一步理清职责边界，避免交叉、缺位、模糊等状况。第三，在子公司层面，按照二级板块（集团）的划分，相应对子公司进行优化重组。

（三）优化资源配置，充分授权赋能，严格规范管控

一是根据需要，把集中在集团的各类资产所有权、经营权、收益权分解下沉；推行内部招标，把集团资产公开向各子公司招标，主要靠市场化竞争手段来配置，使其下沉到发挥效益最大的位置。二是全面推行子公司市场化经营管理。全资和控股子公司全部实行市场化自主管理，对集团公司涉及管控的制度进行修订，取消统管子公司相关管控规定；在集团总部实施有效监督的前提下，赋予二级板块（集团）、三级子公司对应的人事权、财务权、决策权。三是严格按照国资委对"三重一大"的要求，二级板块（集团）和子公司配齐配强董事会、监事会、经营管理层，全面实施规范的法人治理；集团公司对二级板块（集团）或子公司的高管任免、工资总额、预算控制和大额资金调度实行统一管控，并对融资实行统筹。四是按照新的组织体系和权责体系，及时对文件、审批等各类协同处理系统进行优化。

三、厘清与政府的关系，优化业务结构

泸州高投加大对企业存留的各类为政府代建项目的政府应收款的回收，减少与政府的往来款进而减少政府对企业资金的占用，减少主业收入中政府相关收入的比例。增加出让类土地的土地获得方式，流程补充缴纳出让类土地的出让金。对于一些形成时间较早的固定资产可以重新改造为投转型房地产或者股权投资，增加经营性资产的占比，从而优化资产负债表结构。近三年，泸州高投与政府合作的代建业务的营收占比从 2017 年的 76.24% 下降至 27.94%；新增业务逐渐增多，且收入占营收比重逐年上升，业务结构逐年优化。

四、高质量推进重点项目和投资工作

（一）推进重点项目，大力培育"造血"功能

一是抓住重大项目和重点项目机遇，包括：装备制造产业园基础设施及配套项目、中国电子泸州产业园、泸州高新区总部经济项目、泸州高新区（古蔺）异地扶贫产业园（一期）、高新区长城信创产业聚集区项目、迪信通中印"一带一路"电子产业园、泸州高新区便民商业配套设施专家公寓高新 1 号和 2 号家园

项目等。二是盯住重大项目，挖深用够。抓住中国电子、中国长城等项目落地高新区的机遇，参与其多方面投资，各子公司均应围绕此类重大项目及其产业链，挖掘潜在的投资和业务合作机会。三是加快怡亚通供应链、智能终端自建厂房回收等既定项目的推进速度。四是深入研究投资并购业务。五是努力探索投资新业态，包括环保生态方向、卫生健康产业、虚拟经济等领域。六是拓展与更多央企、省属国企等企业的合作交流。

（二）对存量资产优化整理，减少损耗，增加收益

泸州高投通过对存量投资项目进行"扩增、减退、改善与规范"，优化资产结构。一是扩或增。加快新能源汽车公司股权收购，增加优质股权项目的股权占比。二是减或退。对于经营不正常、不盈利的参控股企业，履行出资人职责，主导或促进其缩减投资、经营，或关停、退出、注销、止损。三是改善与规范。对经营不佳的，积极分析原因，不断改善经营；建立投资后评价机制，出台《投资管理办法》和《出资企业监督管理办法》等规范性制度；规范出资企业管理；加强对派出董、监、高及财务人员的履职监管和考核。

五、多元化产业布局，实现经营多元化

泸州高投依托城投平台项目资源获取优势，响应所在区域的发展规划，通过股权投资、内部创业等机制，积极布局战略性新兴产业与地方扶持产业，逐步打造围绕城市建设和发展的城投产业生态圈，成为地方产业升级先锋。在保持主业基础设施建设的良好运行的基础上，公司精心布局多元化产业。

公司利用存量资源优势，布局国有资产经营。国有资产经营是指国有资产的所有者和代理人为了保证国有资产的优化配置、合理利用，提高运行的经济效益、社会效益及生态效益，实现国有资产的保值增值而进行的一系列筹划、决策活动。泸州高投国有资产的运营及维护工作主要包括以下两方面：物业服务和资产租赁服务。其中，物业服务是公司利用自身拥有的大量物业资产对高新区的入驻企业提供相应的物业服务，同时也承接了高新区范围内的公路等基础设施维护以及绿化养护等业务。资产租赁业务是通过成立房地产子公司，依托园区企业对于标准化厂房、大数据中心、办公楼等业务的需求，进行建设后出租，逐渐发展为专业的地产租赁商和物业服务商。

依托高新区工业园区，向综合型地产开发商转型。泸州高投作为拥有土地和房产类资产的原委托代建类地方投融资平台，直接进行开发，转型为房地产和物业经营类企业，围绕园区开发相关产业链，进行联动开发建设。目前泸州高投通过设立房地产子公司的方式参与商业房地产的建设经营，现拥有多个房地产在开发项目，分别为高新悦城、高新湖畔、商业综合体、科创大厦等项目。随着上述

项目的逐步开发，房地产业务将进一步提升公司的收入和利润，改善公司的盈利能力。

泸州高投通过设立金融子公司基金管理公司和高新资管，布局金融服务、资产管理等高附加值板块。基金管理公司主要负责受托私募基金管理，项目投资管理，从事投资管理及相关咨询服务；高新资管则主要负责国有资产管理，投资项目管理活动，招商引资管理活动。通过发展金融等高附加值板块实现以产促融、以融兴产，实现产融结合的良性发展模式。

泸州高投将业务扩展到建筑材料销售领域，通过设立管廊公司，投产商品混凝土搅拌站和钢结构加工厂，向其他工程项目供应销售混凝土；此外还成立高新物资经营砂石销售。同时，公司在汽车零配件生产与销售领域已有成熟的行业经验，形成持续经营能力。

六、契合高新区定位，大力发展高新技术产业

（一）紧随国家战略，进入新能源汽车行业

新能源汽车是指采用非常规的车用燃料作为动力来源（或使用常规的车用燃料、采用新型车载动力装置），综合车辆的动力控制和驱动方面的先进技术，形成的技术原理先进、具有新技术、新结构的汽车。发展新能源汽车，推动产业迈向中高端，有利于保护和改善环境，是培育新动能的重要抓手、发展新经济的重要内容。近年来，泸州市政府高度重视新能源汽车行业的发展。2014 年 2 月，财政部、科技部、工信部、国家发展改革委四部委确定的第二批新能源汽车推广应用城市或区域名单对外公布，泸州市成为四川省唯一一个在名单上的城市。随后，在政策方面，泸州出台了一系列办法和意见，同时也编制了《泸州市新能源汽车产业发展规划》。泸州高投依托高新区吸引大批新能源汽车配件企业落户，泸州高投参与其中为其提供服务甚至进行股权投资，参与全产业链，最终形成产业集群。

泸州高投的新能源汽车产业链包括整车制造、零配件、充电桩等，均有所布局。现已建成百子图、酒城乐园、高新区、奥体中心、关口充电站 5 个充电站，投运充电桩 106 根；正在实施沙湾、城西、城南、城北四个充换电站的商业调查；加紧建设全市五大新建停车场中的 800 个充电车位；规划建设泸州市充电基础设施项目（三期）内容：完成泸州市 41 个停车场配套充电设施，共计 3000 个充电设施车位；完善泸州市主城区外古蔺、叙永、泸县、合江充电基础设施。预计到 2020 年，公司将建成投运 5000 根充电桩，形成覆盖四县三区的充电设施网络。

以出租车行业作为新能源车推广的突破口，"十三五"规划末期，实现全市新能源出租车1500辆，引领带动普通消费者购买新能源车，适时组建新能源车销售公司、新能源车修理厂和新能源充电设施网、智能交通监管平台，共同打造新能源车产业服务链。

（二）把握未来先进产业方向，布局云服务、大数据行业

近年来，泸州市高度重视大数据和云计算行业的发展。2016年底，泸州市政府常务会议审议通过了《关于加快大数据产业发展的实施意见》，计划到2020年，将泸州市打造成为川滇黔渝接合部的智慧信息中心、四川省的大数据产业区域中心。泸州高投把握机遇，利用自身资源培养和引进一批数据产业链企业，在云计算、大数据、物联网等方面多方布局，形成优势互补、错位发展的产业格局，深度参与全产业链。

一是深耕泸州及高新区本地资源，特别是行政事业单位和大型国企的政务大数据、行业大数据等业务；及时跟进已有和新落地泸州的重大项目、大型企业，如泸州老窖、华为、中电子等的业务对接。同时大力推进市外拓展与合作。二是狠抓上市。推进国久大数据有限公司（以下简称国久公司）成为泸州第一家上市大数据企业，西南云海成功在创业板上市。三是增加在各项业务中的自主实施份额，提高利润率。数字经济板块要快速成长为集团新的增长极，在集团中成为人均营收额和人均利润率的"领头羊"。四是着力增强核心优势，不断增加在云服务、大数据行业的研发、专利、资质等方面的积累。

七、立足股权投资平台，集中资源培育上市企业

泸州高新区通过减免租金等政策吸引高新技术等创新创业公司入驻园区，利用园区的优势对这类企业进行股权投资。在此过程中，泸州高投依托自身雄厚的资本实力以及其开发的基础设施入股园区企业，例如与重庆渝青设立合资公司中航转向，发展汽车零配件销售业务。公司按照此模式，持续发展高新技术产业，作为股权投资平台，不仅可以帮组园区企业解决资金不足问题，又能实现国有资本增值保值的效果，为公司创造稳定的现金流。通过积极培育上市企业，实现股权退出，获得收益。

同时公司积极推进子公司上市。资源向具备上市潜力的子公司倾斜，千方百计培育国久公司、西南云海、能投公司等子公司上市。建立融资管理制度，改善能投公司、房开公司、西南云海、物业公司、市政公司等子公司的融资基本面，指导管廊公司、中航转向等控股子公司提升融资能力和水平。逐步将融资工作重心下沉，推动子公司市场化、自主化融资，从而实现集团公司、子公司融资工作双轮驱动。

国久公司作泸州高投大数据产业的核心子公司，承担了集团资产上市直接融

资的期望，按规划，有望在 2020 年 6 月或 8 月完成新三板挂牌上市，成为泸州第一家上市大数据企业。未来，西南云海也将启动创业板上市工作，力争 2021 年、确保 2022 年挂牌。

第三节　转型经验启示

一、创新园区发展路径，向综合型平台转变

（一）园区平台自身定位与发展思路之变

传统的融资平台一直以来的发展思路都以"装资产—融资—投资政府性项目"为主线。政府性投资项目，特别是制造业风险高、周期长、成功率小，投资收益远远覆盖不了融资成本。这样的平台是无法匹配各类高新区、工业园区的定位的，各地的各类园区往往会得到省份乃至中央的大量政策倾斜，同时它们也承担着地方经济发展龙头和产业升级先锋的重任。因此，园区平台不能拘泥于传统的自身定位，只作为单纯的融资平台而存在，而应借助产业政策，建设成为融资平台、产业平台、金融平台"三合一"的综合型平台，发挥吸引资本流向产业，促进地方经济发展和产业升级的重任，而不是传统模式下地方政府的影子和融资工具。

（二）园区平台经营方式与发展模式之变

从泸州高投的经验看，优秀的园区平台是优秀的园区经营者，应当服务于园区规划和建设的全过程。首先，作为园区建设的核心，理应承担起基础设施建设任务，但不同于传统的基础设施业务，如工程代建、土地整理等，还要积极发展自营建设业务。园区建设相较于城市开发，更需要工业配套设施，泸州高投的自营建设业务包括公司标准化厂房建设及租赁业务，主要由公司本部、子公司房开公司、高新资管和能投公司负责运营。公司根据泸州高新区产业发展及招商引资企业需求，自行建设标准化厂房、大数据中心、办公楼等物业后进行出租。自营建设项目不仅利于园区招商引资，也利于城投公司发展租赁和物业管理业务。

其次，园区建设的成败关键在于招商引资，作为园区经营者，城投公司应当积极参加到园区的招商引资中来，利用自己在企业经营方面的优势，为园区管委会提供服务，更好地进行招商引资。泸州高投坚持以投招商，助力项目落地。通过企业先行自主投资，或与招商引资企业联合投资，能够吸引外部资本踊跃参与高新区项目，推动招商企业投资正式落地，加快完成已投项目前期工作，从而实

现招商引资的全面开花。

再次,在招商引资基础上,园区城投平台应当发挥产业基金的作用,将融资引入产业,不仅有利于盘活园区,更有利于使城投公司摆脱财政依赖,形成自身造血能力。泸州高投在开发过程中,泸州高新区通过股权投资通过减免租金等政策吸引高新技术等创新创业公司入驻园区,利用园区的优势对这类企业进行股权投资。泸州高投集团依托自身雄厚的资本以及其开发的基础设施入股园区企业,发展各类业务。按照此模式,持续发展高新技术产业,作为股权投资平台,不仅可以帮助园区企业解决资金不足问题,又能实现国有资本增值保值的效果,为泸州高投创造稳定的现金流。

最后,在园区形成规模后,做好为园区长远发展而服务的准备,大力扩展物业管理、公共服务等业务,为园区企业继续提供良好的产业配套措施,助力园区持续繁荣。截至2019年末,泸州高投物业管理、售电业务、天然气管输业务和云服务等蓬勃发展,不仅服务于园区,更辐射至整个川南地区。

二、创新融资渠道,充分发挥金融杠杆

随着新《证券法》的实施和债券市场、股权市场注册制的推行,公司债、企业债等信用债券融资工具扩容,以科创板、创业板领衔的多层次资本市场不断完善,资产证券化、基础设施REITS等创新性融资工具获得快速发展。泸州高投充分利用市场化手段,拓展融资渠道,丰富融资品种,做大融资增量。从而迅速壮大公司实力,助力园区快速发展,为招引企业提供资金支持。

(一) 加快推动发行各类债券融资

泸州高投整合集团公司经营性资源、优质资产以及未来需要资金推动的投资项目,打造稳定的现金流及利润来源和良好的财务形象,做大净资产,积极推动各类债券的发行。截至2020年7月末,公司已发行4只债券,其中2只私募债、1只企业债、1只定向工具,发债规模达18.55亿元。

(二) 整合资源,积极打造优质企业上市

泸州高投作为园区平台,在招商引资与自主投资过程中,积攒了一大批优质的高新技术企业,公司积极整合园区内资源,向具备上市潜力的公司倾斜,集中精力打造国久公司、西南云海、能投公司等一批优质企业,并助其上市。借用直接融资,盘活园区内沉淀的大量投资,促进城投平台和园区尽快实现自我造血。

(三) 强化资金管理,降低财务费用

一是加强对全资子公司的资金集中管理,聚拢资源,增强谈判议价能力,增加存款利息收入。二是将融资节奏和资金需求时点有效结合,全力通过资金的高效调拨来降低财务费用。三是部分公司逐步通过提高承兑汇票的使用来降低财务

费用。

（四）加大力度引入社会资本融资

泸州高投充分挖掘社会资本的潜力。通过 BT、TOT、BOT 和 PPP 等模式广泛而有效地吸引社会资本投入高新区基础设施、公用事业与公共服务的提供中，从而推动公司项目快速推动。

（五）大力运作基金模式

（1）产业基金方面。从 2017 年开始，泸州高投与浙商银行合作的泸州高新产业投资基金陆续落地，主要投向于高新区产业项目及其配套基础设施项目。

（2）私募股权投资方面。泸州高投充分发挥美华高新投资管理有限公司和基金管理公司在资金和专业上的优势，梳理、筛选全市具有投资价值的高新科技企业，采用私募股权投资方式加大对高新技术产业的投资，并为其进入资本市场提供协助。

（3）风投创投基金方面。泸州高投设立"泸州市高新创业风险投资基金"，吸引国内外优质创业项目、技术、人才、资本向泸州高新区集聚，建立、完善高新区创业投资和科技金融体系，更好地培育扶持各类创新型企业。

三、创新产业投资模式，构建高新产业集群

工业园区、高新园区等园区型经济的重要目标就是以园区为载体，形成产业集群，而在产业集群的建设过程中，园区平台应当发挥重要作用。泸州高投的"1＋1＋N"模式即一个产业项目加一个投资平台加 N 种投资方式。具体来说，就是充分发挥高投集团融资和投资平台功能，适配多种合作模式推动产业项目落地，引导和撬动社会资本，吸引技术、人才等关键要素向泸州高新区汇集，培育高新技术产业和战略性新兴产业集群。泸州高投通过"1＋1＋N"模式大力推进高新区产业投资，利用城投平台的投资为工具，以平台资本撬动全局，目前已经形成汽车零部件产业、信息化大数据产业、电力产业、新能源产业等产业集群。

参考文献

［1］ Besfamille, M., and Lockwood, B.. Bailouts in Federations: Is a Hard Budget Constraint Always Best?［J］. International Economic Review, 2008, 49（2）: 577 - 593.

［2］ Bordignon, M., and Turati, G.. Bailing Out Expectations and Public Health Expenditure［J］. Journal of Health Economics, 2009, 28（2）: 305 - 321.

［3］ Fioramanti M.. Predicting Sovereign Debt Crises Using Artificial Neural Networks: A Comparative Approach［J］. Journal of Financial Stability, 2008, 4（2）: 149 - 164.

［4］ Hana Polackova. Contingent Government Liabilities: A Hidden Risk to Fiscal Stability［R］. World Bank Policy Research Working Paper, 1998.

［5］ 安百杰, 宁辛. 中国地方政府债务管理制度改革七十年: 制度变迁、实践困境与路径选择［J］. 学术探索, 2019（8）: 28 - 34.

［6］ 财政部. 加快地方政府专项债发行使用进度［J］. 中国注册会计师, 2018（9）: 6.

［7］ 程昊, 叶宁. 化解地方债务压力城投平台应转型再定位［J］. 清华金融评论, 2019（7）: 57 - 58.

［8］ 丁斌. 融资平台市场化改革与地方政府债务管理研究［J］. 金融发展评论, 2018（6）: 138 - 146.

［9］ 丁崇泰, 孟春, 李文. 地方政府融资平台现状、挑战及转型对策［J］. 经济研究参考, 2018（43）: 30 - 37, 51.

［10］ 高培勇. 中国财税改革 40 年: 基本轨迹、基本经验和基本规律［J］. 经济研究, 2018（3）: 4 - 19.

［11］ 韩文丽, 谭明鹏. 监管趋严背景下地方政府融资平台债务现状、评判及对策探析［J］. 西南金融, 2019（1）: 55 - 63.

［12］ 胡恒松, 韩瑞姣, 彭红娟, 郝晓姝. 中国地方政府投融资平台转型发

展研究（2019）［M］．北京：经济管理出版社，2019．

　　［13］吉富星．当前地方政府投融资的规范问题［J］．开发研究，2018（3）：105－109．

　　［14］贾康．地方债务应逐步透明化［M］．中国金融，2010（16）：13－15．

　　［15］简尚波．城投企业转型发展及制度建设探讨［J］．金融与经济，2019（1）：89－92．

　　［16］李伊霖．政府信用对城投债发行定价的影响研究［D］．上海：上海社会科学院硕士学位论文，2019．

　　［17］刘超群．我国地方政府投融资可持续性综合评价［J］．经济研究参考，2018（43）：38－51．

　　［18］刘红忠，茅灵杰，许友传．地方政府融资平台融资结构演变的多重博弈［J］．复旦学报（社会科学版），2019，61（4）：125－136．

　　［19］刘婧．地方政府项目收益债券研究［D］．北京：中国财政科学研究院硕士学位论文，2018．

　　［20］刘尚希，李成威，杨德威．财政与国家治理：基于不确定性与风险社会的逻辑［M］．财政研究，2018（1）：10－19．

　　［21］刘尚希．化债：重在盘活存量激发经济活力［N］．中国财经报，2019－09－03（5）．

　　［22］沈红波，华凌昊，张金清．城投债发行与地方融资平台主动债务置换——基于银行授信视角［J］．金融研究，2018（12）：91－104．

　　［23］沈建光．地方专项债将成为财政政策重要抓手［N］．中国证券报，2019－09－24（A3）．

　　［24］舒春燕，冷知周．地方政府投融资平台市场化转型的现实困境与路径思考［J］．金融与经济，2018（12）：90－93．

　　［25］屠杨杨．去杠杆背景下城投公司转型发展的思考［J］．现代管理科学，2019（10）：52－54．

　　［26］韦小泉．优化我国地方政府专项债券偿债机制的建议［J］．中国财政，2019（12）：54－56．

　　［27］魏洪福，付锦泉，孟晓倩．京津冀区域地方政府投融资平台公司财务风险研究［J］．会计之友，2019（4）：38－43．

　　［28］温来成，李婷．我国地方政府隐性债务边界的厘清及治理问题研究［J］．中央财经大学学报，2019（7）：18－26，114．

　　［29］吴辉．地方政府融资平台的债务风险评估研究．中国区域经济，2012，12（5）：15．

［30］吴梓文，管治华．地方政府隐性债务风险：源头与传导——基于 Z 分数模型的融资平台企业财务风险分析［J］．齐齐哈尔大学学报（哲学社会科学版），2019（9）：26 - 31.

［31］谢进城，张宗泽．PPP 项目、隐性债务和显性债务关系的实证［J］．统计与决策，2019，35（19）：162 - 166.

［32］徐清飞．地方隐性债务风险的法律防控［J］．法商研究，2019，36（6）：114 - 126.

［33］徐忠．新时代背景下中国金融体系与国家治理体系现代化［J］．经济研究，2018，53（7）：4 - 20.

［34］杨帆．地方政府专项债券的主要问题及政策建议［J］．中国物价，2019（7）：54 - 55.

［35］曾金华．专项债发行使用重在实效［N］．经济日报，2019 - 09 - 11（13）．

［36］张锐．赋予地方政府专项债券高效发行创新量能［N］．证券时报，2018 - 08 - 30（A03）．

［37］张增磊．地方政府专项债券面临的主要问题及对策［J］．地方财政研究，2019（8）：51 - 57，63.

［38］赵全厚，王珊珊．美国地方政府债务危机与债务重组［J］．财政科学，2016（3）：5 - 13.

［39］赵全厚．加快地方政府专项债券发行使用的优化步伐［N］．社会科学报，2019 - 10 - 17（001）．

［40］郑洁，昝志涛．地方政府隐性债务风险传导路径及对策研究［J］．宏观经济研究，2019（9）：58 - 66.

［41］周人杰．以地方专项债助力高质量发展［N］．人民日报，2019 - 06 - 19（5）．

后　记

　　2020 年是不平凡的一年，突如其来的新冠肺炎疫情给我国经济和社会发展带来了明显的冲击。随着我国疫情防控取得显著成效，经济也开始复苏，二季度国内生产总值同比增长 3.2%，在全球主要经济体中独树一帜。这与我国不断创新和完善宏观调控，有效实施积极的财政政策和稳健的货币政策，综合运用并创新多种货币政策工具是分不开的。而这些政策也恰恰为地方政府投融资平台带来了新的发展机遇。地方政府投融资平台是地方进行固定资产投资的重要力量，更是地方开展基础设施建设、稳增长补短板的重要依托。在当前的新形势下，就需要地方政府投融资平台合理把握政策机遇，稳步转型发展。

　　本书基于地方政府专项债券的视角，继续围绕地方政府投融资平台转型发展这一核心问题，从理论、评价、案例三个角度进行论述，为新形势下地方政府投融资平台提供转型的思路和方向，合理引导地方政府投融资平台转型，为区域经济、实体经济的高质量发展提供有力支撑。本书编委会不断对指标和评价体系进行调整完善，保障科学合理。

　　本书的具体写作分工如下：第一章由胡恒松、黄雷负责，第二章由傅娟、刘政负责，第三章由韩瑞姣、贺圣标负责，第四章由刘浩负责，第五章由韩瑞姣负责，第六章由周振艳负责，第七章由张宇负责，第八章由王皓负责，第九章由董慧颖负责，第十章由黄雷、邓枫负责，第十一章由韩瑞姣、苑德江负责，第十二章由王宪明、陈韧负责，第十三章由黄雷、王苒负责，第十四章由刘兢轶、宋敏端负责，第十五章由李丹、王玺钦负责，第十六章由黄雷、陈茜负责，第十七章由周焱荣、王笛负责，第十八章由严雨桐、徐荣伟负责，第十九章由付海洋、罗强负责。

　　我国地方政府投融资平台数量多且情况不一，为了使书中所采用的数据更加完整、严谨，我们每年都在不断更新完善地方政府投融资平台数据库，对每一家平台公司的主营业务、财务报表和融资渠道等相关方面的信息逐一进行分析并收集汇编。在此，感谢河北金融学院、财达证券及中国人民大学、中央民族大学等在校研究生在数据库更新完善过程中的辛苦付出，得以让 2020 年地方政府投融资平台数据库及时更新、不断丰富。

本书的写作历时半年之久，期间得到了许多人的指点和支持。感谢河北省证券期货业协会、《证券日报》社、全国经济地理研究会等机构的鼎力支持；感谢中国人民大学区域与城市经济研究所所长孙久文教授、中国人民大学书报资料中心主任张可云教授等专家学者的指点；感谢河北金融学院杨兆廷、韩景旺、田晓丽、郭净、胡继成等教授的指导；感谢财达证券董事长翟建强、总经理张明等领导的支持，以及财达证券固定收益融资总部肖一飞、陈业茂、彭红娟、费超、郝晓姝、付海洋等同仁的相助；感谢各位执笔者的辛勤付出；最后，尤其要感谢经济管理出版社的支持，是他们的辛勤付出才使本书顺利出版。

时至今年，本书已经是"地方政府投融资平台转型发展研究系列"的第四本著作，希望读者能从中有所受益和启发。同时，本书较上一年虽有一定的进步，但由于笔者精力和能力有限，书中难免存在疏漏之处，恳请各位学者及读者批评指正、共同交流，我们定会再接再厉、不断完善。